VOM HAUSIERER
ZUM MULTIMILLIONÄR

Julius Böhler um 1900

Richard Winkler

VOM HAUSIERER ZUM MULTIMILLIONÄR

Die glänzenden Geschäfte des Münchner Kunsthändlers Julius Böhler 1882–1918

Volk Verlag München

Veröffentlichungen des Bayerischen Wirtschaftsarchivs, Band 8

Die Deutsche Bibliothek verzeichnet diese Publikation in der Deutschen Nationalbibliografie; detaillierte bibliografische Daten sind im Internet über https://portal.dnb.de/ abrufbar.

Neumarkter Straße 23; 81673 München
Tel. 089 / 420 79 69 80; Fax: 089 / 420 79 69 86

Druck: F&W, Kienberg

ISBN 978-3-86222-482-1

www.volkverlag.de

Inhalt

Zum Geleit

„Zu denjenigen Gebieten wirtschaftlicher Betätigung, auf denen München als Handels- und Industriestadt eine überragende Stellung einnimmt und Weltruf genießt, gehören Kunstgewerbe und Kunsthandel". Mit diesen Worten unterstrich 1913 der Syndikus der Handelskammer München, Justizrat Dr. Julius Kahn, die hervorragende Stellung der bayerischen Landeshauptstadt als ein Zentrum des Kunst- und Antiquitätenhandels in Deutschland. Zu den bedeutenden Vertretern der Branche zählte damals die 1882 in München gegründete Kunsthandlung Julius Böhler.

1995 übernahm das Bayerische Wirtschaftsarchiv (BWA), eine Gemeinschaftseinrichtung der bayerischen IHKs, die wertvolle historische Schriftgutüberlieferung des Traditionsunternehmens im Umfang von 45 Fachbodenmetern und machte sie der Öffentlichkeit zugänglich. Die Unterlagen werden seither vor allem von der internationalen Provenienzforschung intensiv genutzt. Im Mittelpunkt steht dabei die Klärung der Herkunftsgeschichte von Kunstwerken und die Rekonstruktion ihrer früheren Besitzverhältnisse, insbesondere in der Zeit des Nationalsozialismus.

Dr. Richard Winkler, Leiter des Bayerischen Wirtschaftsarchivs, legt in seiner Studie nun den Fokus auf die Geschichte des Unternehmens selbst – von den Anfängen bis in die Zeit des Ersten Weltkrieges. Im neuen Band der Schriftenreihe des BWA beschreibt er den rasanten Aufstieg der Kunsthandlung Julius Böhler zu einer international agierenden Firma, die Sammler und Museen in Europa und den USA mit kunstgewerblichen Objekten und Gemälden alter Meister belieferte. Das reich bebilderte Buch gewährt damit spannende Einblicke in die Geschäftswelt einer traditionell eher diskret agierenden Branche.

Unser Dank gilt dem Förderkreis Bayerisches Wirtschaftsarchiv e.V., der die Drucklegung des Buches maßgeblich unterstützt hat.

Prof. Klaus Josef Lutz
Präsident
Bayerischer Industrie- und Handelskammertag e.V.

Dr. Manfred Gößl
Hauptgeschäftsführer
Bayerischer Industrie- und Handelskammertag e.V.

Grußwort

1995 übernahm ich die Kunsthandlung Julius Böhler von meinem Onkel Julius Gustav Böhler in fünfter Generation. Die unternehmerische Tradition meiner Familie in München seit 1880 beeindruckte mich. Besonders faszinierte mich der Gründer, mein Ururgroßvater Julius Böhler. Eine gute Grundlage für meine Geschäftstätigkeit waren die Lehrjahre in New York, wo ich von 1986 bis 1991 die Abteilung für „European Works of Art & Sculpture“ im Auktionshaus Sotheby's leitete. Dort wurde ich mit dem großen internationalen Kunsthandel vertraut und erhielt einen Vorgeschmack auf meine Aufgabe als Inhaber der Kunsthandlung Julius Böhler.

1982 war das Palais Böhler in der Brienner Straße verkauft worden. Dort befand sich das wertvolle Archiv, für das Onkel Gustav und ich Ausschau nach einem geeigneten Aufbewahrungsort hielten. Wir fanden ihn 1995 im Bayerischen Wirtschaftsarchiv, eine äußerst glückliche Fügung. Die hier geleistete Erschließung der Unterlagen bildete die Basis für eine wissenschaftliche Erforschung der Firmengeschichte. Nicht zuletzt wollten wir damit auch eine Klärung der Rolle der Kunsthandlung in der Zeit von 1933 bis 1945 ermöglichen. Seither erfolgt eine intensive Nutzung des Archivbestandes, die gleichermaßen der Provenienzforschung dient.

Auch die Ergründung der ersten Jahrzehnte des Unternehmens ist von großer Bedeutung. In Dr. Richard Winkler, dem Leiter des Bayerischen Wirtschaftsarchivs, fanden wir dabei einen engagierten und geschätzten Partner. Er ist Autor einer Reihe von Veröffentlichungen zur Kunsthandlung Julius Böhler, die mit dem vorliegenden Band einen vorerst glänzenden Abschluss findet. Dem Buch verdanke ich selbst wesentliche Informationen auch zur privaten Geschichte meiner Familie. Ich bin darüber sehr glücklich.

Florian Eitle-Böhler
Kunsthandlung Julius Böhler

Einleitung

„Bald da, bald dort trifft der suchende Blick auf ein Juwel, vor dem man Stunden verweilen könnte; denn von allem, was der schöpferische Menschengeist seit Jahrtausenden erzeugte, zeigen sich hier auserlesene Proben. In all den Kräften von prächtiger Arbeit deutscher, französischer und italienischer Provenienz stecken Bronzen von Meistern im Range eines Cellini, Giovanni da Bologna, [...] französische Emailsachen aus dem 13. Jahrhundert, ein italienischer Elfenbeinaltar aus dem 12. Jahrhundert, Goldemailschmuck der besten Renaissancezeit, ein Silberschrank mit Email kostbarster Art und entzückende Miniaturen. Im Oberlichtsaal fällt ein herrlicher Snyders auf, wie wir in der Pinakothek keinen von ähnlicher Qualität besitzen, und eine große Venus von Tizian. Und diese Auswahl an Majoliken, Tapisserien, orientalischen Teppichen und Gobelins – von letzteren sogar ein vorzüglich erhaltenes gotisches Exemplar – wie auch der gotische Lüster zu den Raritäten seltenster Art zu zählen ist! Im Bildersaal ist eine große Reihe erster Maler der Vergangenheit vertreten, worunter ein prachtvoller Ostade, ein Goya, Florentiner Primitive, mehrere Cranachs, ein berühmter Pollajuolo sowie englische Porträtisten besonders hervorragen. Raeburns prächtiger Junge und das schöne Familienbild von Lawrence prangen in stolzer Höhe, außerordentlich fein aber ist das holländische Stillleben von Calf. Es ist nicht möglich, die Hunderte von hervorragenden Sachen aufzuführen, die in diesem für einen Kunstfreund unvergleichlich anregenden Gebäude zu sehen sind. Es gibt viele Städte, die nicht annähernd einen solchen Besitz ihr eigen nennen können.“[1]

Die aus dem Jahr 1913 stammende Schilderung könnte einem zeitgenössischen Reiseführer durch die Münchner Museumslandschaft entnommen sein. Tatsächlich aber beschreibt der Autor kein Museum, sondern das Interieur einer der damals bedeutendsten deutschen Kunsthandelsadressen – der Kunsthandlung Julius Böhler in München. Das 1905 an der Brienner Straße 12 neu eingerichtete Geschäftshaus mit seinen 20 Ausstellungsräumen präsentierte dem vermögenden kunstsammelnden Publikum aus aller Welt eine reiche Auswahl an erlesenen antiquarischen Möbeln, Plastiken, kunstgewerblichen Kostbarkeiten und Altmeistergemälden von höchstem Rang. Den Münchnern galt der im italienischen Neorenaissancestil gehaltene Prachtbau deshalb als „ein kleines zweites National-Museum."[2]

Die von Julius Böhler (1860–1934) begründete Kunsthandlung besteht seit über 140 Jahren als Familienunternehmen in fünfter Generation. Ihre Geschichte[3] von der Etablierung des Ladengeschäfts in München 1882 bis zum Ende des Kaiserreiches gleicht einem kometenhaften Aufstieg. Binnen drei Jahrzehnten entwickelte sich das Unternehmen zu einem international agierenden Player mit Millionenumsätzen. In vielen privaten Kunstsammlungen sowie europäischen und amerikanischen Museen von Rang finden sich heute Objekte, die damals von Julius Böhler gehandelt wurden. Über die Bedingungen, die Ursachen und den Verlauf dieser fulminanten Entwicklung ist bisher nichts bekannt. Sie sollen im Folgenden näher beleuchtet werden.

Die einstmals Abertausende von Geschäftsbriefen umfassende Korrespondenz der Firma aus den ersten Jahrzehnten ihres Bestehens ist leider nahezu vollständig verloren gegangen. Überliefert ist lediglich ein Konvolut von Schreiben Julius Böhlers an den mit ihm geschäftlich verbundenen Berliner Museumsdirektor Wilhelm v. Bode (1845–1929). Seine über 600 Briefe an Bode aus der Zeit von 1885 bis 1926 befinden sich im Zentralarchiv der Staatlichen Museen Berlin.[4] Angela Müller hat sie in ihrer Studie über Julius Böhler bereits erschöpfend ausgewertet.[5] Die Briefe gewähren Einblicke in einzelne Facetten von Böhlers Geschäftspolitik.

Das nahezu gänzliche Fehlen der geschäftlichen wie auch privaten Korrespondenz der Unternehmerfamilie erschwert die Erforschung der Geschichte der Münchner Kunsthandlung und der sie prägenden Akteure in der Zeit des Kaiserreiches erheblich. Dem Verlust der Korrespondenz steht jedoch ein positiver Befund gegenüber: Erhalten haben sich nämlich für die Zeit von 1889 bis 1918 mehrere Serien von Geschäftsbüchern.[6]

Die im Bayerischen Wirtschaftsarchiv verwahrten Kladden und Bände dokumentieren im Einzelnen auf rund 10.000 Seiten weit über 40.000 Objekttransaktionen. Die handschriftlichen Einträge sind nicht immer leicht zu entziffern. Sie enthalten eine schier endlose Flut von Nummern, Namen, Objektbezeichnungen, Ortsangaben und Rechnungsbeträgen. Als historische Quelle stellen sie eine nicht geringe Herausforderung dar, zumal ihre inhaltliche Erschließung und Auswertung einen erheblichen zeitlichen Aufwand erfordert.

Im Ergebnis ist es jedoch gelungen, mit einem auf statistischer Methodik basierenden Ansatz aus der Masse der Geschäftsbucheinträge die Grundzüge der Unternehmensentwicklung für einen Zeitraum von nahezu vier Jahrzehnten nachzuzeichnen.[7] Dabei ergeben sich ebenso aufschlussreiche wie faszinierende Einblicke in die Geschäftstätigkeit einer der damals bedeutenden Kunsthandlungen im Deutschen Reich.

Aufgrund der allgemein nur sehr spärlichen archivischen Überlieferung der Kunst- und Antiquitätenhandelsbranche in Deutschland in der Zeit vor 1918 bilden die Geschäftsbücher von Julius Böhler einen Quellenfundus, der in seiner Bedeutung gar nicht hoch genug einzuschätzen und in vielerlei Hinsicht als einzigartig anzusehen ist.[8] Die folgenden Ausführungen gelten deshalb einem Wirtschaftszweig, für den aus unternehmensgeschichtlicher Perspektive für die Epoche des Wilhelminischen Kaiserreiches bislang noch keine vergleichbare Untersuchung vorliegt.

Das Buch bildet die wesentlich überarbeitete und stark erweiterte Fassung eines 2022 publizierten Aufsatzes.[9]

Erster Teil

Engel
Tilman Riemenschneider
(1460 – 1531)
Um 1490/1492, Münnerstadt,
St. Maria Magdalena
1913 an BNM verkauft

Aus kleinen Verhältnissen

Julius Böhler war eine Karriere als millionenschwerer Kunsthändler nicht in die Wiege gelegt worden. Im Gegenteil: Er entstammte einer nur mäßig begüterten Handwerkerfamilie in dem kleinen Weiler Schmalenberg im südlichen Schwarzwald. Der auf einem wiesendurchsetzten, bewaldeten Hochplateau 975 Meter über dem Meeresspiegel gelegene Siebzig-Seelen-Ort bestand um die Mitte des 19. Jahrhunderts aus sieben verstreuten Häusern und gehörte zur Pfarrei Urberg. Bis zur Säkularisation 1806 zählte das Gebiet zur Herrschaft der fünf Kilometer entfernten Fürstabtei Sankt Blasien, danach zum Amt Sankt Blasien im Oberrheinkreis des Großherzogtums Baden.[1] Der Familienname „Böhler“ war in dem Dutzend kleiner Siedlungen, die zur Pfarrei Urberg zählten, öfter anzutreffen. In Schmalenberg selbst waren Angehörige der Familie bereits Ende des 16. Jahrhunderts ansässig.[2]

Die Einwohner des Urberger Kirchsprengels lebten von einer kargen Viehhaltung, hauptsächlich aber von der Waldwirtschaft – insbesondere dem Brennen von Holzkohle für die Eisenverhüttung – und von der Eisenverarbeitung. Der Holzreichtum in Verbindung mit der Wasserkraft im tief eingeschnittenen Flusstal der Alb sowie das Vorkommen von Eisenerz in den Nachbarregionen bedingte den Betrieb von Eisenhütten- und Hammerwerken. Solche bestanden im nahen Ort Kutterau und in Sankt Blasien. Das dort gewonnene Stangeneisen bezogen die in den umliegenden Orten ansässigen Nagelschmiede zur handwerklichen Weiterverarbeitung.[3]

Auch Julius Böhlers Vorfahren in Schmalenberg waren seit Generationen als „Nagler“ tätig. Drahtstifte produzierte dort in schwerer Handarbeit nach seinem Großvater Jakob (1779–1849)[4] auch der Vater Valerius (1807–um 1883).[5] Ihn führte seine Gesellenwanderung 1829 bis nach Leipzig,[6] bevor er 1840 die Nagelschmiede von seinem damals 61-jährigen Vater übernahm.

In diesem Jahr heiratete der 33-jährige Naglermeister Valerius Böhler die neun Jahre jüngere Maria Ursula Schmid. Sie stammte aus dem zehn Kilometer südlich von Schmalenberg gelegenen Weiler Wilfingen. Ihr Vater, der Krämer Karl Schmid, war damals ebenso wie ihre Mutter Rosina bereits verstorben. Als Trauzeuge

Christus beim Abendmahl in Emmaus
Jacopo da Empoli
(1551–1640)
Der Firmentradition nach handelt es sich um das erste von Julius Böhler erworbene Gemälde.

bei der Hochzeit fungierte Valerius' jüngerer Bruder Augustin (gest. 1868), der als Fabrikschlosser in der großen Baumwollspinnerei in Sankt Blasien beschäftigt war.[7] Sein anderer Bruder Franz Joseph hatte in Schmalenberg in eine Nagelschmiede eingeheiratet.[8] Sein dritter, noch lediger Bruder Ludwig arbeitete dort ebenfalls als „Nagler".[9] Ihre Schwester Genofeva war mit Martin Schmid verheiratet, der in Schmalenberg die Funktion des „Gemeinderechners" ausübte.[10] Valerius Böhler selbst bekleidete dort 1852 das Amt eines „Gemeinderats".[11]

Die hohe Säuglings- und Kindersterblichkeit verschonte das Ehepaar Böhler nicht. Das erste, im Juni 1841 entbundene und auf den Namen Albertina getaufte Mädchen starb im Alter von zwei Jahren.[12] Von den 1842 geborenen Zwillingen überlebte nur Balbina. Ihre Schwester starb, bevor sie getauft werden konnte.[13] Ein 1844 entbundenes Mädchen blieb nur sieben Monate am Leben.[14] Die 1846 zur Welt gekommene Albertina[15] erreichte das Erwachsenenalter, ebenso die beiden 1848 bzw. 1850 geborenen Töchter Genofeva[16] und Maria.[17]

1852 kam nach den vier überlebenden Mädchen der sicher lang ersehnte und nach dem Vater benannte Stammhalter Valerius zur Welt.[18] Auf ihn folgten 1854 der Bruder Wilhelm[19] und 1858 die Schwester Auguste.[20] Am 16. Februar 1860 schließlich erblickte der Sohn Julius das Licht der Welt.[21] Er war das jüngste Mitglied der zehnköpfigen Familie. Sein Vater war bei seiner Geburt bereits 53, seine Mutter 44 Jahre alt.

Die wirtschaftlichen Perspektiven gestalteten sich schon bald düster. Das Nagelschmiedehandwerk hatte kaum mehr eine gesicherte Zukunft. Denn die unrentabel gewordenen Eisenhüttenwerke der Region wurden Ende der 1860er Jahre stillgelegt. Die von ihnen abhängigen Nagelschmieden verloren dadurch ihre günstige Bezugsquelle. Auch konnten die in Handarbeit betriebenen Schmieden mit den allerorts aufstrebenden mechanischen Drahtstiftfabriken auf Dauer nicht konkurrieren.[22] Sofern die davon betroffenen Familien nicht in der nahen Baumwollspinnerei Sankt Blasien Arbeit fanden, blieb nur die Abwanderung. Julius' älteste Schwester Balbina zog nach Augsburg, wo sie in einer Textilfabrik unterkam. Dort starb sie 1869 unverheiratet im Alter von nur 26 Jahren.[23]

Wanderhändler

Auch für Julius stellte sich die Frage nach der beruflichen Zukunft. Sie konnte nur fern der Heimat liegen. Über seine Schulbildung ist weiter nichts bekannt. Man darf aber annehmen, dass sie die üblicherweise in der Werk- und Feiertagsschule vermittelten Kenntnisse umfasste. Einen gewissen Lerneifer des begabten Jungen vorausgesetzt, ermöglichte sie angesichts seiner offenbar hohen Auffassungsgabe solide Fähigkeiten im Lesen, Schreiben und Rechnen sowie auch ein gewisses Maß an Allgemeinwissen.

Darauf aufbauend konnte Julius sich später im Selbststudium das für seine unternehmerische Karriere erforderliche Fachwissen aneignen. Für seine berufliche Orientierung scheint maßgeblich der sechs Jahre ältere Bruder Wilhelm Vorbild gewesen zu sein. Er nahm offenbar den Wanderhandel mit Kurzwaren auf und zog den Jüngeren alsbald mit in das Geschäft.

Keramikfliese
18. Jahrhundert, Iran
1910 an MMA verkauft

Die Hausiertätigkeit war ein von nachgeborenen und zur Abwanderung gezwungenen Söhnen nicht selten ergriffenes Gewerbe. Allein in Württemberg verdoppelte sich die Zahl der Wanderhändler zwischen 1863 und 1882 von 11.000 auf 22.000.[24] Der Hausierhandel erforderte keine spezifische Ausbildung und nur wenig Kapital. Die feilgebotenen Kurzwaren – Bänder, Tücher, Spitzen, Garne, Zwirne, Knöpfe etc. – wurden in der Regel über einen Großhändler bezogen, der nicht selten auch Kredit gewährte. Auf ihren Reisen führten Wilhelm und Julius die Produkte wohl auf Tragegestellen mit sich. Abnehmer war in erster Linie die Landbevölkerung, für die der Hausierkauf mangels Krämer in vielen Gegenden die einzige Möglichkeit zum Erwerb entsprechender Gebrauchsartikel bot.

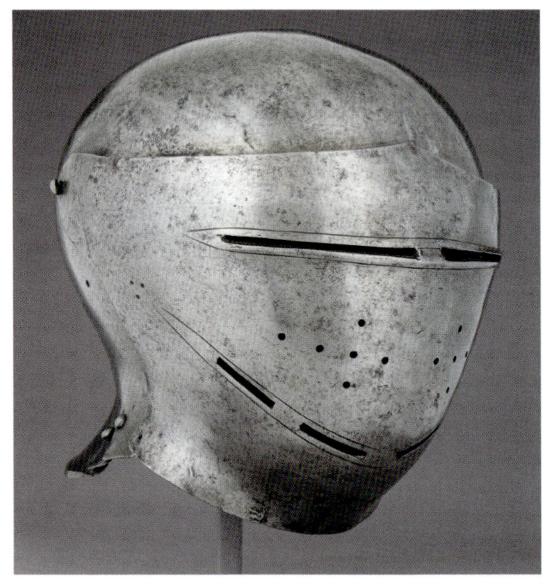

Helm
Um 1460, Mailand
1913 an Samuel James Whawell in Eastbourne verkauft

Visierhelm
Um 1500, Deutschland
1912 an Bashford Dean in New York verkauft

Wohl spätestens ab Mitte der 1870er Jahre betrieben die Brüder ihr Gewerbe von ihrem – 90 Kilometer von Schmalenberg entfernten – neuen Domizil im badischen Allensbach am Bodensee aus. Der Ort verfügte seit 1863 über einen für den Wanderhandel vorteilhaften Bahnanschluss. Bei der Wahl des Wohnsitzes mag zudem eine Rolle gespielt haben, dass in Allensbach ein Valerius („Valer") Böhler ein Optikergeschäft betrieb. Der Name lässt auf eine engere Verwandtschaft schließen.[25] Die für die Gewerbeausübung als Wanderhändler notwendige Lizenz erteilte das zuständige Bezirksamt Konstanz.[26]

Allerdings blieb es nicht beim Handel mit Kurzwaren. Allem Anschein nach kombinierten Wilhelm und Julius Böhler diese Tätigkeit schon bald mit dem Handel von „Altertümern". Vermutlich nahmen sie bei ihren Verkaufsreisen von ihren Abnehmerkunden Antiquitäten als Tauschware entgegen. Mit der Zeit konzentrierten sie sich wohl immer stärker auf diesen Geschäftszweig. Und da er offenbar größere Profite versprach, pflegten sie ihn bald ausschließlich.

Kunsthandwerkliche Objekte und überkommene Gebrauchsgegenstände früherer Epochen standen im Zeitalter des Historismus seit den 1860er Jahren beim vermögenden Bürgertum zunehmend hoch im Kurs. Die historistische Aneignung der Vergangenheit und das Vordringen der Kulturgeschichte führten zu einer Aufwertung solcher Gegenstände. Es zählte nun nicht mehr allein die klassische „hohe Kunst" mit Skulpturen und Gemälden. Vielmehr wandte sich das Interesse des sammelnden Publikums nun auch der einfacheren Gebrauchskunst zu. Als Bestandteil der privaten häuslichen Kunstpflege fanden diese „Altertümer" als Dekorations- und Einrichtungselemente Eingang in die gehobene bürgerliche Wohnung. Für diese Gegenstände bildete sich ein Markt heraus, der von Antiquitätenhändlern in den größeren Städten bedient wurde.[27] Sie bezogen ihre Ware zumindest teilweise auch von Wanderhändlern wie den Gebrüdern Böhler, die über das Land reisten und dort entsprechende Antiquitäten aufspürten.

Ein Zeitungsbericht im Starnberger „Land- und Seeboten" aus dem Jahr 1909 gibt einen anschaulichen Eindruck von den Verhältnissen, wie sie schon am Beginn der 1870er Jahre herrschten, als Wilhelm und Julius Böhler sich dem Gewerbe zuwandten: „Es ist eine alltägliche Erscheinung, daß Händler [...] das Land bereisen, um Altertümer aufzukaufen. Kein Dorf, keine Einöde ist so abgelegen, daß nicht Kaufsliebhaber sich dort einfinden und den Leuten Altertümer abschwätzen. Meistens wird nur ganz geringes Entgelt bezahlt und oft werden dann die Gegenstände vom ersten Käufer an einen größeren Händler in der Stadt mit Gewinn weiterverkauft. Der größere Händler aber gibt sie wieder an reiche Sammler und geldkräftige Museen mit mehr oder minderem bedeutendem Nutzen. Vor allem gesucht sind gegenwärtig mittelalterliche Holzfiguren. Aber auch andere Schnitzereien, Wand- und Deckenvertäfelungen, Bilder, Möbel, Gitter, Wirtshausschilder, Zinngeräte, Geschirr aus Ton und Porzellan, Gläser usw. werden aufgekauft."[28]

Bei adeligen oder bürgerlichen Haushaltsauflösungen, bei der „Modernisierung" von Pfarrkirchen, beim Abbruch von profanen oder kirchlichen Gebäuden sowie aufgrund baulicher Veränderungen in Stadt und Land kamen vielfach „Alterthümer" in Umlauf. Auch waren im Zuge von Säkularisation und Mediatisierung zu Beginn des 19. Jahrhunderts im süddeutschen Raum zahlreiche Kulturgüter und Einrichtungsgegenstände früherer Epochen aus aufgehobenen Klöstern und Adelsschlössern unter den Hammer gekommen, weithin verschleudert und verstreut worden. Nicht zu-

Thronender Christus
14. Jahrhundert, Italien, Kupfer
1910 an MMA verkauft

letzt vor diesem Hintergrund ergab sich für findige Wanderhändler die Gelegenheit, in ländlichen und städtischen Haushalten oder auf lokalen Märkten manche „Antiquität“ für kleines Geld zu kaufen oder gegen andere Gebrauchsgüter zu tauschen und sie anschließend mit Gewinn an Zwischen- oder stationäre Händler weiter zu veräußern.

Aller Wahrscheinlichkeit nach bauten Wilhelm und Julius Böhler binnen weniger Jahre von ihrem Stützpunkt Allensbach aus ein Netz von Geschäftsverbindungen auf, das schließlich bis in die bayerische Landeshauptstadt reichte. Hier hatte sich seit Mitte des 19. Jahrhunderts eine Kunst- und Antiquitätenhändlerszene etabliert, die das wachsende Verlangen des wohlhabenden Bürgertums nach „Altertümern“ befriedigte. Der eine oder andere der dort ansässigen „Antiquare“ zählte möglicherweise bereits zu ihren Abnehmern. Spätestens Anfang 1879 fassten die beiden Wanderhändler dann offenbar den Entschluss, sich in München niederzulassen. Dahinter stand die Absicht, dort schon bald ein Ladengeschäft zu eröffnen. Davon versprachen die Brüder sich auf Dauer einen wesentlich besseren Verdienst und eine Steigerung des gesellschaftlichen Ansehens.

München

Im Juli 1879 verlegten Wilhelm und Julius Böhler ihren Wohnsitz nach München. Am 21. September bezogen sie hier gemeinsam eine Parterrewohnung in der Salzstraße 22. Gleichzeitig registrierten sie sich bei der städtischen Einwohnermeldebehörde. Dort gaben beide als Beruf „Kurzwarenhändler (Hausierer)“ an. Als Nachweis legte jeder seine vom Bezirksamt Konstanz ausgestellte Gewerbelegitimationskarte vor. Als besonderen Zusatz notierte der städtische Beamte in München in den Meldebogen der Neuankömmlinge: „Aufenthalt vorübergehend, zieht die Woche am Lande umher".[29] Demnach betrieben die Brüder zunächst auch weiterhin einen Wanderhandel, dem sie wochentags mit einer ausgedehnten Reisetätigkeit nachgingen, und hielten sich deshalb nur zu bestimmten Zeiten in der Stadt auf.

Zwar erschienen die Gebrüder Böhler in den amtlichen Münchner Registern anfänglich beide mit der Berufsbezeichnung „Kurzwarenhändler". Als „Antiquitätenhändler" wurde Julius bei der Einwohnerbehörde offiziell erst ab dem 26. Oktober 1881 geführt und Wilhelm als „Alterthums-Händler" sogar erst seit der Anmeldung seines Ladengeschäfts am 5. Juni 1882.[30] Doch ist sicher anzunehmen, dass der seit Juli 1879 von München aus geführte Wanderhandel bereits ausschließlich das Geschäft mit „Altertümern" umfasste. Sehr wahrscheinlich traf dies auch schon für den überwiegenden Zeitraum ihrer Tätigkeit in Allensbach zu. Einer tradierten Erzählung zufolge kaufte Julius Böhler während einer Geschäftsreise, die ihn Anfang 1880 unter anderem nach Überlingen am Bodensee führte, dort sein erstes Gemälde – eine dem Florentiner Maler Jacopo da Empoli (1551–1640) zugeschriebene, auf Holz gemalte und stark nachgedunkelte Darstellung von Christus mit den beiden Jüngern beim Abendmahl in Emmaus.

Nach einem halben Jahr gaben Wilhelm und Julius im März 1880 die angemietete Wohnung in der Salzstraße 22 auf. Dafür bezogen sie eine offenbar größere im zweiten Stock eines Mietshauses in der Hopfenstraße 8. Sie lag ebenso wie das erste Quartier nur

Kästchen
13. Jahrhundert, Deutschland
1912 an MMA verkauft

wenige Gehminuten vom Hauptbahnhof entfernt. Die unmittelbare Nähe zur Bahnstation bedeutete für die hauptsächlich mit der Eisenbahn reisenden Wanderhändler einen großen Vorteil. Wiederum ein halbes Jahr später tauschten sie diese Wohnung mit einer wohl komfortableren im ersten Stock desselben Mietshauses.[31]

Die Geschäfte scheinen nicht schlecht gelaufen zu sein. Denn schon nach zwei Jahren hatten die Brüder das notwendige Kapital zusammen, um sich als Antiquitätenhändler selbstständig zu machen, jeweils ein eigenes Ladengeschäft zu eröffnen und schließlich auch zu heiraten.

Wilhelm verließ im Juni 1882 das Quartier in der Hopfenstraße 8 und bezog eine Wohnung mit einem Laden in der Sonnenstraße 21. Ein halbes Jahr später wechselte er in eine nur zwei Gehminuten vom alten Standort entfernte Adresse in der Landwehrstraße 20. Im Januar 1883 heiratete er die aus dem mittelfränkischen Schnaittach bei Hersbruck stammende, 26 Jahre alte Katharina Kreißl (1857–1929), die Tochter eines Schneidermeisters. Das Ehepaar sollte kinderlos bleiben. Im November 1885 bezogen die beiden ein erheblich besser gelegenes und ausgestattetes Etablissement in der Arcisstraße 1a – ein Beleg für den raschen Erfolg des Unternehmens. Im April 1890 verlegten sie das Geschäft in die Brienner Straße 47. Wilhelm Böhler starb bereits am 2. September 1902 im Alter von nur 48 Jahren. Seine Witwe Katharina führte das Unternehmen allein weiter, ab 1910 in der Brienner Straße 10, ab 1917 in der Barer Straße 5.[32]

1923 nahm sie den Kunsthändler Karl Fischer (1889–1973) als Teilhaber auf. Er leitete das Geschäft nach Katharinas Tod 1929 als Alleininhaber unter der Firmierung „Fischer-Böhler“. 1935 bezog er neue Geschäftsräume in der Brienner Straße 3, die 1944 dem Bombenkrieg zum Opfer fielen.[33] Seit 1948 in der Residenzstraße 10 ansässig, wurde die Galerie nach Fischers Tod von seinen beiden Töchtern bis zur Schließung 1981 weiterbetrieben.[34]

Wilhelm Böhler hatte 1882 eine Kunsthandlung begründet, die während ihres hundertjährigen Bestehens einen bedeutenden Ruf genoss. Sein Bruder Julius sollte ihn – was Erfolg und Stellenwert seines zeitgleich etablierten Unternehmens anging – jedoch bei Weitem übertreffen.

Newcomer

Julius Böhler blieb nach dem Auszug des Bruders Wilhelm im Juni 1882 offenbar noch drei Monate in der Wohnung in der Hopfenstraße 8. Am 25. Oktober 1882 bezog er ein Wohnquartier in einem Mietshaus in der Zweigstraße 4 in unmittelbarer Nähe zum Hauptbahnhof und eröffnete dort ein Ladengeschäft. Am 1. Februar 1883, lediglich fünf Tage nach der Vermählung seines Bruders, heiratete auch Julius. Seine damals 21 Jahre alte Braut Maria (1862–1950) war zwei Jahre jünger als er. Sie stammte aus Niederaichbacherau – einem zwischen Niederaichbach und Wörth a. d. Isar gelegenen, 90 Kilometer von München entfernten kleinen Ort in Niederbayern. Dort hatte sie am 28. Mai 1862 als Tochter des Krämers Loibl das Licht der Welt erblickt.[35] Wie die beiden zueinander gefunden hatten, ist nicht bekannt. Vermutlich lernte Julius seine spätere Ehefrau bald nach seiner Ankunft in München auf einer seiner Geschäftsreisen kennen.

Der Münchner Kunsthändler Lehmann Bernheimer, um 1900

Ab Mitte des 19. Jahrhunderts entwickelte sich die Kunststadt München allmählich zu einem Zentrum des Kunst- und Antiquitätenhandels in Deutschland.[36] Das Münchner Stadtadressbuch von 1870 verzeichnete 21 „Antiquariate" und „Kunsthandlungen".[37] 1882 gab es in der bayerischen Residenzstadt bereits 20 „Antiquare" und rund 30 „Antiquitäten-Handlungen". Die bedeutendsten hatten ihren Sitz in den vornehmen Prachtstraßen der Innenstadt. Dazu zählten etwa der Königliche Hoflieferant Aaron Siegfried Drey (1813–1891), die Gebrüder Heilbronner und Adolph Rupprecht in der Maximilianstraße, dann Isaak Drey, Josef Spengel und Adolf Abraham Steinharter (1853–1918) in der Brienner Straße sowie Sigmund Helbing (1821–1895) in der Theatinerstraße.[38]

Noch nicht eigentlich zu den Antiquitätenhändlern gerechnet wurde damals der Königliche Hoflieferant Lehmann Bernheimer (1841–1918) in der Kaufingerstraße. Doch fand sich in seinem als Einrichtungshaus für höchste Ansprüche geltenden Geschäft nach dem 1889 vollzogenen Umzug in einen prächtigen Neubau am Maximiliansplatz neben Dekorationsstoffen und Orientteppichen eine exquisite Auswahl an teuren Gobelins, antiquarischen Möbeln und weiteren „altertümlichen" Kostbarkeiten vorrätig.[39]

Im Vergleich zu diesen alteingesessenen Händlern – die Firma von Aaron S. Drey bestand in München bereits seit 1854,[40] von Lehmann Bernheimer seit 1864, von Adolph Rupprecht seit spätestens 1867[41] und von Sigmund Helbing als Antiquitätengeschäft seit mindestens 1868[42] – war Julius Böhler zunächst ein kleines Licht. Aber der Newcomer verstand es offenbar sehr gut, sein Geschäft voranzubringen. Ende 1881 verfügte er über ein Vermögen von 8.073 Mark. Das entsprach damals dem zehnfachen durchschnittlichen Jahreseinkommen eines gelernten Arbeiters im Metallgewerbe. Am Ende des Jahres 1882 bilanzierte er seinen Besitz auf 16.447 Mark, wobei den allergrößten Teil der Warenbestand ausmachte. Binnen zwölf Monaten hatte sich das Vermögen des erst 22-jährigen Jungunternehmers glatt verdoppelt[43] – obwohl sein Ladengeschäft erst seit Oktober 1882 bestand.

Alfred Pringsheim, um 1885
Der Mathematiker war bis 1914 Julius Böhlers wichtigster Münchner Kunde.

Dies zeigt, dass bereits der Wanderhandel mit „Altertümern" sehr lukrativ gewesen war. Das galt erst recht für das stationäre Geschäft, das sich von Beginn an bestens entwickelte. Binnen 24 Monaten steigerte Julius Böhler sein Vermögen bis Ende 1884 erneut um mehr als das Anderthalbfache auf über 42.000 Mark.[44] Er hatte sich offenbar schnell etabliert, ein – wohl auch bereits ins angrenzende Ausland reichendes – Netz von Bezugsquellen aufgebaut und in Sammlerkreisen ausreichend Kundschaft gewonnen.

Florierendes Geschäft

Dieser Erfolg erbrachte die finanziellen Mittel, um sich Anfang Oktober 1884 zu verändern und größere Mieträume im Erdgeschoss eines Gebäudes in der Sophienstraße 6 zu beziehen.[45] Das Geschäft rückte nun vom Bahnhofsviertel in eine vornehmere

Wohnlage in der Maxvorstadt, wo zumeist adelige Regierungsbeamte und Militärs, Professoren und wohlhabende bürgerliche Privatiers residierten.

Über der im Parterre untergebrachten Kunsthandlung wohnte in der Beletage der Mathematikprofessor und passionierte Kunstsammler Alfred Pringsheim (1850–1941) mit seiner Familie.[46] Der spätere Schwiegervater des Literaturnobelpreisträgers Thomas Mann zählte wohl gleich zu den ersten Kunden am neuen Domizil. 1889 zog Pringsheim in seine neu errichtete prächtige Neo-Renaissance-Villa in der Arcisstraße. Er sollte bis 1914 der wichtigste Stammkunde von Julius Böhler in München bleiben.

Der neue Geschäftsstandort profitierte auch von der Lage direkt gegenüber dem Alten Botanischen Garten mit dem 1854 errichteten Glaspalast. Hier fanden zahlreiche Events und Kongresse statt. Die dort seit 1889 alljährlich veranstalteten Kunstausstellungen zogen viele Besucher an, von denen sicherlich manche auch die nahe gelegene Antiquitätenhandlung frequentierten.

In die Zeit des Umzugs in die Sophienstraße fiel der Beginn einer zukunftsweisenden Geschäftsverbindung mit dem Kunsthistoriker und Museumsfachmann Wilhelm Bode (1845–1929). Dieser war seit 1880 bei den Königlichen Museen in Berlin als Direktor der „Abteilung der Bildwerke der christlichen Epoche" tätig. Auf der Suche nach Skulpturen und Plastiken der Gotik und Renaissance reiste Bode 1884 nach Süddeutschland. Dort wurde er in der bayerischen Landeshauptstadt offenbar auf Julius Böhler aufmerksam.[47]

Der Münchner Kunsthändler bot ihm Ende 1885 für 170 Mark ein „prachtvolles Holzschnitzwerk" aus Lindenholz in Gestalt eines „sehr feinen gothischen Kristus" an, „in alter Fassung und ausgezeichnet fein und anatomisch geschnitzt, mit wunderschönem Gesichte und Schamtuch". 1886 offerierte Böhler Wilhelm Bode ein „Thonrelief, Madon[n]a mit dem Jesuskind auf einem gothischen Stuhl sitzend" für 45 Mark.[48] Im Auftrag der Berliner Museen kaufte Bode im April 1889 ein um 1505 gefertigtes, qualitätvolles Holzrelief des Bildhauers Tilman Riemenschneider (1460–1531). Es stellte sechs musizierende Engel dar und kostete 400 Mark.[49] Julius Böhler hatte das Kunstwerk, das sich noch heute im Bode-Museum befindet, aus Münchner Privatbesitz erworben.[50]

Musizierende und singende Engel
Tilman Riemenschneider (1460–1531)
Um 1505
1889 an SMB-SMBK verkauft
Foto: Antje Voigt

Bereits vier Jahre zuvor hatte der aufstrebende Münchner Kunsthändler dem Direktor des Berliner Gewerbemuseums, Julius Lessing (1843–1908), drei persische Teppiche angeboten, von denen der teuerste 300 Mark kostete.[51] 1888 offerierte er dem Ausstellungshaus „schöne holländische eingelegte Pracht-Möbel".[52] Dabei nutzte Böhler schon seit 1885 das neue Medium der Fotografie, um auswärtige Kunden für seine Objekte zu interessieren. Die versendeten Abbildungen „ersetzten zwar nicht die Ansicht des Originals, erlaubten aber eine Einschätzung der Qualität der offerierten Werke", ohne das Original mit der Bahn oder per Post verschicken zu müssen.[53]

Über eine Empfehlung Bodes knüpfte Böhler 1886/87 Kontakt zum Medizinprofessor und Sammler Karl Schroeder (1838–1887) in Berlin sowie zum Direktor des dortigen Kupferstichkabinetts Friedrich Lippmann (1838–1903).[54] Wohl unabhängig davon kam er in Fühlung mit dem Diplomaten und späteren bayerischen Gesandten in Rom und Wien, Heinrich v. Tucher (1853–1925), dem er 1888 ein Gemälde des Brügger Malers Hans Memling (1430–1494) anbot.[55]

Die Beispiele zeigen, dass Julius Böhler über Stücke verfügte, die das Interesse von anspruchsvollen Sammlern und Museen nicht nur in München und in Süddeutschland, sondern auch in der Reichshauptstadt Berlin erregten. Das Geschäft florierte entsprechend. Ende 1889 bilanzierte er ein Vermögen von 187.000 Mark. Binnen nur sieben Jahren war es um das Elffache angewachsen.[56]

Unter den Münchner Branchenkollegen verschaffte Böhler sich offenbar rasch Anerkennung. Er gehörte als aktives Mitglied dem 1864 gegründeten Münchner Alterthums-Verein an. Bei den Sitzungen der Gesellschaft stellten sachverständige Sammler, Händler, Künstler und Kunstinteressierte regelmäßig ihre neuesten Erwerbungen zur Schau. 1887 präsentierte Julius Böhler dort ein in Silber getriebenes Relief einer Jagdszene des berühmten Straßburger Künstlers Jaques Frédéric Kirstein (1765–1838), das bei den Anwesenden allgemeine Bewunderung erregte.[57] Im Jahr darauf zeigte er unter anderem einen gegen Ende des 16. Jahrhunderts entstandenen „selten grossen Gobelin mit der Darstellung Jesu als Kinderfreund“.[58]

Auch die Familie bekam Zuwachs. Am 12. Dezember 1883 wurde dem Ehepaar Böhler der erste Sohn geboren und einige Tage später in der Sankt Bonifazkirche auf den Namen Julius Wilhelm getauft. Am 1. Oktober 1885 kam das zweite, nach seinem Onkel Wilhelm benannte Kind zur Welt. Der Junge erkrankte später an einer Hirnhautentzündung. Sie führte zu einer Behinderung, die

Die drei Söhne: Wilhelm, Julius Wilhelm und Otto Alfons (v. l.)
Radierung von Rudolf Hirth du Frênes (1846–1916), um 1890

in der Folgezeit eine berufliche Tätigkeit im väterlichen Unternehmen nicht zuließ.[59] Am 31. Oktober 1887 schließlich wurde Maria Böhler von einem dritten Sohn entbunden, der den Namen Otto Alfons erhielt.[60]

Ein halbes Jahr zuvor, Anfang Mai 1887, hatte Julius Böhler, der noch immer badischer Staatsbürger und im Besitz des Heimatrechts seines Geburtsortes Schmalenberg war, gegen eine Gebühr von 171 Mark die bayerische Staatsangehörigkeit sowie das Bürgerrecht der Stadt München erworben.[61]

Antiquitäten in allen Preisklassen

Über das Warenangebot der Kunsthandlung Julius Böhler in den 1880er Jahren liegen keine Nachrichten vor. Erstmals das Inventurverzeichnis vom 31. Dezember 1890 gestattet einen vollen Einblick in Umfang und Qualität der vorhandenen Antiquitäten.[62] Demnach lagerten damals in den fünf öffentlich zugänglichen Verkaufsräumen sowie den sieben Privaträumen der Familie in der Sophienstraße insgesamt 1.141 Einzelobjekte im Gesamtwert von 62.969 Mark. Der Durchschnittswert je Antiquität betrug somit 55 Mark.

18 Prozent der Objekte lagen im untersten Preissegment zwischen 1,70 und 5 Mark. 36 Prozent bewegten sich in der Spanne zwischen 6 und 20 Mark. 21 Prozent waren im Bereich von 21 bis 40 Mark, 12 Prozent von 41 bis 80 Mark angesiedelt. 110 Objekte (10 Prozent) kosteten zwischen 100 und 350 Mark, 23 Objekte (2 Prozent) zwischen 400 und 4.000 Mark. Demnach lagen über die Hälfte der angebotenen Antiquitäten preislich unter 21 Mark, ein Drittel zwischen 21 und 80 Mark und ein Fünftel über 100 Mark.

Zur Masse der Objekte in der untersten Preiskategorie zählten insbesondere Kleinmöbel, Krüge, Gläser, Teller und Besteckteile, herkömmliche Bilderrahmen, kleinformatige Schnitzereien, Butzenscheiben und Ofenkacheln, Stein-, Ton- und Holzfigürchen, kleine Engelsköpfe, Hirschgeweihe, altertümliche Schlösser, Türklopfer, Buchdecken, -einbände und -schließen. Das Segment zwischen 21 und 80 Mark umfasste eine Vielzahl von Möbeln, daneben Waffen (Degen, Schwerter, Steinschlossgewehre, Armbrüste, Streitäxte und Hellebarden), Teppiche, Skulpturen, Miniaturen, Reliefs oder Wandverkleidungen.

Zur gehobenen Preisklasse von 100 bis 350 Mark zählten erlesenere Möbel von der Gotik bis zum Rokoko, Ledertapeten, Majoliken, Plastiken, Teile von Rüstungen (wie Brustschilde, Rossstirnen und Helme), Wand- und Standuhren, Wappenschilde, Teppiche, italienische Reliefs, Marmorbüsten und Bronzeskulpturen. Das oberste Segment ab 400 Mark umfasste Spitzenmöbel, darunter ein gotisches Buffet für 600 Mark, einen Glasschrank für 550 Mark, einen französischen Schrank für 1.500 Mark, ein Ehebett für 1.300 Mark oder einen Spiegel für 500 Mark. Eine komplette frühneuzeitliche Rüstung war für 700 Mark, ein gotischer Altar für 1.000 Mark, eine Bronzeterrine für 800 Mark zu haben. Die wertvollsten Stücke bildeten sechs im Laden ausgestellte Gobelins im Gesamtwert von 9.800 Mark. Der teuerste zeigte die Königin von Saba und kostete 4.000 Mark.

Messingbecken
15. Jahrhundert, Deutschland
1912 an MMA verkauft

Rein optisch dominierten in den Verkaufsräumen die antiquarischen Möbel mit über 180 Objekten. Auch Waffen und Rüstungen beanspruchten viel Platz. Der Handel mit Gemälden spielte 1890 noch kaum eine Rolle. Lediglich 29 Bilder im Gesamtwert von 1.240 Mark standen damals zum Verkauf. Das teuerste, ein Stillleben, lag bei 300 Mark, das preiswerteste, ein „Madonnenbild“, bei 5 Mark. Zwei „Architekturbilder“ wurden mit je 45 Mark, zwei „gothische“ Gemälde mit je 30 Mark und zwei „holländische Bilder“ mit je 20 Mark angesetzt. Von den sieben ausgestellten „Costümbildern“ lag das hochwertigste bei 100 Mark.

Das Inventurverzeichnis veranschaulicht die in den 1880er Jahren vollzogene Professionalisierung des Geschäfts. Nichts darin erinnert mehr an die Anfänge des Wanderhändlers Julius Böhler, der auf dem flachen Land umherreisend in Haushalten und auf lokalen Märkten Ausschau nach allerlei verwertbaren „Altertümern“ hielt. Die Beschaffung der Kunstobjekte und Antiquitäten erfolgte nun über ein sorgsam gepflegtes Händlernetz. Das Warenangebot

Sankt Georg im Kampf mit dem Drachen
Um 1490, Steiermark
Julius Böhler erwarb die Holzplastik 1890 für seine Sammlung.

selbst orientierte sich an den steigenden Erwartungen einer zunehmend anspruchsvollen Sammlerkundschaft.

Die Dimension der im Antiquitätenhandel gezahlten Preise wird anschaulich, setzt man sie in Bezug zu den damals herrschenden Einkommensverhältnissen der einfachen Bevölkerung. 1890 lag der Tagesverdienst eines gelernten Metallindustriearbeiters in München bei 3,50 Mark.[63] Die Jahresmiete einer Arbeiterfamilie für eine Dreizimmerwohnung in der Landeshauptstadt lag bei 150 Mark.[64] Zu diesem Preis erstand ein Münchner Sammler historischer Waffen bei Julius Böhler ein Pulverhorn und eine Patronentasche.[65]

In den beiden Jahren 1891 und 1892 akquirierte Böhler zusammengenommen 4.033 Einzelobjekte. Davon wurden in diesem Zeitraum 2.826 Stücke (70 Prozent) wieder veräußert. 1.207 Objekte im Einkaufswert von 98.488 Mark befanden sich bei der Inventuraufnahme zum 31. Dezember 1892 noch in den Verkaufs- und Lagerräumen.[66]

Nicht zu den für den Verkauf gedachten Objekten zählte zunächst eine Sammlung von Stoffen, die Julius Böhler offenbar seit den 1880er Jahren aufgebaut hatte. Ihren Wert veranschlagte er 1889 mit 2.000, 1890 mit 3.000, 1892 mit 10.000 und 1893 mit 7.265 Mark.[67] Im September 1894 verkaufte er die aus 850 Teilen bestehende Kollektion für 15.000 Mark an den Textilindustriellen Richard Zschille (1847–1903) im sächsischen Großenhain.[68] Danach widmete Böhler sich verstärkt dem Aufbau einer Privatsammlung, die hauptsächlich erstklassige mittelalterliche Holz- und Steinskulpturen umfasste. Ihren Wert bezifferte er 1902 auf 50.000 Mark.[69]

Bestandteil der Kollektion war seit 1890 unter anderem eine um 1490 in der Steiermark entstandene Holzskulptur des heiligen Georg im Plattenharnisch im Kampf mit einem Drachen. Seit 1901 umfasste die Sammlung auch ein in Brüssel erworbenes Alabasterrelief einer liebreizenden Madonna mit Kind. 1905 kamen zwei Schnitzfiguren des Bildhauers Niklaus von Hagenau (1445–1538) dazu, die aus dem Mittelschrein des berühmten, 1512/16 entstandenen Isenheimer Altars von Matthias Grünewald (1470–1528) stammten. Böhler hatte sie aus der Sammlung Zschille erworben, zusammen mit einem um 1500 in Landshut entstandenen qualitätvollen Holzrelief mit einer Darstellung von Christus vor Pilatus. Zu den nicht wenigen „Highlights" der Sammlung von Julius Böhler zählte auch die um 1330 entstandene Skulptur einer Madonna mit Kind aus dem weithin berühmten Altar des 1802 aufgelösten Prämonstratenserinnenklosters Altenberg bei Wetzlar. Sie befindet sich heute als Leihgabe im Bayerischen Nationalmuseum.[70]

Wie stolz Julius Böhler auf die von ihm aufgebaute Sammlung war, zeigt seine Abneigung, einzelne Stücke davon zu veräußern. 1912 schrieb er: „Ich bekam schon für viele Sachen von Museen und Kunstliebhabern große Summen geboten, wenn ich je hätte etwas verkaufen wollen [...]. Diese Offerte[n] rühren mich jedoch nicht, da ich selbst habe, was ich brauche und an meiner Sammlung sehr viel Vergnügen habe."[71] 1914 umfasste die Kollektion neben zahlreichen Skulpturen und kunstgewerblichen Objekten angeblich auch drei Gemälde von Rembrandt van Rijn (1606–1669).[72]

Immobiliengeschäfte

Auch abseits der eigentlichen Profession verstand Julius Böhler sich bestens auf lukrative Geschäfte. Einen Teil seiner im Kunsthandel erwirtschafteten Gewinne investierte er spekulativ in Immobilien. In der wachsenden Landeshauptstadt waren damit gute Profite zu erzielen. Im August 1891 kaufte er dort das Anwesen Hopfenstraße 5 im Wert von 188.000 Mark.[73] Das fünfstöckige Haus beherbergte im Erdgeschoss die Gastwirtschaft „Zum deutschen Michel" und in den Etagen darüber 17 vermietete Wohnungen.[74] Erworben hatte Böhler das Objekt von einem offenbar hoch

Christus vor Pilatus
Um 1500, Landshut
Das Holzrelief erwarb Julius Böhler 1905 aus der Sammlung Zschille für seine Kollektion.

verschuldeten Wirtsehepaar für einen Barbetrag von 15.000 Mark.[75] Dafür musste er die auf der Immobilie lastenden Hypothekenschulden im Umfang von 173.000 Mark übernehmen. Die aufzubringenden Hypothekenzinsen und Tilgungsraten wurden aber durch die Mieteinnahmen sicher gedeckt.[76]

Zehn Jahre zuvor war der Wanderhändler Böhler selbst noch Mieter einer Wohnung in der Hopfenstraße gewesen. Jetzt besaß er dort ein ganzes Mietshaus. Die Immobilie, deren Wert binnen sechs Jahren um 37.000 Mark auf 225.000 Mark stieg, veräußerte er im April 1897 mit gutem Profit.[77] Diesen investierte er sofort wieder spekulativ in ein Grundstück im Münchner Stadtteil Neuhausen, das er für 74.000 Mark akquirierte.[78] 1907 stieß er es für 245.000 Mark wieder ab.[79] Darüber hinaus spekulierte Böhler offenbar unter dem Strich auch erfolgreich mit Effekten an der Münch-

Sankt Georg im Kampf mit dem Drachen
Um 1470, Steiermark
Julius Böhler erwarb die Holzskulptur 1912 für seine Sammlung.

ner Börse – auch wenn er dabei im Jahr 1902 bei einer Transaktion einmal einen Verlust „in Bankpapieren" von 15.000 Mark verbuchen musste.[80]

Weitere Immobiliengeschäfte tätigte Julius Böhler im 25 Kilometer entfernten Starnberg. Der Ort hatte sich seit Mitte des 19. Jahrhunderts zu einer begehrten Wohnlage des reichen Münchner Bürgertums und zahlreicher Künstler entwickelt. Die durch den Bahnanschluss 1854 geschaffene Möglichkeit, in der Landeshauptstadt zu arbeiten und am Starnberger See inmitten einer schönen

Tod der heiligen Ursula
Um 1500, Augsburg
Das Holzrelief kaufte Julius Böhler 1910 von der Baseler Sammlerin Louise Bachofen-Burckhardt für seine Kollektion.

Bauer mit Schwein

Bauer mit Hahn
Niklaus von Hagenau (1445 – 1538)
Um 1510, Colmar
Die beiden ursprünglich zum Isenheimer Altar gehörigen Schnitzfiguren erwarb Julius Böhler 1905 aus der Sammlung Zschille.

Das Ehepaar Maria und Julius Böhler
Gemälde von Franz v. Lenbach (1836 – 1904), 1894

Madonna mit Kind
Um 1520, flämisch
Das Alabasterrelief erwarb Julius Böhler 1901 in Brüssel für seine Sammlung.

Landschaft zu wohnen, reizte auch den erfolgreichen Kunsthändler. Im April 1895 kaufte er dort ein bestehendes Wohnhaus mit Garten für 16.500 Mark – die spätere sogenannte Alte Villa.[81]

Ein halbes Jahr später erwarb Julius Böhler gemeinschaftlich mit dem befreundeten millionenschweren Berliner Bankier und Kunstsammler Adolph Thiem (1832–1923) am „Mühlberg" in Starnberg für 53.000 Mark ein elf Hektar großes Grundstück.[82] Thiem übereignete seine Hälfte alsbald seinem als Kunstmaler tätigen Sohn Paul (1858–1922), der sich hier ein Landhaus erbaute. 1897/98 ließ Böhler auf seinem Geländeteil durch den Pasinger Architekten Ulrich Merk eine repräsentative Villa mit Stilelementen der Renaissance und der Gotik errichten. Der neue Wohnsitz in Starnberg (heute Josef-Fischhaber-Straße 29), den er 1899 mit 30.000 Mark bewertete,[83] unterstrich augenfällig den erreichten Status als erfolgreicher Geschäftsmann. Auf dem angrenzenden Grundstück bauten schließlich auch sein Bruder Wilhelm und der Malerfürst Franz v. Lenbach (1836–1904).[84] Letzterer hatte Julius Böhler und seine Ehefrau Maria bereits 1894 porträtiert.

Wachsender Abnehmerkreis

In den 1880er Jahren erweiterte Julius Böhler seinen Kundenkreis kontinuierlich. 1889 umfasste die Zahl der Abnehmer 285 Adressen. Davon waren 78, also fast ein Drittel, Kunst- und Antiquitätenhändler. Neben den Privatsammlern spielte der Anteil der gewerblichen Abnehmer stets eine große Rolle. Vier Fünftel der Abnehmerkunden (Händler und Sammler) saßen in Deutschland, davon 52 Prozent in München. Von den ausländischen Käufern entfiel damals die Hälfte auf die Habsburgermonarchie, insbesondere auf die Metropole Wien. Die übrigen verteilten sich größtenteils auf Paris und die Schweiz.[85]

In Österreich und der Eidgenossenschaft belieferte Julius Böhler 1889 insgesamt rund ein Dutzend Sammler.[86] Bis Ende der 1890er Jahre stieg die Zahl der Kunden steil an. 1897/98 verzeichneten die Geschäftsbücher 512 Abnehmeradressen, davon rund 100 Händler. Drei Viertel der Abnehmer residierten in Deutschland, davon 44 Prozent in München.[87]

Hier stand Julius Böhler in geschäftlicher Verbindung mit den meisten örtlichen Vertretern der Branche. Dazu zählten – neben der Firma seines Bruders Wilhelm – die Unternehmen von A. S. Drey, Ignaz und Julius Drey, von Lehmann Bernheimer, Hermann Einstein, Rudolf Gedon, Josef Grüger, Isaak Halle, David Heinemann, Hugo Helbing, Gottlob Hess, Johann Hohenleitner, Josef Kugler, Rudolf Lotze, Carl Mössel, Ludwig und Jaques Rosenthal, Gustav Seidenader, Anton Scheidhacker, Maria Spengel, Adolf Steinharter, Leopold Stern, Adolf Weil und Stefano Zatelli. Im weiteren Reichsgebiet zählten in den 1890er Jahren Kunsthandlungen in Baden-Baden, Bad Kissingen, Berlin, Dresden, Frankfurt am Main, Hamburg, Köln, Lindau, Landshut, Mainz, Nürnberg, Straßburg, Stuttgart und Überlingen zu den wichtigsten gewerblichen Stammabnehmern. Sie alle waren freilich nicht nur Käufer. Julius Böhler bezog von ihnen auch laufend Ware. Das galt zugleich für jeweils rund 20 Adressen in Paris und den österreichischen Ländern der Habsburgermonarchie sowie für ein halbes Dutzend Händler in der Schweiz, mit denen in den 1890er Jahren ein reger gegenseitiger Warenaustausch erfolgte.[88]

Bischof
Tilman Riemenschneider (1460 – 1531) (Werkstatt)
Um 1505, Würzburg
Julius Böhler erwarb die Skulptur 1898 für seine Sammlung.

Neben dem Abnehmerkreis der Händler stand die breite Schar der Sammler. Sie gehörten zumeist dem gehobenen Bildungs- und Besitzbürgertum sowie der aufstrebenden Unternehmerschaft an, die nach der Reichsgründung im Zuge der Hochindustrialisierung zu Reichtum gelangte. Die Angehörigen dieser sozialen Schichten statteten ihre Wohnungen vielfach mit Antiquitäten und Kunstwerken aus. Der Antrieb dazu lag im Bedürfnis nach Repräsentation, nach Demonstration wirtschaftlicher Stärke und gesellschaftlicher Abgrenzung.

Der Architekt und langjährige Direktor des Frankfurter Gewerbemuseums Ferdinand Luthmer (1842 – 1921) brachte diese Einstellung 1897 auf den Punkt, indem er feststellte: „Die Art, wie wir wohnen, gibt unserer Umgebung einen fast untrüglichen Maßstab für die gesellschaftliche Stufe, welche wir einzunehmen beanspruchen. Nicht bloß die Kleidung, in welcher wir und unsere Angehörigen in der Öffentlichkeit erscheinen, die Geselligkeit, welche wir pflegen, sondern vor allem die Art und Ausstattung unserer Wohnung pflegt für unsere Mitbürger die Grundlage für die Schätzung abzugeben, welche sie uns zu schulden glauben."[89] Der Besitz von Kunstwerken war ein Statussymbol, das seinem Inhaber ein mit kulturellem Wissen einhergehendes, besonderes Prestige verlieh. Für die Eliten des Kaiserreiches bildete das Interieur ihrer Wohnungen einen festen Bestandteil standesgemäßer Lebensführung.

Für einen geschäftstüchtigen Händler wie Julius Böhler ergaben sich aus dieser Konstellation enorme ökonomische Möglichkeiten. Als anerkannter Fachmann innerhalb des weitläufigen Kunst- und Antiquitätenmarktes ermöglichte er seinen Kunden die Versorgung mit den Objekten ihrer Begierde. Da den Kunstliebhabern – trotz eines vielfach gehobenen Bildungsniveaus – in der Regel die erforderlichen spezifischen Kenntnisse fehlten, waren sie auf einen Händler ihres Vertrauens angewiesen. Er informierte sie laufend über bestehende Ankaufsmöglichkeiten für ihre speziellen Sammlungswünsche. Er bot ihnen die Möglichkeit, hochwertige Ware diskret und öffentlich unsichtbar zu erwerben und bewahrte sie durch seine Expertise nach besten Kräften vor finanziellem Schaden und Prestigeverlust, etwa durch den Erwerb minderwertiger oder gar unechter Ware.

Diese Gefahr war durchaus real. Schon 1859 flog in Nürnberg eine „Fabrik" auf, die „mittelalterliche Krüge in Steingut in allen nur denkbaren Formen und Farben" produzierte und diese Falsifikate in den Antiquitätenhandel schleuste. Nach der Besichtigung einer als hochkarätig angepriesenen Ausstellung 1868 im englischen Leeds bezweifelte der Berliner Kunsthistoriker Friedrich Lippmann sogar die Echtheit von 90 Prozent der dort gezeigten Werke der Goldschmiedekunst aus Privatbesitz.[90] Im selben Jahr tauchten die ersten in England gefertigten Fälschungen italienischer Majoliken auf dem Kontinent auf.[91] 1895 berichtete ein Schweizer Kunstexperte von „absolut täuschend" nachgeahmten Limoges-Emailobjekten, die im Pariser Kunsthandel zirkulierten und häufig selbst von ausgewiesenen Kennern nicht sogleich als Falsifikate erkannt wurden.[92]

Franz v. Lenbach
Der Maler zählte bis zu seinem Tod 1904 zu Julius Böhlers Stammkunden.
Radierung von Lorenz Gedon (1844–1883), 1882

Der römische Kunsthändler und Schriftsteller Augusto Jandolo (1873–1952) berichtete in seinen 1935 erschienenen Memoiren, dass um die Jahrhundertwende jede Provinz Italiens sich auf eine bestimmte Art von Fälschungen spezialisiert hatte. „Umbrien war groß in Bein- und Elfenbein-Imitationen und Majoliken, Toskana in Renaissancemöbeln und Goldgrundbildern, Latium in Münzen und Marmorskulpturen. Überall gab es Spezialisten. Einzig allein in Neapel fälschte man alles. [...] In Florenz stand ich einmal vor Renaissancekästchen, die so vollkommen gefälscht waren, daß mich erst die Richtung der Holzwurmgänge, die das gesägte Holz stellenweise verriet, und gewisse Leimwischer, die von Temperaturunterschieden herrührten, auf den Gedanken brachten, daß es sich um Fälschungen handelte".[93]

Münchner Stammkunden

Anfänglich konzentrierten sich die von Böhler belieferten Sammler und Händler noch stark auf die bayerische Residenzstadt. Doch bis zur Jahrhundertwende halbierte sich ihr zahlenmäßiger Anteil am Gesamtabnehmerkreis und verringerte sich bis 1913 weiter auf nur noch 15 Prozent. Da die Industrialisierung im rohstoffarmen Bayern weniger stürmisch als in anderen Regionen des Reiches verlief, dominierten unter den Münchner Kunden weniger die reichen Unternehmer als vielmehr wohlhabende Angehörige des Besitz-, Beamten- und Bildungsbürgertums, darunter eine Reihe von Künstlern und Professoren.

Zu den herausragenden Stammkunden vor der Jahrhundertwende zählte weiterhin Alfred Pringsheim. Das Vermögen seines Vaters Rudolf (1821–1906), eines schwerreichen oberschlesischen Kohlegrubenbesitzers und Eisenbahnunternehmers, ermöglichte dem Mathematikprofessor, der unter anderem Majoliken sowie Gold- und Silberschmiedearbeiten sammelte, erhebliche Investitionen.[94] Zwischen 1889 und 1898 kaufte er allein bei Julius Böhler

Objekte für über 81.000 Mark,[95] darunter 1889 einen Gubbio-Teller für 1.300 Mark und drei Gobelins für 9.725 Mark.[96]

Zur professoralen Stammklientel gehörte auch der Chemiker Wilhelm v. Miller (1848–1899). Der Sammler historischer Waffen erwarb in dieser Zeit Objekte für über 47.000 Mark.[97] Sein Bruder Fritz v. Miller (1840–1921), Bildhauer und Lehrer an der Münchner Kunstgewerbeschule, kaufte ebenfalls bei Böhler.[98] Adolf Ullmann, ein vermögender Münchner Rentier und passionierter Waffensammler, gab dort in den 1890er Jahren fast 47.000 Mark aus,[99] der Privatier Alexander Günther über 23.000 Mark[100] und der betuchte Rentier Albert Sieck (gest. 1918) 1895/98 29.000 Mark.[101]

Der Münchner Stammkunde Georg Hirth
Foto: Nicola Perscheid, um 1900

Zur Spitzengruppe der Münchner Künstlerpersönlichkeiten unter Böhlers Klientel, die in den 1890er Jahren Objekte für jeweils rund 13.000 Mark bezogen, gehörten die Maler Friedrich August v. Kaulbach (1850–1920),[102] Franz v. Lenbach[103] und Wilhelm Clemens (1847–1934).[104] Letzterer schenkte seine schließlich über 1.600 Objekte umfassende Kollektion 1920 der Stadt Köln. Weitere Stammkunden unter den Antiquitäten sammelnden Künstlern mit vierstelligen Beträgen waren unter anderem die Maler Hermann v. Engelhardt (1853–1914),[105] Eduard v. Grützner (1846–1925),[106] Otto Seitz (1846–1912),[107] Adolf Hengeler (1863–1927),[108] Friedrich Lauer (1874–1935)[109] und Ferdinand Wagner (1847–1927)[110], der Bildhauer Josef Rauch (1868–1921)[111], der Professor an der Münchner Kunstgewerbeschule Adolf Halbreiter (1839–1898)[112] sowie der Maler und Galeriedirektor der Neuen Pinakothek August Holmberg (1851–1911).[113]

Das Sammelinteresse dieser Künstler entsprang vielfach einem doppelten Zweck: „Kunstwerke, Möbel und verschiedenste Artefakte dienten sowohl als Studienmaterial für die historische Bildproduktion, als auch der Selbstinszenierung des Künstlers".[114] Nicht selten betätigten sich kunstsammelnde Künstler sogar selbst als Händler. Beispiele dafür sind der Münchner Maler Rudolf Gedon (geb. 1871), der Linzer Künstler Carl Blumauer (1826–1903) oder der Londoner Maler Charles Fairfax Murray (1849–1919), die mit Böhler in Geschäftsverbindung standen.

Unter den Münchner Unternehmern, welche regelmäßig die Expertise Böhlers in Anspruch nahmen, stand mit Abstand an erster Stelle der Verleger Georg Hirth (1841–1916).[115] Er hatte seit den 1870er Jahren eine beachtliche Sammlung von kunstgewerblichen Objekten aufgebaut. Die Räume im ersten Stock seiner 1883/84 vom Münchner Architekten Leonhard Romeis (1854–1904) im Stil der „Deutschen Renaissance" erbauten Villa an der Luisenstraße strotzten nach dem Eindruck von Zeitgenossen nur so „von schönen Metalldingen, Porzellan und Schnitzereien, [...] so daß man sich in eines der churfürstlichen Schlösser versetzt wähnte".[116] Zwischen 1889 und 1898 kaufte er bei Böhler Objekte für über 70.000 Mark.[117]

Hirths Schwager und Geschäftspartner Thomas Knorr (1851–1911) erwarb in diesem Zeitraum Kunstwerke für über 12.000 Mark, darunter einen Gobelin für 3.500 Mark.[118] Der Kaufmann Gustav Hering (gest. 1917) investierte damals über 13.000 Mark.[119] Zur Münchner Stammkundschaft mit vierstelligen Umsätzen zählten vor der Jahrhundertwende der Großkaufmann Hugo Oberhummer (1844–1905),[120] der Hofbäcker Anton Seidl (1844–1898),[121] der Möbelfabrikant Martin Ballin (geb. 1868),[122] der Eisenindustrielle Hugo Kustermann (1864–1942)[123] sowie die Brauereibesitzer Ludwig Schmederer (1846–1935),[124] Anton (1849–1920)[125] und Johann Sedlmayr (1846–1900).[126]

Auch die Architekten Fritz Hasselmann (1867–1925),[127] Gabriel (1848–1913)[128] und Emanuel v. Seidl (1856–1919)[129] kauften bei Julius Böhler. Die für das Münchner Großbürgertum arbeitenden Baukünstler widmeten sich nicht zuletzt dem Sammeln von Kunst, um „ihren Rang als Geschmacksinstanz zu stärken, indem sie [...] ihre eigene Wohnung im Stil der potenziellen Auftraggeber einrichteten und somit ihre umfassende Kompetenz in der Inneneinrichtung herrschaftlicher Wohnungen und Häuser demonstrierten".[130]

Von den höheren Beamten der Landeshauptstadt gehörte unter anderem der königlich-bayerische Kämmerer Eduard v. Harnier (1860–1947) seit 1894 dauerhaft zu Böhlers Kundschaft.[131] Bis 1893 zählte dazu der ehemalige Hofsekretär König Ludwigs II., Ludwig v. Bürkel (1841–1903),[132] ab 1894 der preußi-

Wilhelm Bode, 1901

sche Gesandte in München und spätere Botschafter in Rom, Graf Anton v. Monts (1852–1930).[133] Öfters besuchten adelige Sammlerpersönlichkeiten wie Ernst Graf v. Moy (1860–1922)[134] und Christiane v. Preysing (1852–1923)[135] die Kunsthandlung. Der prominente Münchner Anwalt Walter v. Pannwitz (1856–1920)[136] bezog seit 1895 von dort auch nach seinem Umzug nach Berlin 1910 laufend Objekte für seine erlesene Kunstgewerbekollektion.[137] Aus dem Wirtschaftszentrum Augsburg kauften der Großindustrielle August Riedinger (1845–1919)[138] und der Verleger Albert Fidelis Butsch (1839–1917)[139] bei Böhler.

Berliner Klientel

An Kaufkraft konnten es viele Münchner Sammler mit einer Reihe auswärtiger Abnehmer nicht aufnehmen. Das galt vor allem für Kunden in der Reichshauptstadt Berlin, die Julius Böhler teilweise schon in den 1880er Jahren an sich binden konnte. Entscheidend war dabei die Unterstützung durch Wilhelm Bode. Der international angesehene Kunsthistoriker und Museumsfachmann – er leitete neben der Skulpturenabteilung seit 1890 die Gemäldegalerie der Königlichen Museen und wurde 1905 deren Generaldirektor – beriet zahlreiche Sammler beim Aufbau ihrer Kollektionen und brachte sie dazu in Kontakt mit dem Münchner Kunsthändler.[140]

Der Berliner Sammler und Stammkunde James Simon, um 1901

Regelmäßig versandte Böhler Objekte an Bode. Dieser reichte sie an Privatsammler in der Reichshauptstadt und an andere interessierte Abnehmer weiter oder setzte sie auf eigene Rechnung innerhalb seines Netzwerkes ab. Von dieser Praxis profitierten beide Partner. Der Berliner Museumsdirektor konnte dadurch wichtige Mäzene an sich binden, welche auch die Königlichen Museen finanziell unterstützten, und der Münchner Kunsthändler gewann einen wachsenden Käuferstamm für seine Ware. „Ich bin Böhler gern nützlich, da er auch für uns jederzeit entgegenkommend ist", beschrieb Bode das auf gegenseitigem Vorteil basierende Verhältnis.[141]

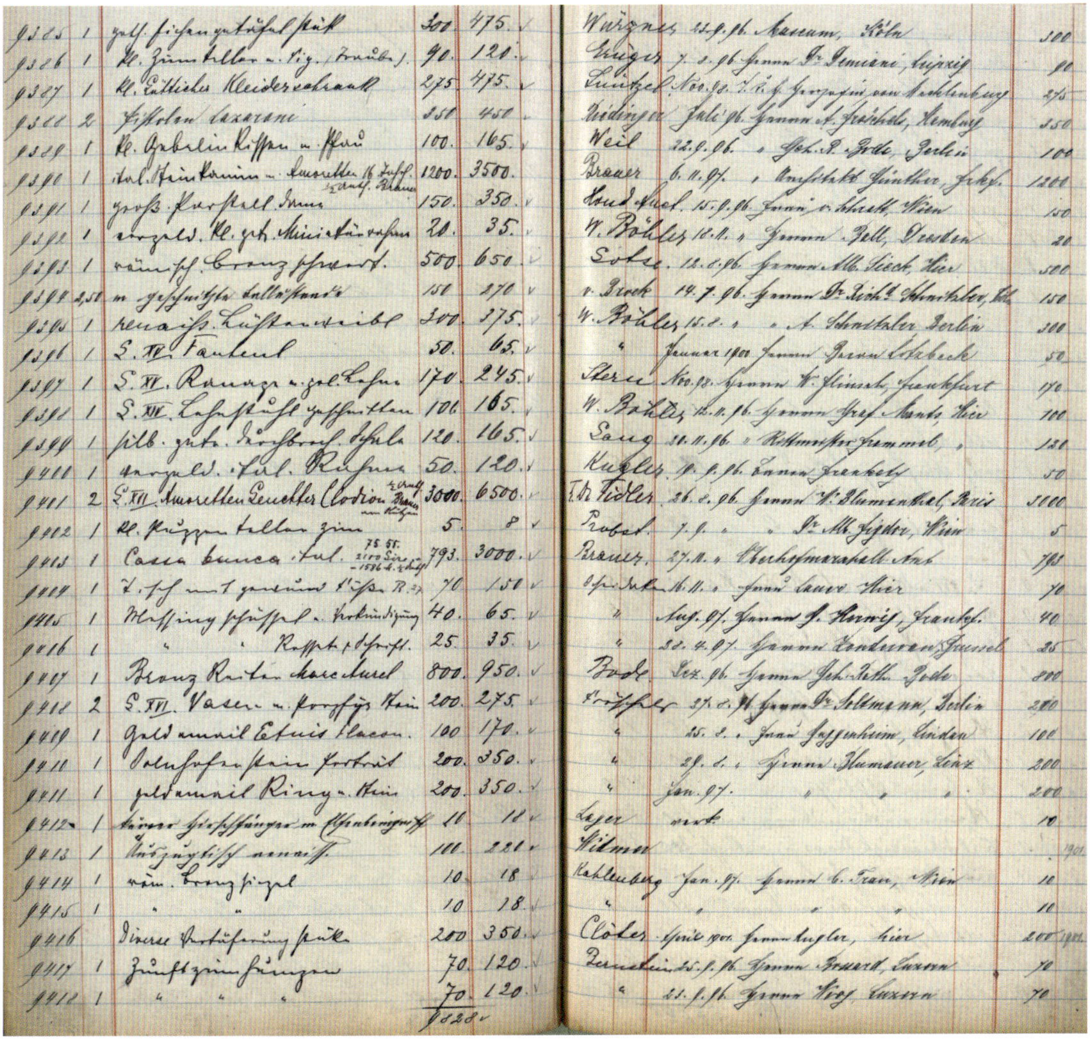

Doppelseite aus dem Lagerbuch, 1896
Die sechs Spalten enthalten folgende Angaben (v. l.): Lagerbuchnummer, Objektbezeichnung, Einkaufspreis, angestrebter Verkaufspreis, Verkäufer, Verkaufsdatum und Käufer

Böhlers Kontokorrentbuch enthielt 1890/91 bereits 44 Berliner Abnehmeradressen (einschließlich der Händler).[142] 1897/98 waren es 72.[143] Die Spitzengruppe umfasste in den 1890er Jahren zehn Sammlerpersönlichkeiten, die in diesem Zeitraum für ihre Einkäufe in München jeweils hohe fünfstellige Beträge überwiesen.

An der Spitze stand der aus einer vermögenden Kölner Bankiersfamilie stammende, zunächst in Berlin und ab 1898 auf seinem mecklenburgischen Rittergut Klink an der Müritz residierende Arthur Schnitzler (1857–1917). Er erwarb zwischen 1893 und 1898 bei Böhler Objekte für fast 90.000 Mark.[144] Sein Schwager, der

Diplomat und Politiker Willibald v. Dirksen (1852–1928), kaufte gleichzeitig für rund 43.000 Mark, darunter drei Gobelins für 8.400 Mark zur Ausstattung seines 1894/95 neuerbauten Wohnhauses.[145]

Der Berliner Verleger Franz v. Lipperheide (1838–1906) gab in diesem Zeitraum für Möbel, Waffen und teure römische Bronzen fast 57.000 Mark bei Böhler aus.[146] Rund 51.000 Mark investierte dort vor der Jahrhundertwende Richard v. Kaufmann (1849–1908), Professor für Nationalökonomie an der Technischen Hochschule Charlottenburg. Unter anderem bezog er zur Ausstattung seiner Villa einen „gothischen Altarflügel" für 500 Mark, einen persischen Teppich für 2.000 Mark, einen Gobelin für 4.275 Mark und einen „kleinen Altar" des Niederländers Jan Mostaert (1475–1555) für 6.900 Mark.[147]

Der Textilunternehmer Georg Reichenheim (1842–1903) bestellte Kunstgegenstände für über 17.000 Mark, darunter ein silbergetriebenes Salzfass für 3.000 Mark, eine Lütticher Vitrine für 1.100 Mark und eine Majolikaplatte für 1.550 Mark.[148] Sein Schwager, der Baumwollwarengroßhändler und prominente Berliner Kunstmäzen James Simon (1851–1932), orderte bis 1898 Objekte für fast 65.000 Mark.[149] Julius Böhler hatte den Unternehmer, der über ein Jahreseinkommen von 2,4 Millionen Mark und ein Vermögen von rund 35 Millionen Mark verfügte, wohl 1891 über Bode kennengelernt.[150]

Die in Simons Villa an der Berliner Tiergartenstraße untergebrachte Kollektion galt als eine der größten in der Reichshauptstadt. Ein Besucher berichtete später darüber: „Sie umfasst ausser einer wohlbestellten Sammlung von niederländischen Gemälden aus dem 17. Jahrhundert eine Menge mittelalterlicher Holzskulpturen, die in dem Erdgeschoss des großen Hauses wie in einem Museum aufgestellt sind. Ausser einer langen überwölbten Halle sind noch drei Nebenräume mit durchweg guter Beleuchtung mit Altären, Reliefs, Truhen und Möbeln angefüllt. Unter den Gemälden, die im ersten Stock in prunkvollen Wohnräumen verteilt hängen, befinden sich einige bekannte Meisterwerke."[151]

1902 erwarb Simon bei Böhler für 5.500 Mark ein Landschaftsgemälde des Niederländers Jan van der Meer von Haarlem (1656–1705),[152] das später irrtümlich als Werk des Delfter Malers Jan

Vermeer (1632–1675) angesehen wurde.[153] Mit zu Simons teuersten Erwerbungen bei Böhler zählte 1909 ein Madonnenbild von Adriaen Isenbrant (gest. 1551) für 30.500 Mark.[154] Der Münchner Kunsthändler hatte es sechs Monate zuvor für 25.000 Mark bei der Galerie Douglas in London erstanden.[155]

Zur exponierten Gruppe der reichshauptstädtischen Sammler gehörten auch Götz Burkhard Graf v. Seckendorff (1842–1910),[156] seit 1888 Oberhofmeister der Kaiserin Victoria, sowie der ostelbische Gutsbesitzer und Politiker August Graf v. Dönhoff-Friedrichstein (1845–1920).[157] Beide erwarben in den 1890er Jahren bei Böhler jeweils Objekte für 12.000 bzw. 14.000 Mark.

Alterthümer-Handlung J. Böhler
Sophienstraße 6/o.

Nota

für d. Oberhofmarschallamt Sr. Maj. des Kaisers u. Königs, Berlin.

München, den 13. Dez. 1894

Jan. 94	1	getriebene Ampel M.	80
12.2. "	1	Rahmen	65
1.3. "	1	kl. Kupferkessel	80
	1	L. XV. Bronzeuhr	675
Mai 94	2	" Rahmen à 120.–	240
	1	L. XIV Stuhl	120
	1	L. XV Tisch	120
	1	L. XII Möbel	240
	1	groß. ovaler Rahmen	185
	1	L. XV Rahmen viereckig	175
19.9.94	1	vergold. L. XIV Tisch	900
	1	L. XIV Konsoltisch	160

Bestellliste des Oberhofmarschallamtes in Berlin, 1894

Seit 1891 kaufte dort auch der in Berlin residierende oberschlesische Montanunternehmer und Kunstmäzen Oscar Huldschinsky (1846–1931), einer der bedeutendsten Sammler von Renaissancekunst in der Reichshauptstadt. 1898 übernahm er für 2.500 Mark zwei Porträtbilder des Kölner Malers Bartholomäus Bruyn d. Ä. (1493–1555).[158] Ab 1893 zählte der prominente Architekt Alfred Messel (1853–1909) mit zu den einkauffreudigsten Berliner Stammkunden.[159]

An Wilhelm Bode lieferte Julius Böhler von 1889 bis 1898 Objekte für rund 40.000 Mark. Einen nicht unerheblichen Teil davon vermittelte der Museumsdirektor offenbar an seine Berliner Sammlerklientel, darunter Alfred v. Sallet (1842–1897), James Simon, Richard v. Kaufmann, Willibald v. Dirksen, Georg Reichenheim, Adolph Thiem, August Graf v. Dönhoff-Friedrichstein, Maria Schoeller (1866–1925) sowie die Bankiers Ernst v. Mendelssohn-Bartholdy (1846–1909) und Karl v. d. Heydt (1858–1922). Weitere Objekte gingen an Max Egon II. von Fürstenberg (1863–1941) in Donaueschingen und Peter Arnold Mumm v. Schwarzenstein (1842–1904) in Frankfurt am Main.[160]

Auf Rechnung der Königlichen Museen in Berlin kaufte Bode bis 1900 Objekte für rund 31.000 Mark, darunter 1895 eine Holzfigur der heiligen Anna des Nürnberger Bildschnitzers Veit Stoß (um 1447–1533) für 750 Mark und 1900 einen „Laubgobelin" für 3.500 Mark.[161]

Ein anderer gewichtiger Berliner Kunde war das „Oberhofmarschallamt seiner Majestät des Königs und Kaisers". Auf dessen Rechnung erwarb der Kunsthistoriker Paul Seidel (1858–1929), beraten von Bode, in den 1890er Jahren bei Böhler Objekte für über 91.000 Mark, darunter 1894 ein komplettes Renaissancezimmer für 9.000 Mark.[162] Bis 1906 folgten weitere Bestellungen für über 50.000 Mark.[163] Seidel war Dirigent der Königlich Preußischen Kunstsammlungen und Direktor des Hohenzollernmuseums in Schloss Monbijou. Außerdem war er verantwortlich für die Anschaffung von Antiquitäten zur Ausstattung der neu ausgebauten Teile des Berliner Schlosses, wofür er bei Böhler unter anderem teure französische Möbel des 18. Jahrhunderts kaufte.[164]

Das Königliche Zeughaus in der Reichshauptstadt orderte historische Waffen und Rüstungsteile für fast 50.000 Mark, darunter

1891 einen polnischen Flügelhelm für 2.400 Mark, 1894 ein „Bassinet“ (Sturmhaube) aus dem 14. Jahrhundert für 8.000 Mark, 1895 eine goldverzierte Partisane (Stoßwaffe) für 6.500 Mark und 1898 einen gotischen Eisenhut für 3.000 Mark.[165] Das Königliche Kunstgewerbemuseum in Berlin schließlich erwarb Objekte für fast 35.000 Mark, darunter 1893 ein romanisches Stoffmuster für 3.000 Mark und 1896 einen gotischen Schrank für 5.720 Mark.[166]

Wichtigster auswärtiger Sammlerkunde in den 1880er Jahren – der Textilunternehmer Richard Zschille in Großenhain, um 1895

Zusammengenommen lieferte Böhler zwischen 1889 und 1898 an die erwähnten Berliner Adressen Objekte für rund 600.000 Mark. Aufgrund der erheblichen Bestellungen durch die Hohenzollern und die preußischen Museen erhielt Julius Böhler am 2. Dezember 1895 den Titel „Hof-Antiquar Seiner Majestät des Kaisers und Königs“ verliehen. Die Auszeichnung zierte fortan seinen Briefbogen. Damit steigerte er sein Ansehen und seine Vertrauenswürdigkeit in Sammlerkreisen noch einmal erheblich.

Interessenten im In- und Ausland

Julius Böhlers anfänglich potentester Kunde unter den Privatsammlern saß jedoch nicht in der Reichshauptstadt, sondern im sächsischen Großenhain. Es handelte sich um den Tuchfabrikanten Richard Zschille. Er hatte 1872 Ida Hartmann (1850 – 1933), die Tochter des Chemnitzer Maschinenfabrikanten und damals bedeutendsten sächsischen Industriellen Richard Hartmann (1809 – 1878) geheiratet. Er verfügte über erhebliche finanzielle Mittel zum Aufbau einer Sammlung, die schließlich Möbel, Porzellane, Hunderte von Waffen, Glas-, Keramik-, Elfenbein-, Metallstücke und Textilien umfasste, die er in seiner Villa präsentierte.[167]

Böhler stand mit Zschille schon 1887/88 in Verbindung. Bereits damals erwarb der Textilunternehmer Objekte für eine fünfstellige Summe.[168] In den folgenden zehn Jahren kaufte er in der Sophienstraße Antiquitäten für über 137.000 Mark, hauptsächlich Waffen, Schmuck und auch antike Fundobjekte.[169] Als der Sammler aufgrund wirtschaftlicher Schwierigkeiten ab 1897 gezwungen

Adam und Eva bei der Getreideernte

Adam und Eva in der Schmiede
10./11. Jahrhundert, Byzanz, Elfenbein
1908 an den Kunsthändler Godefroy Brauer in Paris verkauft

war, große Teile seiner Kollektion zu verkaufen, erwarb Julius Böhler von ihm 168 Objekte für über 60.000 Mark.[170]

Neben München und Berlin waren Köln, Frankfurt am Main und Leipzig die Adressen von Böhlers kaufkräftigsten Kunden. Lukrativ gestaltete sich etwa die Verbindung zum Kölner Waffensammler Hans Carl Leiden (gest. 1941). Der Unternehmer erwarb bis 1899 Objekte für über 61.000 Mark.[171] Seit 1889 zählte Heinrich v. Liebieg (1839–1904) im böhmischen Reichenberg zur Stammkundschaft. Er war Inhaber einer der größten Textilfabriken der Habsburgermonarchie und übersiedelte 1897 nach Frankfurt am Main. Bei Böhler investierte er bis dahin rund 30.000 Mark in den Ausbau seiner Kollektion.[172]

Ab 1895 bezog der bedeutende Waffensammler Karl Gimbel (gest. 1902) in Baden-Baden Objekte im Wert von 28.000 Mark.[173] Seit diesem Jahr belieferte die Münchner Kunsthandlung auch den Wiesbadener Sammler Hans Weidenbusch (gest. 1910). Binnen drei Jahren erwarb er Objekte für fast 17.000 Mark, darunter Bilder der niederländischen Maler Cuyp und Ruisdael sowie eine gotische Tapisserie, für die er 5.100 Mark bezahlte.[174]

Der Leipziger Zinnsammler Julius Zöllner (1833–1916) sowie Heinrich v. Tucher bezogen in den 1890er Jahren von Böhler jeweils Objekte für über 13.000 Mark.[175] Letzterer erwarb unter anderem ein „Geflügelstück" des flämischen Tier- und Stilllebenmalers Adriaen van Utrecht (1599–1652) für 2.800 Mark und einen Gobelin „mit Tucher-Wappen" für 2.560 Mark.[176]

Böhlers bedeutendster ausländischer Sammlerkunde vor der Jahrhundertwende war der Wiener Bankier Albert Figdor (1843–1927). Ab 1889 kaufte er binnen zehn Jahren vor allem kunstgewerbliche Objekte für über 52.000 Mark.[177] An zweiter Stelle stand der Züricher Industrielle und Präsident der Maggi-Gesellschaft Hans Conrad Bodmer (1851–1916). Er bezog 1896/98 aus der Sophienstraße Kunstgegenstände für über 52.000 Mark, darunter 1897 ein „Limoge-Altärchen" für 5.500 Mark.[178] Ein anderer Schweizer Kunde (bis 1907) war der Rechtsprofessor an der Universität Bern Philipp Lotmar (1850–1922). Er erstand allein bis zur Jahrhundertwende Antiquitäten für 11.000 Mark.[179]

In dieser Größenordnung bewegten sich damals auch die Ankäufe des Grafen Schuwalow in Sankt Petersburg.[180] Der Wiener Bankier Ludwig Cahn-Speyer (1844–1909) bezog in den 1890er Jahren Objekte für 14.000 Mark,[181] der Pariser Kunstsammler Louis Mohl (gest. 1912) bis 1901 für über 17.000 Mark.[182] Zu Böhlers ersten Abnehmern in Schweden zählte ab 1891 der Stockholmer Sammler Walther v. Hallwyll (1839–1921).[183] Frühe Dauerkunden

Deidamia (Gattin des Achill)
Nicolò da Urbino
(um 1480 – 1537/38)
Um 1525, Majolikaschale
1917 an SMB-KGM verkauft

in Großbritannien bis 1914 waren der renommierte Londoner Waffensammler und -händler Samuel James Whawell (1857 – 1926)[184] sowie der international bekannte Münzen- und Medaillensammler Thomas Whitcombe Greene (1842 – 1932) in Winchester.[185]

Ausstellungshäuser

Neben sieben Berliner Ausstellungshäusern – Zeughaus, Kunstgewerbemuseum, Königliche Museen, Gemäldegalerie,[186] Münzkabinett,[187] Hohenzollernmuseum[188] und Märkisches Provinzialmuseum[189] – belieferte Böhler vor der Jahrhundertwende weitere 21 Museen in ganz Deutschland. Dazu zählten unter anderem die Kunstgewerbemuseen Bremen,[190] Breslau,[191] Frankfurt am Main,[192] Hamburg,[193] Karlsruhe,[194] Oldenburg[195] und Straßburg,[196] die Stadtmuseen Frankfurt am Main,[197] Gotha,[198] Kaiserslautern[199] und Köln,[200] das Großherzogliche Museum in Karlsruhe,[201] das Wallraf-Richartz-Museum in Köln[202] und das Bayerische Nationalmuseum in München. Letzteres erwarb unter anderem 1890 ein „romanisches Meßkleid" für 450 Mark und 1898 eine romanische Madonna für 750 Mark.[203]

Doch standen die Ankäufe dieser Ausstellungshäuser, die sich jeweils maximal im unteren vierstelligen Bereich bewegten, wertmäßig in keinem Verhältnis zu denen der Sammler. Das galt auch für 15 von Böhler in den 1890er Jahren belieferte ausländische Museen in Basel,[204] Chrudim,[205] Graz,[206] Innsbruck,[207] Oslo,[208] Prag,[209] Stockholm,[210] Wien,[211] Winterthur[212] und Zürich.[213]

Dem Historischen Museum in Basel vermittelte Julius Böhler 1895 über seine Händlerkontakte in Paris eine aus dem frühen 16. Jahrhundert stammende „grosse silberne Madonnafigur" zum Preis von 8.500 Francs. Die eidgenössischen Auftraggeber waren damals voll des Lobes über diesen Erwerb, „denn kein Schweizer Museum besitzt eine Silberstatue von gleicher Schönheit aus so früher Zeit".[214]

Zu den gewichtigen Abnehmern Böhlers unter den Ausstellungshäusern zählte das Germanische Nationalmuseum. Die Nürnberger erwarben von 1888 bis 1898 Objekte für über 35.000 Mark, darunter 1891 ein Aquamanile in Form eines Reiters für 3.000 Mark und 1896 eine silberne Büste des heiligen Zeno für 18.000 Mark.[215] Letztere hatte Julius Böhler zuvor für 10.000 Mark von seinem Bruder Wilhelm übernommen, mit dem er sich anschließend den erzielten Bruttogewinn von 8.000 Mark teilte.[216]

Das Kölner Kunstgewerbemuseum kaufte in dieser Zeit für rund 20.000 Mark,[217] das Magdeburger für über 37.000 Mark[218] und das Leipziger für über 18.000 Mark – darunter im März 1895 drei Tapisserien „Triumph des Caesar nach Rubens" für 10.000 Mark.[219] Böhler hatte sie kurz zuvor für 7.800 Mark bei der Pariser Kunsthandlung Velghe & Co. erworben.[220] Das

Der Kölner Kaufmann Derrick Berck
Hans Holbein d. J.
(1497 – 1543)
1536
Original einer 1898 von Julius Böhler an die Münchner Pinakothek verkauften Kopie

Böhmische Gewerbemuseum in Reichenberg erstand Objekte für rund 11.000 Mark,[221] das Fürstliche Museum in Sigmaringen für 9.200 Mark.[222]

Die Königliche Pinakothek in München zählte seit 1898 zu Böhlers Kunden. In diesem Jahr erwarb sie ein Landschaftsbild des walisischen Künstlers Richard Wilson (1714–1782) für 1.200 Mark, ein Madonnenbild von Antonello da Messina (1429–1479) für 1.650 Mark und ein Hans Holbein d. J. (1497–1543) zugeschriebenes, auf 1536 datiertes Porträtbild des Kölner Kaufmanns Derick Berck für 20.000 Mark.[223] Bei diesem Gemälde, das Böhler nur wenige Monate zuvor bei einem Pariser Händler erstanden hatte, realisierte er einen Bruttogewinn von rund 17.000 Mark (566 Prozent).[224] Entgegen der damals einhelligen Fachmeinung entpuppte sich das Bild später jedoch als Kopie des 19. Jahrhunderts. Das Original befand sich 1898 nämlich in England im Besitz von Henry Windham, 2nd Baron Leconfield (1830–1901), was damals aber keinem der Beteiligten bekannt war. 1949 wurde es vom New Yorker Metropolitan Museum erworben.[225]

Der Vorstoß in die Gruppe der reichen Sammler und der zahlungskräftigen Museen warf erhebliche Gewinne ab. Wie die Geschäftsbücher zeigen, kalkulierte Julius Böhler beim Verkauf im Schnitt mit einem Bruttogewinn von 80 bis 100 Prozent. Diese Marge wurde nicht selten auch erreicht.[226] Entsprechend vervierfachte er von 1890 bis 1898 sein Vermögen auf über eine Million Mark.[227]

Zweiter Teil

Das Leben des heiligen Augustinus
Um 1490, Niederlande
1911 an Friedrich Ludwig Gans in Frankfurt am Main verkauft

Beschaffungsnetzwerk

Eine wesentliche Grundlage des Geschäfts war die zuverlässige Beschaffung der Objekte, die von Sammlern, Museen und auch gewerblichen Abnehmern nachgefragt wurden. Dazu knüpfte Julius Böhler offenbar im Verlauf der 1880er Jahre Kontakte zu einer Reihe von Händlern in Deutschland, aber auch in der Schweiz und in Österreich. In beiden Ländern bestanden Anfang der 1890er Jahre geschäftliche Verbindungen nach Basel, Genf, Luzern, Sankt Gallen, Baden und Zürich bzw. Bozen, Linz, Meran, Prag, Salzburg und Wien. Dazu kamen vereinzelt Einkäufe an den maßgeblichen Handelsplätzen London, Brüssel, Lüttich, Antwerpen, Den Haag und Amsterdam. Zum größten Teil erfolgte der Erwerb jedoch in Paris, der zentralen Drehscheibe des europäischen Kunsthandels.[1] Die französische Hauptstadt beherbergte damals weit über 450 Kunst- und Antiquitätenhandlungen.[2]

1893 akquirierte Julius Böhler rund 1.200 Objekte für 216.000 Mark. Rund 50 Prozent der Einkaufssumme entfielen auf Paris, etwa 25 auf Deutschland, sieben auf London sowie je sechs auf Belgien, die Schweiz und Österreich. Rund drei Viertel der Käufe erfolgten bei Händlern. Rund 70 davon hatten ihren Sitz in Paris, etwa 50 in Deutschland, knapp 30 in den beiden Alpenländern, je neun in Belgien und London.[3]

Mit zu den teuersten Erwerbungen bei Pariser Händlern in den 1890er Jahren zählten eine gotische Sturmhaube (Bassinet) für 2.800 Mark, ein Elfenbeinkabinett für 2.200 Mark, eine gotische Tapisserie für 2.500 Mark, ein romanischer Leuchter für 3.300 Mark oder eine Limogeplatte mit Dreikönigsdarstellung für 2.500 Mark.[4] Aus Lüttich kam ein Louis-XV.-Kleiderschrank für 1.700 Mark,[5] aus Antwerpen ein „flandrisches Pracht-Buffet" für 3.400 Mark,[6] aus dem schweizerischen Baden ein „Holbein Porträt" für 750 Mark,[7] aus Wien ein silberner Zunftpokal für 600 Mark,[8] aus London ein gotischer Visierhelm für 2.500 Mark[9] samt zwei Majolikaplatten für je 5.000 Mark[10] und aus dem schwäbischen Ulm ein Stillleben des Antwerpener Malers Frans Snyders (1579–1657) für 2.200 Mark.[11]

Aquamanile in Form eines gekrönten Kentauren im Kampf mit einem Drachen
1200/1225, Niedersachsen, Kupferlegierung
1910 an MMA verkauft

Böhlers Interesse umfasste aber auch schwergewichtige mittelalterliche Baukunst. Im Juli 1889 kaufte er aus einem im Münchner Umland gelegenen Schloss ein dort noch eingemauertes Solnhofer Steinrelief. Er ließ es herausbrechen und veräußerte es anschließend für 2.000 Mark an das Wallraf-Richartz-Museum in Köln.[12] 1896 erwarb er in Regensburg von einem „Kanonikus Mühlbauer" für 650 Mark „15 Stück romanische Capitäl-Säulen" aus dem Kreuzgang des Benediktinerklosters Sankt Jakob. Die Bauteile gingen jedoch später aus unbekanntem Grund wieder „retour".[13] Im September 1908 erstand er von einem örtlichen Händler im oberpfälzischen Taimering für 700 Mark das „gothische" Steinportal der dortigen Pfarrkirche St. Margaretha. Er ließ es durch einen Steinmetz zerlegen, in zehn Kisten verpacken und verkaufte es anschließend für 1.200 Mark an Wilhelm Bode in Berlin.[14]

Textilfragment mit Vogel-, Drachen- und Palmettenmotiven
13. Jahrhundert, Italien, Seidenbrokat
1912 an MMA verkauft

Laufend wurden Objekte auch von Sammlern, meist aus dem eigenen Kundenkreis, erworben. Denn nicht selten optimierten diese ihre Kollektionen, wandten sich neuen Sammelgebieten zu und stießen deshalb Kunstgegenstände wieder ab oder setzten sie beim Ankauf als Verrechnungs- oder Tauschware ein. So übernahm Böhler zum Beispiel 1895 für 22.100 Mark über 30 Objekte aus dem Besitz des Wiener Kunden Eugen v. Miller zu Aichholz (1835–1919).[15] 1902 verkaufte ihm der Pariser Modedesigner Jaques Doucet (1853–1929) eine Reihe von Objekten.[16] James Simon gab 1902/06 mehrere Reliefs, Wachsporträts und Kusstafeln ab.[17] Alfred Pringsheim veräußerte 1904 eine Sammlung von Creußener-Krügen,[18] Maximilian v. Heyl zu Herrnsheim (1844–1925) im gleichen Jahr 61 Objekte aus seiner Darmstädter Kollektion.[19] Der Pariser Gold- und Diamantenhändler Jules Porgès (1839–1921) überließ Böhler 1913 18 Gemälde für 83.000 Mark.[20]

Daneben erwarb Julius Böhler laufend Stücke auf Auktionen. Dort wurden Kollek-

Göttermahl
Antonio Gentili (Antonio da Faenza) (gest. 1610)
Nach 1585, Goldrelief
1912 an MMA verkauft

tionen aus Geldnot ihrer Besitzer oder nach deren Tod durch die Erben veräußert. 1893 zum Beispiel kaufte er bei der Pariser Versteigerung der Sammlung von Frédéric Spitzer (1815–1890),[21] 1894 bei der Münchner Auktion der Bestände des Augsburger Riedinger-Museums,[22] 1895 bei der Kölner Versteigerung der Waffensammlung des Münchner Baumeisters Max Kuppelmayr (gest. 1888).[23]

1900 erstand Böhler Stücke aus der Kollektion des verstorbenen Allgäuer Milchwirtschaftspioniers Joseph Widmann (1833–1899),[24] 1901/04 aus der Erbmasse des belgischen Sammlers Mathieu Henri Somzée (1837–1901),[25] 1904 aus dem Nachlass des Pariser Sammlers Émile Gavet (1830–1904)[26] sowie im selben Jahr aus der Hinterlassenschaft von Jakob Heinrich v. Hefner-Alteneck (1811–1903), dem langjährigen Direktor des Bayerischen Nationalmuseums.[27]

Bei der Versteigerung eines Teils der Sammlung von Georg Hirth im Auktionshaus Hugo Helbing in München im Juni 1898 kaufte Böhler 180 Objekte für über 47.000 Mark,[28] in der vom Kunsthaus Lempertz in Köln 1903 durchgeführten Auktion des Nachlasses von Karl Ferdinand Thewalt (1833–1902) 100 Stücke für rund 57.000 Mark.[29] Bei einer Versteigerung im niederländischen Hertogenbosch im Oktober 1901 erstand er 71 Objekte für 23.100 Mark, darunter einige Altarbilder, Skulpturen und romanische Elfenbeinreliefs.[30]

Im März 1902 erwarb er 20 kunstgewerbliche Objekte für 10.300 Mark bei einer Auktion in Paris.[31] Sieben Gemälde für insgesamt 7.200 Mark ersteigerte er zur selben Zeit in London, darunter Werke von Thomas Lawrence (1769–1830), William Gouw

Ferguson (geb. 1632), Gerard ter Borch (1617–1681), Jean-Baptiste Pater (1695–1736) und Jan van der Meer von Haarlem.[32] Bei einer Auktion der Kunsthandlung von Stephan Bourgeois in Köln im November 1904 kaufte er 64 Objekte für 69.500 Mark, darunter Skulpturen, Bilder, Majoliken, Silber- und romanische Emailsachen.[33]

Aus der Kollektion des 1899 verstorbenen Münchner Stammkunden Wilhelm v. Miller akquirierte Böhler 1906 über 250 Objekte für 85.000 Mark,[34] aus der des Glasgower Textilindustriellen Arthur Kay (1862–1939) 1909 19 Gemälde für fast 60.000 Mark.[35] Aus der Konkursmasse der Münchner Kunsthandlung von Julius Leitner übernahm er im Oktober 1909 31 Objekte für 17.800 Mark.[36] Im Dezember 1913 ersteigerte er für 83.000 Mark 18 Objekte aus dem Nachlass des Pariser Sammlers Édouard Aynard (1837–1913),[37] im März 1914 für 50.000 Mark 14 Objekte auf einer Auktion der Pariser Kunsthandlung Jaques Seligmann.[38]

In der Regel besuchte Böhler jährlich über ein Dutzend Auktionen. Schon früh kaufte er im „Hôtel des Ventes de Drouot", dem größten Pariser Auktionshaus[39] und ab 1899 laufend bei Christie's, dem führenden Versteigerer in London.[40] Der überwiegende Teil der Ankäufe erfolgte jedoch stets über das internationale Netz der Händler.

Italien

Im April 1894 reiste Julius Böhler erstmals nach Italien. Italienische Kunstschätze, insbesondere der Renaissance, waren bei Sammlern in ganz Europa gefragt. An diese Objekte gelangte er bisher meist nur über Händler in Paris. Zweck der Reise war es, direkte und damit günstigere Bezugsquellen im Land selbst zu erschließen. Wilhelm Bode, der schon seit den 1870er Jahren Kunstwerke in Italien kaufte und über eine Reihe von Händlerkontakten verfügte,[41] versorgte ihn dazu mit entsprechenden Adressen und Empfehlungen. Schließlich besuchte Böhler Mailand, Florenz, Rom, Neapel, Bologna und Venedig.[42]

Die Initiative zahlte sich aus. Seit 1895 bezog Böhler regelmäßig Objekte aus Italien, in diesem Jahr bereits für rund 28.000 Mark.[43]

Szenen aus der Argonautensage
Biagio d'Antonio Tucci (1446–1516)
Um 1472/1516 (oben)
Jacopo del Sellaio (1441–1493)
Um 1465 (unten)
Gemeinsam mit dem Pariser Kunsthändler François Kleinberger 1909 an John Pierpont Morgan (1837–1913) in New York verkauft

Darunter befanden sich neben zahlreichen Möbeln, Skulpturen, Bronzen und Majoliken ein Madonnenbild des Florentiner Meisters Lorenzo di Credi (1459–1537) für 850 Mark, ein Renaissance-Gobelin für 600 Mark und ein Herrenporträt des Genueser Malers Bernardo Strozzi (1581–1644) für 650 Mark.[44] 1896 lieferten die Italiener 426 Objekte für über 45.000 Mark.[45] Das entsprach einem Anteil von zehn Prozent am gesamten Ankaufsetat. Zu den teuersten Objekten zählten diesmal ein in 37 Stücke zerlegter Terrakotta-Fries sowie ein Porträt von Jacopo Tintoretto (1518–1594) für je 600 Mark, eine Figur des Bildhauers Andrea della Robbia (1435–1525) für 500 Mark und ein dem Florentiner Neri di Bicci (1419–1491) zugeschriebenes Madonnenbild für 1.000 Mark.[46]

1898 bezog Böhler Ware für über 36.000 Mark von 36 Händlern in Mailand, Florenz, Bologna, Rom, Venedig und Perugia.[47] Im Jahr darauf kaufte er unter anderem in Florenz auf einer Versteigerung des einflussreichen Händlers Stefano Bardini (1836–1922)

25 Objekte für 17.500 Mark.[48] Neben Skulpturen, Möbeln und Gemälden war Böhler auch an anderen Einrichtungselementen interessiert. Von einem Händler in Bologna erwarb er 1900 für 1.200 Mark eine Renaissance-Wandvertäfelung aus massivem Nussbaumholz mit einer Länge von 38 Metern. Sie stammte aus dem Rathaus der oberitalienischen Stadt und war dort kurz zuvor „herausgebrochen" worden.[49] Sechs Wochen danach ging das Getäfel für 3.600 Mark an die Königlichen Museen in Berlin.[50] Auch später zeigte Böhler Interesse an besonderen Interieurs. 1912 übernahm er für 7.700 Francs 50 bemalte Tafeln („Panneaux") aus dem Chor einer Klosterkirche in Rom.[51]

1898 kaufte Böhler 1.759 Objekte für rund 437.000 Mark. 27 Prozent des Einkaufsumsatzes entfielen auf Paris, acht auf Italien, je sieben auf Holland und Belgien, fünf auf Österreich und zwei auf London. 44 Prozent wurden in Deutschland generiert. Dieser außergewöhnlich hohe Anteil stellte eine Ausnahme dar und resultierte aus den umfangreichen Erwerbungen bei der Münchner Auktion der Sammlung von Georg Hirth, die 1898 allein elf Prozent des Einkaufsetats beanspruchte.[52] In der Regel wurden bei der Münchner Kunsthandlung rund zwei Drittel der jährlichen Einkaufsumme im Ausland generiert.

Entsprechend boomte im Deutschen Reich der Import von Kunstwerken, obwohl die Rahmenbedingungen nach Meinung mancher Branchenvertreter noch besser hätten sein können. In England und Frankreich nämlich galten vor dem 18. Jahrhundert entstandene Gegenstände unterschiedslos als „Antiquitäten", deren Einfuhr generell zollfrei war. Die deutsche Zollgesetzgebung dagegen belastete teilweise den Import von „Altertümern". „Zollfreiheit" bestand im Deutschen Reich nach dem Wortlaut der Zolltarife von 1879 und 1885 nämlich ausschließlich für Objekte, deren „Beschaffenheit darüber keinen Zweifel lässt, dass ihr Wert hauptsächlich nur in ihrem Alter liegt, und sie sich zu keinem anderen Zwecke als zu Sammlungen eignen".[53] Sofern Möbel, Stoffe, Porzellane sowie andere antiquarische Gegenstände nach amtlicher Einschätzung eine praktische Nutzung erlaubten, unterlagen sie bei der Einfuhr dem für die entsprechende Warengattung festgelegten Zoll.[54]

Über diese Praxis führten die Münchner Kunsthändler beständig Klage, sahen sie sich doch gegenüber der ausländischen Konkurrenz benachteiligt. Die Firma A. S. Drey beschwerte sich 1891 darüber, dass sie bei der Einfuhr von Messgewändern des 16. Jahrhunderts Zoll zahlen musste, „obwohl der Gebrauch sich offensichtlich nur zum Sammeln eignet".[55] Die noch mehrfach erhobene Forderung der Branche nach ausschließlich zollfreier Einfuhr gebrauchsfähiger, vor 1700 entstandener Antiquitäten fand bei der Politik kein Gehör.[56] Das prosperierende Geschäft von Julius Böhler wurde dadurch aber offenbar kaum beeinträchtigt.

Die Söhne

Julius Wilhelm Böhler, um 1902

Nach der Jahrhundertwende übernahmen schrittweise die beiden Söhne Julius Wilhelm (1883–1966) und Otto Alfons (1887–1950) Verantwortung im Geschäft. Ihr Vater hatte sich ohne jede fachschulische Vorbildung die für den unternehmerischen Erfolg im Kunst- und Antiquitätenhandel notwendigen Kenntnisse im Selbststudium und aus der Praxis angeeignet, was damals freilich in keiner Weise ungewöhnlich war. Nicht wenige Kunst- und Antiquitätenhändler der ersten Generation kamen aus „fachfremden" Branchen. Der bekannte französische Kunsthändler Nathan Wildenstein (1851–1934) handelte zunächst mit Krawatten und Halsbändern und gründete danach in Paris eine Kleiderfabrik, bevor er dort Ende der 1870er Jahre eine Galerie für alte Meister eröffnete.[57]

Julius Böhlers Söhne erhielten nun aber eine gediegene akademische Ausbildung. Julius Wilhelm besuchte in München das Ludwigsgymnasium, das er nach der sechsten Klasse 1899 mit dem Abitur abschloss. Anschließend verbrachte er ein Semester an der Akademie im schweizerischen Neuchâtel, auch um seine Französischkenntnisse zu perfektionieren.[58]

Anschließend besuchte er für vier Semester die École du Louvre in Paris. Die 1882 gegründete, in einem Flügel des Musée du Louvre untergebrachte Hochschule für Kunstgeschichte zählte als Grande École zu den Ausbildungsstätten der französischen Führungselite im Kulturbereich. Sie verschaffte Julius Wilhelm neben den fachlichen Kenntnissen wohl auch wertvolle Kontakte zu anderen dort studierenden Kunsthändlersöhnen aus ganz Europa. Gleichzeitig belegte er Lehrveranstaltungen an der École des Chartes. Die 1829 gegründete, international führende und seit 1897 an der Pariser Sorbonne residierende Lehr- und Forschungsstätte für historische Hilfswissenschaften vermittelte die für einen Kunsthändler unerlässlichen konservatorischen Kenntnisse im Bereich der Pflege und Instandhaltung von Kunstwerken.[59]

Anfang Oktober 1901 trat Julius Wilhelm ein mehrmonatiges Volontariat beim renommierten Kunstauktionshaus Robinson & Fisher in London an.[60] Hier lernte er die unternehmerische Praxis eines international agierenden Players kennen und konnte erste Kontakte in der britischen Metropole knüpfen. Fließend Englisch, Französisch und Italienisch sprechend, war er im Alter von 20 Jahren für seine berufliche Laufbahn hervorragend ausgebildet. „Er verkehrt in den besten Gesellschaftskreisen und ist ein durchaus gesetzter Charakter", urteilte ein Freund der Familie anerkennend.[61]

Nach München zurückgekehrt, leistete Julius Wilhelm ab dem 1. Oktober 1902 seinen Militärdienst als Einjährig-Freiwilliger beim 3. Feld-Artillerie-Regiment Prinz Leopold in München ab. Zwölf Monate später als Offiziersanwärter im Rang eines Unteroffiziers entlassen, wurde er 1908 zum Leutnant der Reserve befördert.[62]

Ethel Boot, Ehefrau von Julius Wilhelm Böhler (rechts), und ihre Schwester Laura May, um 1908

Sein Bruder Otto Alfons bekam ebenfalls eine solide Ausbildung. Stärker kaufmännisch orientiert, besuchte er die Städtische Höhere Handelsschule für Knaben in München, die er 1905 mit dem Abitur abschloss. Anschließend verbrachte er ein Jahr an der École du Louvre und zwei Semester an der École des Chartes in Paris. Neben Englisch sprach er fließend Französisch, konnte sich aber auch in Italienisch und Spanisch verständigen. Wie zuvor sein älterer Bruder trat auch Otto Alfons im Oktober 1907 als Einjährig-Freiwilliger in

München in das 3. Feld-Artillerie-Regiment ein, das er nach einem Jahr als Unteroffizier verließ, bevor er nach weiteren Beförderungen 1914 das Patent zum Reserve-Leutnant erhielt.[63]

Am 7. Juni 1906 heiratete Julius Wilhelm. Die Vermählung fand in London statt. Seine um ein Jahr jüngere Braut Ethel Rosa (geb. 1884) hatte er offenbar während eines mehrwöchigen beruflichen Englandaufenthaltes im Jahr 1905 kennengelernt. Sie war die Tochter des Londoner Verlegers und Buchdruckereibesitzers Harry Edmond Boot und seiner Ehefrau Rosa Lydia, geb. Fitcher. Noch vor der Hochzeit nahm Julius Böhler seinen Erstgeborenen als Teilhaber in die Firma auf. Er erhielt ein Viertel des Gesellschaftskapitals des nun in eine Offene Handelsgesellschaft umgewandelten Unternehmens. Am 19. März 1907 kam der Sohn Julius Harry (1907–1979) zur Welt, 1908 die Tochter Maria Margaretha.[64]

Otto Alfons Böhler wurde zum 1. Januar 1910 im Alter von 23 Jahren ebenfalls mit einem Viertel des Gesellschaftskapitals als Teilhaber in die Firma aufgenommen. Er heiratete erst spät. Am 8. September 1920 ehelichte er mit 33 Jahren die fast 16 Jahre jüngere Anna Putz (geb. 1903), die Tochter des Münchner Kunstmalers Ludwig Putz (1866–1947). Die Ehe sollte kinderlos bleiben.[65]

Reisen als Berufselixier

Der Eintritt der Söhne in das Geschäft verlieh dem Familienunternehmen neue Dynamik. Lag bis dahin die ständig zunehmende Arbeitslast und Verantwortung im Wesentlichen allein bei der Person des Firmengründers, so eröffnete die Einbindung der zweiten Generation neue Potenziale. Insbesondere die im Kunsthandel eminent wichtige Reisetätigkeit zur Pflege der bestehenden und zur Erschließung neuer Einkaufs- und Absatzmöglichkeiten im In- und Ausland verteilte sich nun auf drei Akteure und eröffnete neue Spielräume.

Der Umfang der Geschäftsreisen nahm aufgrund der steten Expansion des Familienunternehmens beständig weiter zu. „Zum Einkauf befinde ich mich ungefähr 6 Monate [im Jahr] auf Reisen, hauptsächlich in England, Frankreich und Italien", schrieb Julius Wilhelm Böhler 1908.[66] Die Reisetätigkeit – auch im Ver-

Harry Edmond und Rosa Lydia Boot, Schwiegereltern von Julius Wilhelm Böhler, um 1908

kauf – konnte keinesfalls Angestellten überlassen werden: „Da es sich beim Antiquitätenhandel immer um große Beträge handelt und der Kunde sich hauptsächlich an das Verständnis des Händlers hält, das Geschäft sich also hauptsächlich auf gegenseitiges Vertrauen basiert, so ist die eigene Tätigkeit beim Verkaufe unbedingt nöthig".[67]

Entsprechend intensiv gestaltete sich das Reiseprogramm. Julius Wilhelm Böhler etwa, dessen Expertise sich in erster Linie auf Gemälde alter Meister erstreckte, verbrachte 1903 und 1904 jeweils volle drei Herbstmonate geschäftlich in Frankreich und Italien. Im März 1904 und im November 1905 besuchte er mehrfach Kunden auf der Apennin-Halbinsel. Anfang Juni 1904 startete er eine zwölfwöchige Reise nach England, wo er 1905 sogar ganze vier Monate verbrachte. Im Frühjahr 1906 war er in den österreichischen Ländern unterwegs. Von Anfang Oktober 1906 bis Ende März 1907 standen verschiedene Reisen, unter anderem im Januar nach England, 1908 weitere mehrwöchige Aufenthalte, insbesondere in der Habsburgermonarchie, auf dem Programm.[68]

Ab Ende Januar 1910 folgte eine dreimonatige Reisetätigkeit in Frankreich, England und Italien.[69] In den Jahren 1911 bis 1913 reiste Julius Wilhelm mehrmals nach Sankt Petersburg.[70] Den gesamten Monat Mai 1913 verbrachte er in der Schweiz, in Südfrankreich und Italien. Im August war er geschäftlich in Paris und in der Zeit von Mitte Dezember bis Ende Januar 1914 erneut in der Schweiz.[71] Bisweilen erschien er „infolge vieler geschäftlicher Reisen im Ausland stark abgearbeitet".[72]

Der Vater Julius pflegte weiterhin eine intensive Reisetätigkeit im In- und Ausland. Seinen schon in den 1880er Jahren von der Münchner Behörde ausgestellten Reisepass für „die österreichischen Staaten, Italien, Spanien, Frankreich und England" erneuerte er regelmäßig.[73] Auch der Bruder Otto Alfons verbrachte neben seiner Tätigkeit „im Komtoir" einige Zeit „auf Reisen".[74]

Die angemessene Betreuung von Kunden, zumal im Ausland, erforderte stets einen mit längeren Reisen und entsprechenden Kosten verbundenen Aufwand. Ein Netzwerk von guten Kontakten zu Händlerkollegen, über welche die Münchner Kunsthandlung in verschiedenen Ländern verfügte, war dabei von Vorteil.

So berichtete Julius Böhler 1919 aus der Rückschau am Beispiel eines italienischen Kunden über eine nicht untypische Form der Geschäftsanbahnung: „Ein Kunde ersucht, da er selbst nicht nach München kommen kann, ihm einige Stücke nach Florenz zu bringen, wo er sich auf der Durchreise einige Tage aufzuhalten gedenkt. Ich sende von München aus Ware nach Florenz […]. Die Waren werden im Verkaufslokal eines dortigen Geschäftsfreundes in besonderem Raume aufgestellt, in welchem ich meinen Kunden empfange […]. Der florentiner Geschäftsfreund erhält als Vergütung für zur Verfügung gestellte Räumlichkeiten einen Betrag, welcher von der Höhe der Verkaufssumme oder vom Gewinn abhängen kann […]. Verlangt dagegen in obigem Falle mein Interesse, dass der Kunde das Geschäftslokal des florentiner Geschäftsfreundes nicht kennen lernt, oder dass er den Wunsch ausspricht, die Waren nicht im Lokal eines Kunsthändlers zu sehen, so bin ich natürlich gezwungen, in einem Hotel oder Privathause die nöthigen Räumlichkeiten zu mieten."[75]

Madonna mit Kind
Niccolò Roccatagliata
(1593–1636)
1615/1630, Bronze
1910 an MMA verkauft

Münchner Prachtbau und Berliner Filiale

Der wachsende Geschäftsumfang stellte bald höhere räumliche Anforderungen. Obwohl seit 1892 das gesamte Untergeschoss des Hauses Sophienstraße 6 von der Kunsthandlung geschäftlich genutzt wurde[76] und 1895 eine zusätzliche Erweiterung um vier Zimmer erfolgte,[77] platzten die Räume aus allen Nähten. Sie waren der Bedeutung des Unternehmens in keiner Weise mehr angemessen.

Eine Veränderung war dringend geboten. Schließlich ergab sich eine einmalige Gelegenheit zum Erwerb eines repräsentativen Gebäudes in bester Lage.

Am 6. Juli 1903 kaufte Julius Böhler für 400.000 Mark das 1886 erbaute spätklassizistische Palais des Gutsbesitzers Jonas Freiherr v. Hirsch (1831–1920) auf Gereuth an der Brienner Straße 12.[78] Durch den prominenten Architekten Gabriel v. Seidl – er hatte unter anderem die Pläne für den Bau des 1900 eröffneten Bayerischen Nationalmuseums an der Prinzregentenstraße geliefert – ließ er es anschließend für fast denselben Betrag[79] nach den Erfordernissen eines repräsentativen Geschäftshauses durchgreifend umbauen und die Fassade im Stil der italienischen Renaissance neu gestalten. Das Gebäude wurde um ein Stockwerk erhöht und im rückwärtigen Teil um einen lang gezogenen Anbau ergänzt. Die weitläufigen Ausstellungsräume befanden sich im Parterre und im ersten Stock des Prachtbaus. In den Wohnräumen darüber residierte der Firmengründer mit seiner Familie.[80]

Die Präsentation der zum Verkauf stehenden Kunstschätze im neuen Haus erfolgte nach musealem Vorbild. Auf diese Weise wurde dem Besucher ein Kulturerlebnis geboten, das durch die diskret angebrachten Preisetiketten nicht allzu sehr gestört wurde.

Palais Böhler in der Brienner Straße – festlich geschmückt anlässlich des 90. Geburtstages von Prinzregent Luitpold von Bayern, 1911

Julius Böhler traf mit dem Neubau und der Wahl des Einrichtungsstils die kulturellen Präferenzen der obersten gesellschaftlichen Kreise.[81]

Madonna mit Kind
Lorenzo Monaco
(um 1370 – um 1425)
(Schule)
1381/1410
1913 an Otto Lanz in Amsterdam verkauft

Eine zeitgenössische Würdigung unterstrich diesen Eindruck: „Die Räume sind abwechslungsreich und pittoresk gegliedert", so „daß auch der Verwöhnteste sich inmitten all dieser Schätze wohl fühlt" und „man diese Räume behaglich durchschreiten kann, ohne von der Fülle des Gesehenen erdrückt zu werden. [...] In dem ganzen Hause ist sehr verständnisvoll alles Basarhafte und Ladenartige vermieden. Keine großen Schaufenster und keine willkürliche und lieblose Aufstapelung von Kunstgegenständen. Man hat nicht den Eindruck, sich bei einem Händler zu befinden, sondern glaubt sich in den Räumen eines vornehmen Amateurs". Beeindruckend erschien nicht zuletzt die Präsentation der Bilder: „Prachtvoll sind im oberen Stockwerk die beiden Oberlichtsäle für Gemälde; der erste, ganz in Rot, mit schweren roten Teppichen bespannt, der zweite ganz in Grün. In diesen vornehmen Repräsentationsräumen ist vortrefflich Gelegenheit geboten, Gemälde behaglich und mußevoll zu genießen."[82]

Die Eröffnung des neuen Hauses am 1. April 1905 erfüllte dann auch vollauf die damit verbundenen Erwartungen. „Die Geschäfte im neuen Lokal gehen besser als im Alten, alle sind erstaunt über die schöne Ausstellung", schrieb Julius Böhler voller Stolz an Wilhelm Bode.[83] Der Berliner Museumsdirektor stellte daraufhin den Besuch von Kaiser Wilhelm II. bei seinem Münchner Hofantiquar in Aussicht. Das Reichsoberhaupt weilte zur Grundsteinlegung des Deutschen Museums am 13. November 1906 in der Isarstadt. Als letzte Station des kaiserlichen Aufenthalts war die Besichtigung von Böhlers Kunsttempel vorgesehen. Allerdings wurde aus der prestigefördernden Kaiservisite schließlich zum größten Bedauern des Hausherrn doch nichts, weil aufgrund des dicht gedrängten Programms dafür am Ende die Zeit fehlte.[84]

Der prächtige neue Firmensitz beeindruckte jedenfalls auch den Prinzregenten Luitpold. Am 8. März 1906 verlieh er Julius Böhler den Titel eines „Königlich Bayerischen Hofantiquars". Bislang waren die Wittelsbacher noch nicht durch größere Einkäufe bei Böhler aufgefallen. Das änderte sich nun: „Ich habe [...] die hohe Ehre, oft den Besuch Ihrer Königlichen Hoheiten der Prinzen Rupprecht, Georg [und] Konrad in meinen Ausstellungsräumen empfangen zu dürfen", berichtete Julius Wilhelm Böhler 1908.[85] Kronprinz Rupprecht, der seit 1900 sporadisch bei Böhler kaufte,[86] orderte 1911 und 1914 jeweils Objekte für 13.000 Mark.[87] Sein Vetter Herzog Luitpold Emanuel in Bayern kaufte bis 1914 wertvolle Möbel und Kunstgegenstände für über 80.000 Mark.[88] Der Habsburger Thronfolger Franz Ferdinand von Österreich bezog bei Böhler von 1901 bis 1912 Antiquitäten für über 50.000 Mark.[89]

Nur wenige Jahre nach der Eröffnung des neuen Firmensitzes in der Brienner Straße wurde bereits eine bauliche Erweiterung notwendig. Durch rückwärtige Anbauten am Hauptgebäude Anfang 1914 erhöhte sich die Zahl der Ausstellungsräume um sechs auf 30.[90]

Schon 1905 plante Julius Böhler die Errichtung einer Filiale in der Reichshauptstadt.[91] Eine stärkere Präsenz im Kunsthandelszentrum Berlin zur Intensivierung des Geschäfts mit Händlern und Sammlern schien nur vorteilhaft. Doch es dauerte volle 24 Monate bis zur Realisierung. Im Juni 1907 informierte Böhler Wilhelm Bode über die Absicht, „ein parterre Atelier in der Nähe der Victoriastrasse zu mithen, damit mein Sohn im Jahre 3–5mal nach Berlin gehen kann mit guten Sachen".[92]

Ende des Jahres waren schließlich Mieträume in zentraler Lage an der Margaretenstraße 7 gefunden und eingerichtet.[93] Dort befand sich die Berliner Dependance bis zur kriegsbedingten Schließung im Herbst 1914. Die Filiale war jedoch – wie auch in der Mitteilung an Bode anklingt – nicht ständig personell besetzt, sondern nur zu bestimmten Zeiten oder Anlässen für den Empfang von Kunden geöffnet.[94]

Alte Meister im Mittelpunkt

Ab der Jahrhundertwende stieg Julius Böhler stärker in den Handel mit Altmeistergemälden ein. Dies kam seit 1899 deutlich in der Annoncenwerbung zum Ausdruck. Rühmte die Kunsthandlung sich bis dahin stets ihrer „reichen Auswahl in Möbeln, Waffen, Stoffen, Skulpturen, Silber-, Kunst- und kunstgewerblichen Gegenständen aller Art“, so erweiterte sie ihr Angebot nun ausdrücklich auf „alte Oelgemälde“.[95]

Ausschlaggebend war, dass die Nachfrage nach Bildern spürbar zunahm. In diesem Segment winkten künftig die größten Gewinne. So kaufte Julius Böhler im August 1901 aus Mannheimer Privatbesitz zwei signierte Gemälde des französischen Hofmalers François Boucher (1703–1770) für 1.900 Mark. Fünf Wochen später erlöste er beim Verkauf an den Pariser Kunsthändler Nathan Wildenstein 32.000 Mark und erzielte bei dem Geschäft somit einen Bruttogewinn von 1.584 Prozent.[96]

Die Münchner Kunsthandlung machte sich dann auch rasch einen Namen als gute Adresse für alte Meister. „Ich mache ja mit allen Bildersammlern Geschäfte, und die Herren kaufen alle gerne

Fröhliche Tischgesellschaft
Dirck Hals (1591–1656)
Um 1615/40
1915 an Kaiser-Friedrich-Museumsverein in Berlin verkauft

von mir, da ich nicht zu theuer bin und immer sehr gute und geschmackvolle Bilder habe," schrieb Julius Böhler im Januar 1903 an den Berliner Bankier Marcus Kappel (1839–1919).[97] Der Sammler ließ sich davon gerne überzeugen. Er kaufte ein qualitätvolles Stillleben des Antwerpener Meisters Jan Davidszoon de Heem (1606–1683) sowie ein Gemälde „Blumenkranz mit Heiliger Familie" für zusammen 4.300 Mark[98] und zählte fortan zu Böhlers Stammkunden.

Noch 1898 befanden sich unter den in diesem Jahr von der Münchner Kunsthandlung erworbenen Objekten lediglich 164 Gemälde. 1905 waren es bereits 217, 1911 516.[99] Die für die Beschaffung von Bildern aufgewendeten Mittel beanspruchten nun über die Hälfte des jährlichen Einkaufsetats. Das Ankaufsvolumen verzehnfachte sich zwischen 1898 und 1912 von 437.000 auf 4,56 Millionen Mark.[100]

Die Preise von Kunstwerken und insbesondere von Gemälden zogen nach der Jahrhundertwende beständig an. Wurde 1896 eine Johannes-Skulptur von Riemenschneider bei Böhler noch für 800 Mark verkauft, so kostete dort 1904 eine Christusfigur des fränkischen Bildhauers bereits 4.500 Mark.[101] 1898 verlangte Böhler für ein Bild der „Heiligen Familie" von Peter Paul Rubens (1577–1640) 10.000 Mark.[102] 1909 verkaufte er ein Porträtgemälde des Meisters für den zehnfachen Preis.[103] Im Januar 1905 erwarb er vom Londoner Kunsthändler Ayerst Hooker Buttery (1868–1929) ein Porträtbild von Gerard ter Borch für 30.000 Mark.[104] Es handelte sich um den bis dahin teuersten, von Böhler allein finanzierten Objektkauf überhaupt.

In der Folgezeit stiegen die Preise für Gemälde rasch weiter an. 1911 kostete ein Bild des venezianischen Meisters Giovanni Cariani (gest. 1547) im Einkauf 40.000 Mark. Beim Verkauf an die Pariser Niederlassung der New Yorker Kunsthandlung Knoedler ein halbes Jahr später erlöste Böhler dafür 120.000 Mark.[105] Zum Vergleich: 1913 lag der Bruttojahreslohn eines Brauereiarbeiters in München bei 1.700 Mark.[106] Ein Gymnasiallehrer bekam 4.500 Mark. Ein Regierungsrat bezog nach zehn Dienstjahren ein Jahresgehalt von 7.500 Mark. Hugo Tschudi (1851–1911) erhielt bei seinem Dienstantritt als Direktor der Bayerischen Staatsgalerien 1909 ein jährliches Salär von 10.500 Mark.[107]

Stillleben mit bauchiger Flasche
Anne Vallayer-Coster (1744–1818)
Um 1770
1915 an SMB-GG verkauft

Ursächlich für die exorbitanten Preissteigerungen waren drei Faktoren: Seit der Jahrhundertwende drängten finanzstarke, zum Teil ultrareiche amerikanische Sammler auf den Markt, die mit ihren schier unbegrenzten Mitteln die Preise in die Höhe trieben. Angesichts der Preisspirale wurde der Kunsterwerb zu einer immer beliebteren Form der Kapitalanlage, was weitere Käufer anzog. Die stark zunehmenden Erwerbungen von Museen schließlich schmälerten das knapper werdende Angebot zusätzlich. Denn im Gegensatz zu Privatsammlungen, die im Erb- oder wirtschaftlichen Krisenfall wieder dem Markt zugeführt wurden, blieben die wachsenden Museumsbestände dem Handel dauerhaft entzogen. Das immer begrenztere Angebot traf auf eine ständig erhöhte Nachfrage, weshalb die Preise schließlich förmlich explodierten.

1908 schrieb der Münchner Kunsthändler Hugo Helbing (1863–1938): „In erstklassigen Sammlerkreisen [kommt] immer mehr die Tatsache zum Bewusstsein [...], dass der Ankauf wirklich hervorragender Kunstwerke nicht nur die Freude des Besitzes gewährt, sondern auch infolge der seit Jahrzehnten währenden Wertsteigerung eine gute und sichere Kapitalanlage bildet. [...] Die Nachfrage ist stärker wie [!] das Angebot, und auch Sammlungen von sehr hohen Werten finden bei regstem Interesse des internationalen Marktes schlanken Absatz. Aber auch der Handel mit Mittelware [boomt ...], und heute schon werden trotz des immer mehr sich verfeinernden Geschmackes der Sammler viele Stücke, die vor Jahren weniger begehrt worden waren, zu hohen Preisen bezahlt. Wenn Vorstehendes in erster Linie auf den Antiquitätenmarkt Bezug hat, so gilt das Gleiche, vielleicht in noch höherem Masse, von Gemälden alter Meister; denn bei ihnen ist das Angebot noch geringer, und hervorragende Werke allererster Meister sind nur für sehr bedeutende Summen erhältlich.“[108]

Kommissionen und Beteiligungen

Schon in den 1880er Jahren pflegte Julius Böhler eine engere Zusammenarbeit mit anderen Kunsthandlungen. Sie äußerte sich zunächst vor allem in sogenannten Kommissionsgeschäften. „Befreundeten“ Händlerkollegen wurden häufig eigene Objekte für einen bestimmten Zeitraum zum Verkauf in Kommission gegeben. Im Erfolgsfall erhielt der Partner entweder einen prozentualen Anteil am erzielten Verkaufsgewinn oder eine zuvor bestimmte feste Vergütung. Umgekehrt nahm auch Böhler von anderen Kunsthäusern laufend Objekte in Kommission.

Auf diese Weise erweiterten die beteiligten Partner ihren potenziellen Abnehmerkreis und erzielten wechselseitig Reichweitenvorteile. Objekte, die im eigenen Kundenstamm nicht sogleich Käufer fanden, waren durch andere Kunsthändler womöglich rascher und vorteilhafter abzusetzen. Kommissionsware adressierte Böhler häufig an Partnerunternehmen in den Handelszentren München, Berlin, Köln, Leipzig, Frankfurt am Main, Stuttgart, Paris oder Wien. Nicht selten beauftragten auch Sammlerkunden Böhler gegen Provision mit dem kommissionsweisen Verkauf einzelner Stücke aus ihrer Kollektion.[109]

Eine andere Form der Kooperation unter Händlern waren Konsortialgeschäfte. Schon in den 1890er Jahren tätigte Julius Böhler bisweilen zusammen mit Branchenkollegen gemeinsame Ankäufe. Meist handelte es sich um Halfshares. Aber auch der Erwerb von Drittel- oder Viertelanteilen – insbesondere bei teueren Objekten

Geburt Christi
Hans Schäufelein
(um 1480/85 – um 1538/40)
Um 1508
1913 an Gottlieb Friedrich Reber in Barmen verkauft

oder bei ganzen Kollektionen – war nicht unüblich. Doch erreichte die Quote der Anteilsware bei Böhler damals im Mittel lediglich drei Prozent vom jährlichen Ankaufsumsatz. Ab der Jahrhundertwende erfolgte dann ein steiler Anstieg auf bis über 40 Prozent. Von 1900 bis 1913 summierte sich die Menge der Anteilsware auf fast 3.200 Objekte.[110]

Verantwortlich dafür waren nicht zuletzt die steigenden Preise. Um den wachsenden Finanzbedarf mit den Möglichkeiten des Unternehmens in Einklang zu bringen, waren vermehrte Shareholdergeschäfte das Mittel der Wahl. Statt das vorhandene Kapital wie bisher meist auf den Vollerwerb von Objekten zu konzentrie-

Pietà
Um 1400, Böhmen
Die Kalksteinskulptur erwarb Julius Böhler 1895 für seine Privatsammlung.

ren, erschien es weit vorteilhafter, einen größeren Teil im Zusammenwirken mit interessierten Partnern anteilig zu investieren. Der Kapitaleinsatz wurde auf diese Weise breiter gestreut und entfaltete eine Hebelwirkung. Denn sowohl beim Ein- als auch beim Verkauf der Anteilsware bündelten die beteiligten Händler ihre Marktpotenziale und erzielten Synergieeffekte. Der Abnehmerkreis erweiterte sich durch die Kooperation mehrerer Händler, wodurch der Absatz sich vielfach beschleunigte. Dadurch war das eingesetzte Kapital kürzer gebunden und rascher für neue Investitionen verfügbar.

Ein wichtiger Partner im wachsenden Beteiligungsgeschäft ab der Jahrhundertwende war der französische Kunsthändler Godefroy Brauer (1857–1923). Julius Böhler stand mit ihm schon Ende der 1880er Jahre in Geschäftsverbindung.[III] Neben seiner Kunsthandlung in Paris (57 Rue Pigalle) betrieb Brauer eine Filiale in Florenz. Entsprechend intensiv war er im Italienhandel engagiert, wobei die Münchner Kunsthandlung über ihre finanzielle Beteili-

gung an den Ankäufen nicht unerheblich partizipierte. Allein Böhlers Beitrag zu den mit Brauer getätigten Halfshares – die sich zu einem großen Teil, aber nicht ausschließlich auf Ankäufe in Italien bezogen – erreichte in den Jahren 1900 bis 1906 bis zu einem Viertel des jährlichen Münchner Ankaufsumsatzes. 1910 investier-

Im Paradies
Giovanni di Paolo (1403–1482)
1445
1906 an den Kunsthändler Godefroy Brauer in Paris verkauft

te Böhler 233.000 Mark in die mit Brauer abgeschlossenen Halbteilkäufe. Von 1904 bis 1913 summierte sich Böhlers Beitrag zu den gemeinsam getätigten Halb-, Dritt- und Vierteilankäufen auf 1,73 Millionen Mark. Das betraf insgesamt 1.012 Einzelobjekte, darunter 842 Halfshares.[112]

Die beiden sehr erfolgreich kooperierenden Kunsthändler waren offenbar auch privat enger verbunden. Im Juni 1907 unternahmen Julius Böhler und Godefroy Brauer – wohl gemeinsam mit ihren Ehefrauen – eine Nordlandreise.[113] 1913 verlegte der französische Partner seinen Firmensitz nach Nizza.

Eine noch bedeutsamere Rolle im Konsortialgeschäft spielte für Böhler nach der Jahrhundertwende die Kunsthandlung N. Steinmeyer in Köln. Sie war ursprünglich aus einer Drechslerei hervorgegangen, die Nikolaus Steinmeyer d. Ä. schon 1835 betrieb.[114] Sein Sohn Nikolaus d. J. (1845–1908) spezialisierte sich ab 1873 auf die Herstellung von Meerschaum- und Bernsteinwaren und eröffnete einen Galanteriewarenhandel.[115] Zu Beginn der 1880er Jahre konzentrierte er das Geschäft auf den Vertrieb von „Kunst- und Luxuswaaren".[116] Ab 1895 hatte er „besonders Gemälde alter Meister" im Angebot.[117] Seine drei Söhne Heinrich (1871–1930), Friedrich (Fritz) (1880–1959) und Wilhelm traten nacheinander in das väterliche Unternehmen ein, das 1911 in Steinmeyer & Söhne umfirmierte und seither auch eine Filiale in Paris unterhielt, die von Wilhelm Steinmeyer geleitet wurde.[118]

Die 1904 zwischen der Münchner und der Kölner Kunsthandlung begonnene Zusammenarbeit speziell beim Handel mit Altmeistergemälden wurde wahrscheinlich durch eine Bekanntschaft zwischen Friedrich Steinmeyer und Julius Wilhelm Böhler begründet. Die freundschaftliche Verbindung mündete schließlich in eine verwandtschaftliche, als Friedrich Steinmeyer im Oktober 1913 Laura May Boot (1883–1986), die ältere Schwester von Julius Wilhelm Böhlers Ehefrau Ethel ehelichte.[119] 1912 investierte Böhler bei den in diesem Jahr mit Steinmeyer & Söhne getätigten Halfshares fast 1,5 Millionen Mark. Von 1904 bis 1913 erreichte der Aufwand der Münchner für gemeinsam abgewickelte Halb-, Dritt- und Vierteilankäufe 3,29 Millionen Mark. Allein die Halfshares in diesem Zeitraum betrafen rund 640 Objekte.[120]

Konsortialgeschäfte

Heilige Katharina
Pietro Lorenzetti (1280–1348)
Um 1342
1913 von Böhler & Steinmeyer in New York an MMA verkauft

Außer mit Brauer und Steinmeyer realisierte Böhler ab der Jahrhundertwende bis 1914 mit über 50 weiteren in- und ausländischen Händlern gemeinsame anteilige Erwerbungen. Dies betraf rund 870 Objekte. Zu den wichtigsten Partnern zählten in München die Firmen A. S. Drey, J. Rosenthal, A. Steinharter und D. Heinemann, im außerbayerischen Reichsgebiet J. Klausner & Sohn in Berlin sowie J. & S. Goldschmidt und J. Rosenbaum in Frankfurt am Main. Bedeutende ausländische Konsortialpartner waren die Pariser Kunsthandlungen H. Bäuml, J. Féral, F. Kleinberger, Hamburger Frères, V. Bachereau und H. Daguèrre sowie F. W. Lippmann, Durlacher Brothers und Dowdeswell Galleries in London.[121]

Naturgemäß ging es bei diesen Kooperationen meist um größere Ankäufe bzw. besonders teure Einzelobjekte, bei deren Vermarktung dann auch entsprechende Gewinne winkten, wie eine Reihe von Beispielen zeigt.

Ende 1906 erwarb Julius Böhler in Zusammenarbeit mit dem Münchner Antiquar Gottlob Hess (1863–1914) für rund 45.000 Mark eine komplette Stammbücher-Sammlung.[122] Im November 1908 übernahm er gemeinsam mit den Kunsthandlungen J. & S. Goldschmidt in Frankfurt am Main und Brauer in Paris zum Kaufpreis von einer Million Mark die umfangreiche Antiquitätensammlung des Hamburger Verlegers Julius Campe (1846–1909).[123] Ihre Verwertung erwies sich als einträgliches Geschäft. Im selben Jahr erstanden Böhler und Brauer vom Händler Emilio Constantini in Florenz jeweils einen Drittel-Anteil an fünf Gemälden, darunter ein Porträt des Erzherzogs Ferdinand von Spanien von Rubens.[124] Letzteres ging im April 1909 mit einem Aufschlag von 150 Prozent für 100.000 Mark an den Schweizer Sammler Hans Conrad Bodmer in Zürich.[125]

Im Februar 1909 erwarben Böhler, Brauer und A. S. Drey in Neapel eine Marmorfigur „Apoll“ des Bildhauers Jacopo Sansovino (1486–1570) für 58.000 Francs, die sie nur zwei Monate später für 125.000 Francs weiterverkauften.[126] Im Januar 1910 erstanden Böhler und der Pariser Händler Jules Féral (1874–1944) in London für 91.000 Mark zwei Gemälde des französischen Malers Jean-Baptiste Pater, die 1913 für 152.000 Mark den Besitzer wechselten.[127]

Gemeinsam mit dem Pariser Händler Victor Bachereau erwarb Böhler 1909 auf der Versteigerung der Waffenkollektion des 1888 verstorbenen Sammlers Victor Gay Objekte für 50.000 Mark. Zwei Jahre später überließ er dem Partner seinen Anteil gegen einen Preisaufschlag von 50 Prozent.[128] Eine im Juni 1909 gemeinschaftlich für 80.000 Mark in Krakau erstandene Bronzebüste des Nürnberger Erzgießers Peter Vischer erbrachte für die neben Böhler daran beteiligten Kunsthandlungen von A. S. Drey und Durlacher Brothers beim Verkauf in London acht Wochen später einen Bruttogewinn von über 100 Prozent.[129] Ein Konsortialgeschäft mit einem Investitionsvolumen von 540.000 Mark realisierte Böhler gemeinsam mit den Londoner Partnern Durlacher und Lippmann im April 1911, als das Händlertrio 25 Gemälde, zwei Tapisserien und zwei Holzfiguren aus der Kollektion des Stammkunden Adolph Thiem in Sanremo übernahm.[130]

Junge Frau
Fra Filippo Lippi
(um 1406–1469)
Um 1445
1913 an SMB-GG verkauft

1910 erwarb Böhler mit den Londoner Kunsthändlern Harald Bendixson und Leo Blumenreich (1884–1932) zu gleichen Teilen für insgesamt 81.000 Mark ein von Albrecht Dürer (1471–1528) 1509 geschaffenes Gemälde „Madonna mit Kind und Joseph“.[131] Trotz einer aufwendigen Restaurierung, die allein 55.000 Mark verschlang, sowie einer Vermittlungsprovision von 32.000 Mark und zusätzlichen Aufwendungen erzielte Julius Böhler beim Verkauf des Bildes im Januar 1917 zum Preis von

425.000 Mark für seinen Anteil einen Nettogewinn von über 280 Prozent.[132]

Ein von A. S. Drey angeführtes Konsortium, an dem Böhler mit zehn Prozent beteiligt war, erstand bei der im Juni 1911 in Paris durchgeführten Auktion von Teilen der einstmals berühmten Sammlung des Frankfurter Bankiers Mayer Carl v. Rothschild (1820–1886) 25 Objekte für 277.000 Mark.[133] In Gemeinschaft mit den Häusern David Reiling in Mainz und Jakob Rosenbaum in Frankfurt am Main sowie den Münchner Kunsthandlungen von Julius Drey und Adolf Steinharter ersteigerte Böhler auf der Rothschild-Auktion zudem einen Silber-Altar für 13.100 Mark.[134]

Im Juli 1912 erwarben Böhler, Steinmeyer und der von 1907 bis 1914 in London residierende Kunsthändler Friedrich Wilhelm Lippmann (1883–1932) ein Bischofsporträt des Florentiner Meisters Ridolfo Ghirlandaio (1483–1561) für 20.000 Mark, das beim Verkauf ein halbes Jahr später 58.000 Mark einbrachte.[135] Im August 1912 sicherten sich Steinmeyer, Kleinberger, Dowdeswell und Böhler bei Christie's in London den Zuschlag für ein Gemälde von Rembrandt für 126.000 Mark.[136] Fünf Monate danach übernahm François Kleinberger (1858–1937) es allein für 253.000 Mark.[137] Bei der Versteigerung der Sammlung von Édouard Aynard im Dezember 1913 in Paris erwarben A. S. Drey, Brauer und Böhler gemeinsam Objekte für 82.000 Mark.[138]

Business in Spanien und London

Im Mai 1904 reiste Julius Böhler erstmals nach Spanien. Er besuchte Barcelona, Madrid, Toledo, Aranjuez, Córdoba, Sevilla, Cádiz, Algeciras, Ronda, Granada, Málaga, Guadix, Tanger und Gibraltar. Er besichtigte die Sehenswürdigkeiten der Städte und frequentierte einzelne Museen.[139] Der Trip diente aber nicht nur touristischen Zwecken. Gleichzeitig knüpfte Böhler Geschäftskontakte zu Händlern auf der Iberischen Halbinsel. Bisher war er an die Kunstschätze des Landes nur über Einkäufe in Paris oder London gelangt. Ein direkter Bezug versprach höhere Profite.

1904 kaufte er Objekte für über 34.000 Mark bei Händlern in Madrid, Sevilla, Valencia und Granada. 1909/10 folgten Ankäufe

Kreuzigung
Andrea di Bartolo
(1360–1428)
Um 1410
1912 an MMA verkauft

in Spanien für rund 70.000 Mark, 1912 für über 190.000 Mark.[140] Letztere umfassten unter anderem 20 Gemälde, die er gemeinsam mit Steinmeyer bzw. Brauer und dem Pariser Händler Henri Daguèrre im Madrider Kunsthandel erstand. Zehn der Bilder stammten von Francisco de Goya (1746–1828), weitere von Hans Memling, El Greco (1541–1614), Anthonis van Dyck (1599–1641), Martin Schongauer (gest. 1491), Bartolomé Esteban Murillo (1617–1682) und Pinturicchio (gest. 1513). Inbegriffen war auch ein „Lot" Original-Briefe aus dem Nachlass von Goya, die Böhler zum Verkauf an das Antiquariat von Jaques Rosenthal (1854–1937) in München weiterreichte.

Neben dem von Julius Böhler von Beginn an stark frequentierten Handelszentrum Paris gewann London ab 1899 als Einkaufsmarkt zunehmend an Gewicht. In diesem Jahr bezog er von Händlern in der britischen Metropole Objekte für rund 43.000 Mark.[141] 1902 lag der Ankaufsumsatz bei 140.000 Mark.[142] Zwei Drittel davon entfielen allein auf Erwerbungen beim Londoner Kunsthändler George Donaldson (1845–1925), darunter ein Gemälde des Bologneser Meisters Francesco Francia (1447–1517) für 5.200 Mark, eine „Madonna mit Kind" des Florentiner Malers Antonio del Pollaiuolo (1431–1498) für 12.500 Mark und eine Landschaft von Giorgione (1478–1510) für 20.000 Mark.[143]

1905 lag das in der britischen Metropole generierte Einkaufsvolumen bei 108.000 Mark. Ein Fünftel der Summe investierte Böhler diesmal in Akquisitionen beim Art Dealer Colnaghi.[144] 1908 bezog die Münchner Kunsthandlung Objekte für rund 450.000 Mark von 35 Londoner Händlern.[145] Zwei Cassone-Bilder, eine geschnitzte Truhe mit Figuren und zwei Tassen des Limoger Emailleurs Pierre Reymond (gest. 1584) für zusammen 62.000 Mark kamen vom englischen Marktführer Duveen.[146] Bis 1911 verdreifachte sich das jährliche Ankaufsbudget auf dem Londoner Kunstmarkt auf nahezu 1,15 Millionen Mark. In diesem Jahr erstand Böhler bei Christie's auf der Versteigerung der Sammlung von Sir William Neville Abdy, 2nd Baronet of Albyns (1844–1910), zusammen mit Steinmeyer sechs Gemälde für rund 100.000 Mark, darunter ein Fresco „Geburt Christi" von Sandro Boticelli (1445–1510).[147]

Händlerverbindungen nach Österreich, der Schweiz, Belgien und Holland, über die Böhler bis zur Jahrhundertwende vor allem größere Mengen an Waffen, Holzskulpturen und Möbeln bezog, verloren infolge der zunehmenden Fokussierung auf Gemälde an Bedeutung. Auch die Lieferungen italienischer Händler, die bislang ein Zehntel des jährlichen Ankaufsvolumens absorbiert hatten, nahmen nach 1900 allmählich im Wert ab. Von jenseits des Brenners kamen nun neben kunstgewerblichen Objekten vor allem größere Mengen an antiquarischen Sitzmöbeln und Bilderrahmen.[148]

1911 entfielen vom Ankaufsvolumen in Höhe von 3,6 Millionen Mark 32 Prozent auf Händler in London, gefolgt von Paris (24), Italien (3,5), Österreich (1,8), Belgien (1,4), der Schweiz (1) und Holland (0,7). Fast 11 Prozent gingen in diesem Jahr auf das Konto deutscher Händler. Fünf Prozent flossen in Ankäufe aus der Kollektion von Adolph Thiem in Sanremo, 1,6 Prozent in Erwerbungen aus der Sammlung des Prager Industriellen Adalbert v. Lanna (1867–1922). 18 Prozent verteilten sich auf weitere Ankäufe von Sammlern im In- und Ausland.[149]

54 Prozent des Ankaufsumsatzes (1,94 Millionen Mark) investierte Böhler 1911 in die Beschaffung von 516 Bildern. Von diesen erstand er 193 Objekte für 0,8 Millionen Mark ohne fremde Beteiligung. 286 Gemälde im Ankaufswert von 0,97 Millionen Mark waren Halfshares. 37 Bilder erwarb er für 0,17 Millionen Mark mit

Jesus am Ölberg, von Engeln gestützt
Massimiliano Soldani
(1656–1740)
1700/1725, Terrakotta-Relief
1910 an MMA verkauft

Partnern zu je einem Drittel. Der Gesamteinkaufswert der Bilder betrug 3,26 Millionen Mark. Der Einkaufspreis pro Bild lag demnach im Durchschnitt bei 6.318 Mark. Rund 70 Prozent der Gemälde (346) kamen von Händlern im Ausland, die meisten davon aus London (207), gefolgt von Paris (100) und Italien (39).[150]

Die in der britischen Hauptstadt erworbenen Gemälde zählten nicht selten zu den qualitätvollsten und teuersten, wie einige Beispiele zeigen. 1911 kauften Böhler und Steinmeyer beim Kunsthändler George Donaldson in London ein Porträtgemälde von Anthonis van Dyck für 16.000 Mark, das drei Monate später für 75.000 Mark in die USA ging.[151] Bei Christie's erstand das Duo 1912 gemeinsam mit dem Pariser Händler François Kleinberger ein Porträtbild von Hans Memling für 82.000 Mark, das kurz darauf für 140.000 Mark von dem Pariser Kunsthändler Henry Reinhardt (1859–1921) übernommen wurde.[152]

Fast gleichzeitig ersteigerte Böhler bei einer Christie's-Auktion gemeinsam mit drei Partnern für 126.000 Mark ein Porträtgemälde von Rembrandt. Es zeigte angeblich dessen Bruder Adrian und ging vier Monate später für 273.000 Mark an François Kleinberger.[153] Ein zusammen mit Steinmeyer vom Londoner Händler Arthur Joseph Sulley (1853–1930) im Juli 1912 für 145.000 Mark erworbenes Bild von Pieter de Hooch (1629–1684) übernahm der Kölner Partner nach wenigen Tagen allein zum Preis von 216.000 Mark.[154]

Dritter Teil

Spielzeugpferd auf Rädern
Um 1700, Schweiz, Holz
1903 an GNM verkauft

Adelsbesitz im Fokus

Angesichts der ab der Jahrhundertwende stark wachsenden Nachfrage nach Altmeistergemälden steigerte die Firma Böhler ihre Anstrengungen, neue Objekte zu akquirieren. Dies geschah vorrangig durch die intensive Bearbeitung des internationalen Händlermarktes. Ins Visier gerieten daneben nun aber verstärkt alte aristokratische Sammlungen. Sie waren oft nur schwer zugänglich. Chancen eröffnete in der Regel ein gesteigerter oder außerordentlicher Finanzbedarf der Besitzer. Aber auch die ständig anziehenden Preise konnten bei Erben von Bildern, „die sich seit Generationen im Familienbesitz befanden, nun aber drastisch im Wert stiegen", einen Verkaufsanreiz auslösen.[1]

Für Händler waren solche „marktfrischen" Erwerbungen aus erster Hand besonders attraktiv. Denn hier winkten beim Verkauf bisweilen die größten Profite. Eine geschickte Fühlungnahme mit dem dafür empfänglichen aristokratischen Personenkreis gehörte zur Praxis erfolgreicher Kunsthändler, die Julius Böhler und seine Söhne offenbar bestens beherrschten, wie einzelne Beispiele belegen.

Im Februar 1900 erstanden die Münchner aus italienischem Adelsbesitz für 2.200 Mark ein Bild „Moses in der Wüste" des niederländischen Malers Lukas van Leyden (1494–1533), das drei Monate später das Germanische Nationalmuseum für 20.000 Mark übernahm.[2] 1902 erwarb Böhler von dem in Paris residierenden Comte de Ganay unter anderem zwei Porträtbilder von Anthonis van Dyck und Nicolaes Maes (1634–1693), die nur wenig später mit einem 100-prozentigen Preisaufschlag weitergereicht wurden.[3] Von Comte de Guizard, dem er schon 1899 mehrere Objekte – darunter ein Porträtbild des holländischen Malers Jan Cornelisz Verspronck (gest. 1662) – abgekauft hatte,[4] erwarb er 1903 sechs weitere Gemälde, darunter ein Landschaftsbild von David Teniers, das beim Verkauf einen Bruttogewinn von 180 Prozent erzielte.[5]

Im November 1905 erstand Julius Böhler gemeinsam mit Godefroy Brauer aus der Sammlung des Herzogs von Ascoli in Neapel ein Gemälde „Der Kartenspieler" von Gerard ter Borch für 25.000 Mark und ein Bild von David Teniers für 20.000 Mark. Der angepeilte Verkaufspreis von 68.000 Mark für beide Objekte

Grablegung Christi
Leonhard Kern (1588 – 1662)
1640/50
Das Alabasterrelief erwarb Julius Böhler nach 1900 für seine Sammlung.

wurde nur wenige Monate später nahezu realisiert.[6] Gegenüber Wilhelm Bode bezeichnete Böhler das Werk von ter Borch als seinen bis dahin teuersten Gemäldeankauf und verlangte dafür 48.000 Mark.[7] Dabei handelte es sich allerdings um eine ziemliche Übertreibung, denn beim gemeinsamen Ankauf mit Brauer hatte er für seinen Teil lediglich 12.500 Mark investiert. Im März 1906 ging das Bild dann für 42.500 Mark an den Höchster Chemieindustriellen August Cornelius de Ridder (1837 – 1911).

1908 kaufte das Händlerduo von Gräfin Pozzo di Borgo, der Nachfahrin eines alten korsischen Adelsgeschlechts, ein Madonnenbild von Murillo für 2.560 Mark und einen vergoldeten Bronze-

Reliquienschrank für 4.000 Mark. Wochen später ging das Gemälde mit einem Bruttogewinn von 876 Prozent für 25.000 Mark an den Züricher Sammler Hans Conrad Bodmer. Das Reliquiar übernahm gegen einen Aufschlag von 150 Prozent das Germanische Nationalmuseum.[8]

Im November 1909 erwarben Böhler, Brauer und der Pariser Händler Henri Daguèrre in Madrid eine Reihe von Objekten, darunter einen italienischen Eisenharnisch aus der Sammlung des Duc de Sesto für fast 30.000 Mark. Das wertvollste Stück war jedoch ein päpstlicher Ehrendegen aus Silber, gefertigt vom berühmten italienischen Goldschmied Cristoforo Foppa, genannt Caradosso (gest. 1527). Er stammte aus der Kollektion des Conte Salente, der dafür 57.000 Mark erhielt. Das Trio kalkulierte bei diesem Objekt mit einem Verkaufserlös von 120.000 Mark, der auch erreicht wurde.[9] 1910 erstand Böhler in Kooperation mit Brauer aus der Madrider Sammlung Laffite sieben Gemälde für über 54.000 Mark, darunter Werke von Alonso Sanchez Coello (1531–1588), Marcellus Coffermans (1520–1578), Gerrit van Haarlem (Geertgen tot Sint Jans, 1460 –1490), Murillo und David Teniers.[10] Die Vermarktung der Objekte erbrachte einen Erlös von 111.000 Mark und übertraf damit die Erwartung der Beteiligten.[11]

1910 erwarb Böhler in Italien aus der Sammlung des Marchese Spinola ein Gemälde des Niederländers Anthonis Mor (gest. 1577) sowie ein Männerporträt von Tintoretto. Letzteres verkaufte er nur wenige Monate später an die Londoner Kunsthändler Charles (1856–1921) und Walter Dowdeswell (1858–1929) für 48.000 Mark und erzielte dabei einen Bruttogewinn von über 300 Prozent.[12] 1912 gab Spinola für 16.000 Mark ein Bild des lombardischen Meisters Bernardino Luini (1482–1532) ab, das im Jahr darauf für 26.000 Mark an den Züricher Sammler Hans Conrad Bodmer ging.[13] 1911/12 übernahmen Böhler und Brauer für 28.400 Mark je ein Gemälde aus der Sammlung des Conte Orsetti in Luca und des Marquès de Santa Isabel in Barcelona.[14]

Zusammen mit Steinmeyer kaufte Böhler im August 1912 von Conte Oldofredi, dem Nachfahren eines lombardischen Adelsgeschlechts, zwei hochkarätige Bilder: ein Mädchenporträt von Diego Velázquez (1599–1660) für 64.000 Mark und ein Feldherren-Porträt von Moretto da Brescia (1498–1554) für 13.000 Mark.

Familie Sacrati in Ferrara
Antonio da Crevalcore
(1438–1525) (zugeschrieben)
Um 1480
1913 an Königliche Pinakothek in München verkauft

Ein offensichtlich zwischengeschalteter Vermittler kassierte bei dem Deal eine Provision von 2.000 Mark.[15] Einen Monat später ging der Moretto für 23.000 Mark an den ungarischen Sammler Marczell v. Nemes (1866–1930). Den Velázquez kaufte im August 1913 mit einem Aufschlag von 720 Prozent der amerikanische Autoindustrielle John North Willys (1873–1935).[16]

Im Dezember 1912 erwarb das Händlerduo aus der Florentiner Sammlung des Grafen Max Strozzi (geb. 1869) ein Lorenzo Costa (1460–1535) zugeschriebenes Porträt der in Ferrara ansässigen Familie Sacrati für 264.000 Mark.[17] Acht Wochen später übernahm die Münchner Pinakothek das nun als Werk des Malers Cosimo Tura (gest. 1495) eingestufte Gemälde für stolze 320.000 Mark.[18] Heute gilt das um 1480 entstandene Bild als Schöpfung des ferraresischen Meisters Antonio da Crevalcore (1438–1525).

Im Juli 1912 kaufte Böhler zusammen mit Brauer, Steinmeyer und den in Neapel, Paris und New York als Kunsthändler tätigen Brüdern Ercole (1868–1929) und Cesare Canessa (gest. 1923) ein Frauenporträt von Rembrandt aus der Sammlung einer „Prinzessin" in Castellammare di Stabia bei Neapel für 180.000 Mark.[19] Nur vier Wochen später ging das Bild für 240.000 Mark an den Pariser Händler Charles Sedelmeyer (1837–1925).[20]

Im Juli 1913 gelang Julius Wilhelm Böhler der Ankauf von sechs Gemälden zum Preis von 62.500 Mark aus der in Stafford House in London untergebrachten Kollektion von George Granville Sutherland-Leveson-Gower, 5th Duke of Sutherland (1888–1963). Dieser hatte von seinem im Juni 1913 verstorbenen Vater neben der Kunstsammlung auch Landbesitz von über einer halben Million Hektar geerbt. Bei den abgegebenen Objekten handelte es sich um Werke von Jan Brueghel d. Ä. (1568–1625), Francisco de Zurbarán (1598–1664), Paolo Veronese (1528–1588), Tintoretto und Murillo.[21] Binnen 26 Monaten erzielte Böhler beim Verkauf einen Erlös von 156.000 Mark.[22]

Auch in Deutschland trennten sich aristokratische Besitzer von Kunstwerken. Baron v. Guttenberg in München verkaufte Böhler 1910 für 11.000 Mark sechs „rheinische gotische" Bilder, dazu zwei kleine Damenporträts. Eines stammte vom Niederländer Gerard David (1460–1523). Es erbrachte beim wenig später erfolgten Verkauf an den Londoner Art Dealer Arthur Joseph Sulley einen Erlös von 13.500 Mark, mithin einen Bruttogewinn von 455 Prozent.[23] Von Graf v. Renesse im rheinpfälzischen Mayen übernahm Böhler im März 1911 ein Herrenporträt von Rubens für 15.000 Mark, für das Bode ein Echtheitszertifikat erstellte. Zwei Monate später wechselte es für 85.000 Mark den Besitzer.[24] Aus der Fürstlich-Hohenzollernschen Sammlungen in Sigmaringen erwarb er 1913 für 56.000 Mark ein Bild der „Heiligen Familie" von Antonio da Correggio (1489–1534), das wenig später für 136.000 Mark in die USA ging.[25]

Von Felipe Ricart y Fernàndez de Cordoba, 3. Marqués de Santa Isabel, in Barcelona kauften Böhler und Brauer 1912 gemeinsam für 16.000 Mark ein Mädchenporträt des französischen Malers François-Hubert Drouais (1727–1775), das beim Verkauf 35.000 Mark einbrachte.[26] Vom Marqués de Villatoya in Madrid erstanden die beiden Kunsthändler 1910/11 ein Kristall-Reliquiar des 15. Jahrhunderts, ein Christus-Bild von Gerard David, ein Gemälde „Madonna mit Kind" von Murillo sowie ein Werk von El Greco für zusammen 41.800 Mark.[27] Beim Verkauf der Objekte erzielten sie einen Bruttogewinn von 200 Prozent.[28]

Goya und Van Dyck

Ein weiteres gemeinsames lukratives Geschäft in Spanien gelang Godefroy Brauer und Julius Böhler 1910 mit dem Ankauf von 14 Bildern und sechs Skizzen von Goya für 283.000 Mark.[29] Elf der Gemälde sowie die Skizzen kamen wiederum aus der Kollektion des Marqués de Villatoya. Seine Vorfahren hatten die Objekte Jahrzehnte zuvor aus der Madrider Sammlung Laffite übernommen, wohin sie – nach Mitteilung Böhlers – aus dem Nachlass Goyas nach dessen Tod 1828 gelangt waren.[30] Zwei Bilder des spanischen Meisters wurden gleichzeitig vom Madrider Kunsthändler Moreno erworben, ein weiteres („Landschaft mit Stieren") kam ursprünglich aus der Sammlung des Duca di Osuna.[31] In einem Brief an Wilhelm Bode bezeichnete Julius Böhler seine Erwerbungen als „eine der schönsten Goya-Sammlungen [...], die irgendwo anderst als im Prado nicht existieren."[32]

Die Goya-Bilder wurden rasch vermarktet. Sie erbrachten am Ende einen Verkaufserlös von 457.000 Mark. Zwei „Caprichos" übernahm im Februar 1911 für 42.500 Mark der Münchner Sammler James Loeb (1867–1933).[33] 1942 gelangten sie ans Frankfurter Städel Museum.[34] Die Münchner Pinakothek erwarb im März 1911 für 95.000 Mark vier „Caprichos" und ein Porträt der spanischen Königin Maria Luisa (1751–1819).[35] Für letzteres hatte die staatliche Ankaufskommission 45.000 Mark bewilligt.[36] Später entpuppte sich das Bild, für das die beiden Kunsthändler beim Ankauf lediglich 7.500 Mark bezahlt hatten,[37] als Kopie des 19. Jahrhunderts.[38] Die sechs Goya-Skizzen gingen im Mai 1911 für 100.000 Mark an Martin Antoine Ryerson (1856–1932) in Chicago.[39]

Ein Porträt des spanischen Stierkämpfers Pedro Romero (1754–1839) kaufte für 38.000 Mark im August 1911 der New Yorker Kunst händler Victor G. Fischer.[40] Ein „Inquisitionsszene" betiteltes Bild übernahm im Februar 1912 für 18.000 Mark der Industrielle Chris-

Die Gefangennahme des Verbrechers El Maragato durch Bruder Pedro de Zaldivia
Francisco José de Goya y Lucientes (1746–1828)
Um 1801/1811
1911 an Martin Antoine Ryerson in Chicago verkauft

tian Langaard (1849–1922) in Oslo.[41] Ein Porträt der Ducesa d'Alba als heilige Maria Magdalena kaufte im Juni 1912 für 6.400 Mark der Pariser Kunsthändler Gaston Neumans.[42] Ein weiteres Bild („Frau am Balkon") erstand im August 1912 für 2.000 Mark Graf Leon v. Piniński (1857–1938) in Lemberg.[43]

Die Apostel Judas Thaddäus und Philippus
Anthonis van Dyck
(1599–1641)
Um 1619/21
1915 an die Kunsthändler Godefroy Brauer in Nizza bzw. Hans Wendland in Berlin verkauft

Das teuerste Objekt, ein Selbstbildnis Goyas als Stierkämpfer, ging zum Verkauf nach New York.[44] Doch fand sich dort zum geforderten Preis von 120.000 Mark kein Interessent, weshalb es schließlich im April 1913 für 110.000 Mark Steinmeyer in Köln übernahm.[45] Das letzte Objekt aus dem Goya-Fundus, die „Landschaft mit Stieren", erwarb im Januar 1917 für 45.000 Mark Marczell v. Nemes.[46]

1912 kaufte Böhler aus der Kollektion von Francesco Basilio in Triest für 48.600 Mark ein weiteres – das Interieur einer Teppichweberei darstellendes – Gemälde des spanischen Meisters. Vier Wochen später ging es für 100.000 Mark an den Sammler Gottlieb Friedrich Reber (1880–1959) in Barmen.[47] Ein gleichzeitig in Neapel für nur 4.200 Mark erstandenes Gemälde von Goya, das eine „Dame im blauen Kleid" zeigte, erwarb 1915 für 65.000 Mark James Simon in Berlin.[48]

Einen besonderen Coup landeten Brauer, Steinmeyer und Böhler schließlich im Dezember 1913. Über den in Neapel lebenden deutschen Kunsthändler J. M. Hellwig, der Böhler und Brauer schon Monate zuvor ein Madonnenbild von Anthonis van Dyck aus der Kollektion der Marchesa Raggi in Rom für 46.000 Mark verkauft hatte,[49] erstand das Trio für 160.000 Mark zwölf Apostelgemälde des flämischen Meisters aus der Sammlung der Principi di Cellamare in Neapel. Die Beteiligten rechneten mit einem Verkaufserlös von mindestens 300.000 Mark, der auch realisiert wurde.[50] Er wäre wohl noch höher ausgefallen, hätte der Kriegsausbruch 1914 nicht einen Verkauf in die USA verhindert.

Die 1619/21 entstandene und seither unter Kunsthistorikern sogenannte Böhler-Serie unter den Aposteldarstellungen van Dycks[51] wurde in den Jahren 1915/17 auf sieben Abnehmer verteilt. Judas Thaddäus, Andreas und Simon erwarb im Juli 1915 für 57.000 Mark der Berliner Kunsthändler Hans Wendland (1880–1965). Jacobus und Petrus gingen im Mai 1915 für 56.000 Mark an Gustav Krupp v. Bohlen und Halbach (1870–1950). Johannes, Thomas und Paulus kaufte im April 1915 für 80.000 Mark Bernhard Back v. Begavar (1871–1953) in Szegedin. Matthäus und Philippus übernahm im Juli 1915 für 40.000 Mark Godefroy Brauer in Nizza. Jacobus erwarb im März 1916 Johan Olof Granberg (1858–1933), Kurator des Nationalmuseums Stockholm. Bartholomäus erstand im Dezember 1917 Steinmeyer & Söhne in Köln.[52]

Ein schon im April 1915 angebahnter Verkauf von Bartholomäus und Jacobus für 50.000 Mark an das Kaiser-Friedrich-Museum in Berlin kam nicht zustande.[53] Die Gemälde von Simon, Judas Thaddäus und Philippus befinden sich heute im Kunsthistorischen Museum in Wien.[54] Das Brustbild des Apostels Andreas gelangte 1936 an das John and Mable Ringling Museum of Art in Sarasota (Florida).[55]

Geschäfte im Zarenreich

Neben Italien, Frankreich und Spanien richtete sich das Erwerbsinteresse Böhlers ab 1908 verstärkt auf das Zarenreich. Auch dort eröffnete sich über sorgsam aufgebaute Beziehungen die Möglichkeit, Kunstobjekte aus den Sammlungen russischer Aristokraten herauszukaufen und mit entsprechendem Profit zu vermarkten.

Im Januar 1908 erwarben Julius Böhler und Godefroy Brauer aus der Kollektion des Grafen Stroganoff in Sankt Petersburg ein romanisches Emailwerk für 40.000 Mark und ein Madonnenbild des flämischen Malers Petrus Christus (gest. 1476) für 16.000 Mark.[56] Letzteres ging im Januar 1910 für 22.000 Mark an den im belgischen Uccle bei Brüssel residierenden Sammler Michel van Gelder (1864–1929).[57] Gemeinsam mit der Münchner Galerie D. Heinemann kaufte Böhler im März 1910 in einer russischen Auktion für nur 6.500 Mark elf Gemälde aus dem Besitz der Großfürstin Maria Pawlowna (1854–1920), der Schwiegertochter von Zar Alexander II.[58]

Seit 1909 stand Böhler in geschäftlicher Verbindung mit der Berliner Kunsthandlung J. Klausner & Sohn. Der Inhaber Jacob Klausner (gest. 1926) verfügte offenbar ebenfalls über gute Kontakte im Zarenreich, woraus sich bald eine engere Kooperation auf dem russischen Markt entwickelte. Im Mai 1909 übernahm Böhler von Klausner für 49.000 Mark 14 Bronzeskulpturen, die letzterer kurz zuvor aus der Sammlung des Grafen Cassini in Sankt Petersburg erworben hatte. Das wertvollste Objekt, eine dem Florentiner Bronzegießer Carlo di Cesare del Palagio (gest. 1598) zugeschriebene Merkur-Figur, kostete Böhler 12.000 Mark.[59] Die Vermarktung der Bronzen erbrachte binnen 13 Monaten einen Bruttogewinn von 70 Prozent.[60]

Gemeinsame Ankäufe über rund 100.000 Mark tätigten Klausner und Böhler im Januar 1911 bei Händlern in Kiew und Warschau sowie bei russischen Aristokraten, darunter Fürst Kuratin und Angehörige der polnischen Adelsgeschlechter Bodiseo und Buino.[61] Die wertvollste Erwerbung war ein „kleiner persischer Seidenteppich auf Gold- und Silberfond" aus der Sammlung des Warschauer Malers Adalbert v. Kolasinski (geb. 1852) für 12.000 Mark, der sofort für 40.500 Mark einen neuen Besitzer fand.[62]

Im Dezember 1911 übernahm Böhler von Klausner für 30.000 Mark ein dem Niederländer Pieter de Hooch zugeschriebenes Gemälde aus der Kollektion des Fürsten Kotschubei in Sankt Petersburg.[63] Im Jahr darauf ging es für 110.000 Mark an den in Berlin residierenden Teilhaber des Wiener Rückversicherungsunternehmens Heckscher & Gottlieb, den Sammler Carl v. Hollitscher (1845–1925).[64] Ein Gemälde „Ansicht des Dorfes Egmont" von Jacob van Ruisdael (1628–1682), das Böhler und Klausner 1913 für 20.000 Mark ebenfalls von Kotschubei erwarben,[65] kaufte 1915

Kreuzigung
Giovanni da Milano
(1325–1370)
Um 1360
1905 an Otto Lanz in Amsterdam verkauft

zum doppelten Preis der Glühlampenfabrikant Anton Philips (1874–1951) in Eindhoven.[66]

1912 erstand das Händlerduo aus dem Besitz des Fürsten Botkin in Sankt Petersburg ein karolingerzeitliches Elfenbeinrelief mit der Darstellung eines Heiligen und dreier Krieger für 41.000 Mark.[67] Aus der Kollektion des Sammlers Paul Delaroff (1852–1913) in Sankt Petersburg kauften sie im Oktober 1912 gemeinsam 27 Objekte für über 63.000 Mark. Einen Monat später gab Klausner gegen einen Aufschlag von über 50.000 Mark seine Anteile an Böhler ab.[68]

Mai

11	945	1 Porträt Kopf von A. van Dyck	13165		3000	25
11	946	1 " kl. eines Mediziners von G. Dow			1200	3
11	947	1 " engl. Mädchen m. gr. Hut	111209	½ Stein.	3000	12
11	948	1 gr. Canaletto Venedig Dogenpalast		"	1500	6
11	949	1 span. Porträt Mann del Mazo (von Duc of Fife, Duff Castel		"	1500	6
11	950	1 reich vergol. gr. deutsche Truhe 16. Jahrh.			1000	4
11	951	1 Geflügelbild von Jan Fyt bez. gr.		½ Steinm.	3800	16
11	952	1 franz. Damenporträt LXVI rosa Kostüm		"	6000	18
11	953	1 Giotto Grablegung		"	2750	8
11	954	1 kl. Madonna m. Kind (nach Friedl. Barend v. Orley früh.			2000	5
11	955	1 Nr 11 bischof Giotto	16330	"	180	4
11	956	1 " 14 gr. Bild Christus am Brunnen	~~16330~~	"	2100	7
11	957	1 " 44 Rundbild " m. Engel		1/3 Stein. 1/3 Dowdes.	1900	8
11	958	1 " 58 gr. Madonna m. Kind Orgagna	3800	½ Stein.	1500	16
11	959	1 " 64 gr. Cassonibild König Salomon u. Saba	6700	"	3350	16
11	960	1 " 65 " " 3 darstell. Kraftskampf	3800	"	1900	8
11	961	1 " 70 " " Schlacht am Flusse ital. florent. 15 Jhr.	7600	"	3800	14
11	962	1 " 68 Madonna (Crucci) m. Ang.	5300	"	2650	12
11	963	1 " 170 bischof Interieur Meister des Heisterb. Altars	1600	"	800	4
11	964	1 " 181 Berchem Landschaft	4400	"	2200	8.
11	965	1 gr. Murillo 1378	20000	"	10000	35.
11	966	1 van der Helst Dame	19000	"	9500	30
11	967	1 Porträt Lorenzo Costa	22000	"	11000	36
11	968	1 Henry met de Bles rund	2000	"	1000	13
11	969	1 ital. Wappenbild rund	2000	"	1000	3.
11	970	1 gr. Bartel Bruyn 3 flg.	8000	"	4000	16
11	971	1 Magnasco Interieur	3000	"	1500	12
11	972	1 gr. florent. Cassoni	16000	"	8000	28
11	973	1 gr. van Dyck Porträt	16000	"	8000	75.
11	974	1 bronze Amor m. Delphin			2000	65
11	975	1 Caracci hl. Familie 147		½ Stein.	1100	40
11	976	1 Bellini Christus		1/3 Stein. 1/3 Dowdeswell	800	85
11	977	1 Lippo di Dalmasio 24 Nr 1894	2400 1400	" " "	470	4
11	978	1 Zanobi Strozzi Nicolaus 91	5600	" " "	1865	85
11	979	1 Guardi Zeichnung			450	24
11	980	1 " "	fr 3500	½ Stein	450	24
11	981	1 " "		"	500	20
11	982	1 Podio Venedig		"	2200	2

Lagerbucheinträge, Mai 1911
Die acht Spalten enthalten folgende Angaben (v. l.): Lagerbuchnummer, Objektbezeichnung, Konsortialpartner, Einkaufspreis (bei Shareholdergeschäft Anteil Böhlers unterstrichen), angestrebter Verkaufspreis, Verkäufer, Bemerkungen, Verkaufsdatum und Käufer

Im Frühjahr 1913 erwarben Böhler und Klausner für 170.000 Mark weitere 33 Objekte von russischen Sammlern und Händlern, darunter 17 Gemälde. Zu den wertvolleren zählten Werke von Adriaen Isenbrant, Bernardino dei Conti (1470–1522), Jan Siberechts (1627–1703) Jan Fyt (1611–1661) und Lorenzo Lotto (1480–1557) sowie ein für 29.000 Mark erstandenes kleinformatiges Männerporträt von Rembrandt aus dem Jahr 1629, das angeblich dessen Vater darstellte.[69] Letzteres übernahm fünf Monate später der Wiesbadener Sammler Ludwig Mandl zum stolzen Preis von 55.000 Mark.[70]

Von Fürst Bjeloserski in Sankt Petersburg kauften die beiden Kunsthändler 1913 gemeinsam ein Männerporträt von van Dyck für 55.000 Mark. Der zunächst angepeilte Verkaufspreis von 130.000 Mark konnte bis Kriegsbeginn 1914 nicht realisiert werden.[71] Im Januar 1917 ging das Gemälde schließlich für 30.000 schwedische Kronen (60.000 Mark) an Johan Olof Granberg, den Kurator des Nationalmuseums Stockholm.[72]

Böhler und Klausner verdienten in Russland aber nicht nur über eigene Ankäufe, sondern auch als Vermittler. Im Frühjahr 1913 bearbeiteten sie einen Transfer zweier Rembrandt-Gemälde aus dem Besitz von Felix Felixowitsch Jussupow (1856–1928). Der zu den reichsten Aristokraten des Zarenreiches zählende Fürst besaß mehrere Paläste in Sankt Petersburg und Moskau und verlangte für beide Bilder 900.000 Rubel (über 1,8 Millionen Mark) in bar. Böhler und Steinmeyer hatten in New York bereits einen Käufer für die Objekte an der Hand. Dieser war bereit, dafür eine Million Rubel auszugeben. Eingefädelt hatte den Deal eine russische Gräfin, die dafür drei Prozent (62.000 Mark) an Provision erwartete. Weitere sieben Prozent (145.000 Mark) teilten sich im Erfolgsfall Klausner, Böhler und Steinmeyer.[73]

Zur gleichen Zeit realisierten Böhler und Klausner in Sankt Petersburg ein Geschäft mit einer noch deutlich höheren Gewinnspanne. Im März 1913 kauften sie dort aus der Kollektion des berühmten Goldschmieds Peter Carl Fabergé (1846–1920) für 325.000 Mark ein „Frauenporträt mit Fächer“ von Rembrandt.[74] Böhler verkaufte es zwölf Monate später für 550.000 Mark an den Berliner Bankier Leopold Koppel (1854–1933).[75]

Auf dem Höhepunkt

Die geschilderten Transaktionen vermitteln einen Eindruck von der Marktstellung der Kunsthandlung Julius Böhler auf dem Höhepunkt ihrer Entwicklung kurz vor dem Ersten Weltkrieg. Damals war sie in der Lage, mit einem jährlichen Ankaufsvolumen von drei bis vier Millionen Mark zu operieren und dabei einen Nettogewinn von bis zu 1,6 Millionen Mark zu generieren. Das Unternehmen, das aus kleinen Anfängen heraus 1898 erstmals die Bilanzsumme von einer Million Mark überschritt und 1913 fast die Zehn-Millionen-Grenze erreichte, gehörte zweifellos zu den wichtigen Playern der Branche in Deutschland.[76] Dieser wirtschaftliche Erfolg brachte der Familie großen Wohlstand.

Palais Sonnenhof in Starnberg – von 1912 bis 1920 Wohnsitz der Familie von Julius Wilhelm Böhler

Unter den 1913 in einem „Jahrbuch des Vermögens und Einkommens“ namentlich bekannt gemachten 541 Millionären im Königreich Bayern befanden sich vier Münchner Kunsthändler. An erster Stelle des Quartetts stand Julius Böhler mit einem geschätzten Vermögen von sechs Millionen Mark, gefolgt von Lehmann Bernheimer mit fünf Millionen Mark, Siegfried Drey (1859–1936) mit vier Millionen Mark und Adolf Steinharter mit zwei Millionen Mark.[77] Letzterer war zuvor bei den Münchner Kunsthandlungen von Hugo Helbing und Julius Drey (1862–1930) angestellt, bevor er 1879 seine eigene Firma eröffnete.

Der Reichtum der Familie Böhler manifestierte sich bei Julius Wilhelm in einem luxuriösen Wohnstil. Seit 1912 domizilierte er mit seiner Familie in Starnberg in einer vom Münchner Architekten Hans Noris (1883–1954) errichteten prächtigen Villa (Palais Sonnenhof) inmitten einer weitläufigen, über sechs Hektar umfassenden Parkanlage.[78] Sein Bruder Otto Alfons gab sich bescheidener. Er residierte seit 1906 als Junggeselle zunächst in einem Haus in der Villenkolonie II in Pasing, dann seit 1909 in der Münchner Josephspitalstraße, ab 1914 am Karolinenplatz und ab 1918 in einem für 370.000 Mark erworbenen Anwesen in der Arcisstraße 24.[79]

In München zählte Julius Böhler mit den Firmen A. S. Drey und L. Bernheimer zur Spitzengruppe der Branche. Neben dem international renommierten Einrichtungshaus Bernheimer gaben „vor allem Drey und Böhler [...] dem Münchner Antiquitätenhandel [...] eine herausragende Bedeutung".[80] Allerdings war im europäischen Vergleich der Abstand der Firma Böhler und der anderen Münchner Kunsthandlungen zu führenden Pariser Häusern wie dem von Charles Sedelmeyer oder Jaques Seligmann evident.

Der 1837 in Wien geborene Sedelmeyer hatte sich 1866 als Selfmademan in Paris niedergelassen. Weltweit zählte er bald zum Kreis der ersten Kunsthändler und machte sich durch aufsehenerregende Abschlüsse einen Namen. 1901 etwa verkaufte er für 400.000 Dollar (1,6 Millionen Mark) ein Altarbild von Raffael (1483–1520) an den einflussreichen US-amerikanischen Industriellen und Multimillionär John Pierpont Morgan (1837–1913).[81]

Jaques Seligmann hatte 1858 in Frankfurt am Main als Sohn eines Getreidehändlers das Licht der Welt erblickt. 1874 wechselte er als angestellter Kunstagent in die französische Hauptstadt, wo er schließlich 1880 eine eigene Kunsthandlung gründete und bald mit spektakulären Geschäften hervortrat. 1909 zum Beispiel erwarb er für zwei Millionen Dollar (8,4 Millionen Mark) einen Teil der berühmten Kunstsammlung des britischen Mäzens Richard Wallace (1818–1890).[82]

Der Londoner Kunsthändler Sir Joseph Duveen
Porträt von Adolfo Müller-Ury, 1929

Auch die traditionsreichen Londoner Firmen Colnaghi & Co. (gegr. 1767), Thomas Agnew & Sons (gegr. 1817) sowie der englische Marktführer Duveen Brothers (gegr. 1869) spielten im Vergleich zu Julius Böhler in einer anderen Liga. Verschiedene Transaktionen machen dies augenfällig: Colnaghi etwa verkaufte 1909 ein von Hans Holbein d. J. geschaffenes Porträt der dänischen Königin Christina, das aus der berühmten Sammlung des Duke of Norfolk stammte, zum damaligen Rekordpreis von 61.000 Pfund (1,2 Millionen Mark) an die Londoner National Gallery.[83]

Joseph Duveen (1869–1939) erwarb 1906 für rund eine Million Dollar (4,2 Millionen Mark) die erlesene Kunstsammlung des Berliner Bankiers Oscar Hainauer (1840–1894) von dessen Witwe. Mit der Vermarktung an superreiche amerikanische Kunden erzielte er damit binnen Wochen einen phänomenalen Gewinn von vier Millionen Dollar (16,8 Millionen Mark). Im Jahr darauf kaufte der später (1919) zum Ritter geschlagene Duveen mit ähnlicher Gewinnerwartung für 4,2 Millionen Dollar (17,6 Millionen Mark) die berühmte Altmeister-Kollektion aus dem Nachlass des 1905 verstorbenen Pariser Bankiers Rudolf Kann (1845–1905).[84] Geschäfte in dieser Größenordnung lagen damals für Böhler und auch seinen Kölner Partner Steinmeyer in weiter Ferne.

Nicht alles Gold, was glänzt

1893 schenkten die Erben des englischen Sammlers Sir Thomas William Holburne (1793–1874) dessen Kollektion der Stadt Bath. Später stellte sich heraus, dass von den 250 überwiegend großen Meistern zuerkannten Gemälden ein erheblicher Anteil eine falsche Zuschreibung besaß und auch zahlreiche Kopien sowie glatte Fälschungen darunter waren.[85]

Das englische Beispiel war kein Einzelfall. Nicht wenige Kollektionen enthielten Falsifikate und Bilder mit fehlerhaften Attribuierungen. Auch von Böhler gehandelte Gemälde unterlagen falschen Zuschreibungen. Das war kaum vermeidbar, denn nur ein Teil der Werke trug die Signatur des Malers. Kunsthändler waren beim Ankauf zunächst auf die Angaben des Vorbesitzers angewiesen. Nicht immer gelang es, sie durch eigene Expertise zu verifizieren. Auch die Kunstwissenschaft verfügte noch nicht über ein ausgefeiltes Instrumentarium für eine stets zweifelsfreie Bestimmung. Die von Sammlern beim Kauf von besonders teuren Bildern oft verlangten Gutachten ausgewiese-

Mariä Verkündigung
Lorenzo di Niccolò (um 1374–1412) (zugeschrieben)
1392/1412
1913 an Otto Lanz in Amsterdam verkauft

ner Kunsthistoriker schufen deshalb nicht immer endgültige Klarheit.

1896 verkaufte Böhler ein florentinisches Steinrelief für 1.400 Mark an den Pariser Kunsthändler Eugène Glaenzer (1857–1923). Der schickte das Objekt jedoch umgehend wieder zurück, „mit der Begründung, daß die ersten Pariser Experten das Stü[c]k für neu hielten".[86] Ein 1898 von Böhler an die Münchner Pinakothek verkauftes, dem englischen Hofmaler Hans Holbein d. J. zugeschriebenes Gemälde entpuppte sich Jahre später als Kopie des 19. Jahrhunderts.[87]

Anfang 1900 stand Julius Böhler im Begriff, aus Privatbesitz ein Gemälde zu kaufen, das er mit einiger Sicherheit für ein Werk Rembrandts hielt. Doch bewahrte ihn ein von Wilhelm Bode erstelltes Gutachten, das die Urheberschaft verneinte, vor einem Fehlerwerb.[88] 1902 identifizierte Bode ein von Böhler dem Berliner Sammler James Simon zum Kauf angebotenes und dem Florentiner Meister Agnolo Bronzino (1503–1572) zuerkanntes Porträtbild als Kopie.[89] Im Dezember 1905 scheiterte Böhler mit dem Verkauf eines dem Maler Paolo Veronese zugeschriebenen Bildes, da der Berliner Museumsdirektor in einer Expertise die Urheberschaft stark in Zweifel zog.[90]

1912 kauften Böhler und Steinmeyer von der Pariser Kunsthandlung Trotti & Co. ein dem Niederländer Meindert Hobbema (1638–1709) zugeschriebenes Landschaftsgemälde für 128.000 Mark. Ein vom Kunsthistoriker Cornelis Hofstede de Groot (1863–1930) erstelltes Gutachten bezweifelte jedoch die Echtheit, weshalb das Bild im April 1913 zurückgenommen wurde.[91] Doch verliefen Fehlkäufe nicht immer so glimpflich. Schon 1908 hatte Julius Böhler eine Hobbema zugeschriebene „Waldlandschaft" für über 27.000 Mark erstanden – in der Erwartung, damit einen Verkaufserlös von 80.000 Mark zu erzielen. Zwei Jahre später musste er das offenbar nicht verkäufliche Bild abschreiben.[92]

Bildzuschreibungen änderten sich mitunter binnen kurzer Zeit. So erwarb Böhler im April 1902 beim Londoner Kunsthändler George Donaldson ein Porträtbild von Raffael, das beim Verkauf an die Galerie Kleinberger in Paris im Dezember 1903 Francesco Francia zugeschrieben wurde.[93] Im Oktober 1911 kaufte er ein als Schöpfung des Leidener Malers Quiringh van Brekelenkam (gest.

Rollschreibtisch
Um 1780/90, Frankreich
1898 an GM verkauft

1668) geltendes Gemälde, das er nur wenige Monate später als Werk des niederländischen Meisters Pieter de Hooch an einen Kunden weiterreichte.[94]

1910 erstand Böhler ein „holländisches Stilleben", das anfänglich dem Amsterdamer Künstler Pieter van den Bosch (1612–1663), später dann auf Basis eines Gutachtens von Hofstede de Groot dem Antwerpener Künstler David Ryckaert (1612–1661) zuerkannt wurde.[95] Ein 1910 in Italien erworbenes Gemälde galt zunächst als Werk von Giovanni Buonconsilio (gest. 1537), danach als Schöpfung von Vittore Carpaccio (1465–1525), bevor es schließlich 1914 wohl aufgrund der unklaren Herkunft als schwer verkäuflich abgeschrieben wurde.[96]

Trotz der Tatsache, dass 1904 ein sachverständiger, kritischer Zeitgenosse vier Fünftel der auf dem italienischen Kunstmarkt angebotenen Objekte als problembehaftet, wenn nicht gar als unecht ansah,[97] hielten sich bei Böhler Fehlkäufe – die offenbar nicht nur Bilder, sondern auch Skulpturen und andere kunstgewerbliche Objekte betrafen[98] – in engen Grenzen: Von den 1901 erstandenen Gemälden wurden 13 in den folgenden Jahren als nicht mehr werthaltig eingestuft.[99] Unter den 1905 erworbenen 217 Bildern erwiesen sich später 28 als schwer verkäuflich.[100] 22 Gemäldeerwerbungen des Jahres 1910 wurden in der Folgezeit komplett, ein weiteres halbes Dutzend zur Hälfte im Wert abgeschrieben.[101] Von 1910 bis 1914 lagen die jährlichen Abschreibungen am gesamten Warenbestand im Schnitt bei 3,7 Prozent.[102]

Die bilanzierte Wertminderung beruhte aber nur zum kleineren Teil auf falscher Zuschreibung oder Unechtheit. Auch Beschädigungen, Verlust, sinkende Marktpreise für weniger nachgefragte Objekte und nicht zuletzt bilanztechnische Gründe spielten dabei eine entscheidende Rolle. Über Jahre hinweg nicht verkaufte Objekte, die zum Einkaufspreis in der Bilanz standen, blähten künstlich das Vermögen der Firma auf, erhöhten über Gebühr die Steuerlast und machten entsprechende Abschreibungen unumgänglich.

Wie entscheidend Gutachten renommierter Kunsthistoriker im Zweifelsfall für die Preisbildung waren, zeigt beispielhaft ein 1909 von Julius Böhler zusammen mit Godefroy Brauer für 13.000 Mark erworbenes flämisches Bild „Madonna mit Kind“ nach „Art des Rogier van der Weyden“. Aufgrund der unklaren Zuschreibung erwies sich das Gemälde zunächst als Ladenhüter, der den anfänglich angepeilten Verkaufspreis von 60.000 Mark bald als völlig utopisch erscheinen ließ. Als der Berliner Kunsthistoriker Max Jacob Friedländer (1867–1958) jedoch Jahre später darin ein Werk des flämischen Meisters Hugo van der Goes (gest. 1482) erkannte, ging das Bild 1917 für 100.000 Mark an den Amsterdamer Sammler und Kaffeehändler Michiel Onnes van Nijenrode (1878–1972).[103]

Spitzenkunden

1911/12 verzeichneten die Geschäftsbücher der Kunsthandlung Böhler 640 Abnehmeradressen, davon waren rund 120 Händler, 30 Museen und 490 Sammler. Von letzteren residierten 30 in den

Der russische Kunstsammler Bogdan Khanenko, um 1912

Der norwegische Kunstsammler Christian Langaard
Er kaufte bei Julius Böhler von 1908 bis 1915 52 Gemälde für 1,4 Millionen Mark.
Foto: Ernest Rude, 1920

USA, zumeist in New York. Die Sammlerkundschaft in Europa konzentrierte sich auf die Zentren München (82), Berlin (67), Wien (58), Paris (35), Frankfurt am Main (26), Budapest (18) und London (18).[104] Seit der Jahrhundertwende war die Zahl der Abnehmer um ein Drittel gewachsen.[105] 64 Sammler, davon elf in den USA, erwarben im Zeitraum von 1899 bis 1914 Objekte für jeweils mehr als 70.000 Mark. Der Durchschnitt pro Abnehmer in dieser Spitzengruppe lag bei rund 250.000 Mark.[106]

Bester Kunde war mit Abstand der Züricher Unternehmer Hans Conrad Bodmer. Er kaufte Objekte für 1,9 Millionen Mark, darunter 69 Gemälde.[107] Platz zwei belegte der Budapester Finanzmagnat Marczell v. Nemes. Er zählte zwar erst seit April 1910 zu Böhlers Kunden, orderte aber binnen drei Jahren 79 Gemälde für 1,3 Millionen Mark. Aufgrund erheblicher Finanzprobleme gab er 1913 jedoch den größten Teil seiner Erwerbungen wieder an Böhler ab.[108]

Auf Platz drei rangierte der Industrielle Christian Langaard in Oslo. Ab 1908 erwarb er 39 Gemälde für über 900.000 Mark, darunter hochkarätige Werke von Rembrandt, Rubens, van Dyck, Gerard ter Borch, El Greco, Velázquez, Tizian (um 1488–1576),

Die Kunstsammlerin Pauline v. Stumm, um 1910

Der Londoner Diamantenhändler und Kunstmäzen Alfred Beit, 1905

Goya, Paolo Veronese, David Teniers, Nicolaes Maes, Jan van Goyen (1596–1656), Gabriel Metsu (1629–1667), Paris Bordone (1500–1571), Jacopo Bassano (gest. 1592), Abraham van Beijeren (1620–1690), Bernard van Orley (gest. 1542), Giovanni Cariani oder Salomon van Ruisdael (1602–1670).[109]

Zum Kreis der kauffreudigsten Sammlerkunden zählten daneben die Privatbankiers Maximilian v. Goldschmidt-Rothschild (1843–1940) in Frankfurt am Main,[110] Louis Hagen (1855–1932) in Köln,[111] der Saarindustrielle und Diplomat Ferdinand Eduard v. Stumm (1843–1925) mit seiner Ehefrau Pauline,[112] die Berliner Unternehmer Alfons Jaffé (1861–1949)[113], James[114] und Eduard Simon (1864–1929)[115] oder das Vorstandsmitglied der Dresdner Bank Waldemar Müller (1851–1924). Letzterer erwarb unter anderem 22 Gemälde.[116]

Von den Münchner Kunstsammlern gehörten zu dieser Gruppe neben Alfred Pringsheim, der Objekte für eine halbe Million Mark orderte,[117] die Maler Friedrich August v. Kaulbach,[118] Wilhelm Auberlen (1860–1948)[119] und Wilhelm Clemens,[120] der Ägyptologe Friedrich Wilhelm v. Bissing (1873–1956),[121] der Unternehmer Theodor v. Cramer-Klett jun. (1874–1938),[122] der Philosoph

Die Basler Kunstsammlerin Louise Bachofen-Burckhardt
Porträt von Ernst Stückelberg (1831–1903), 1865

Der ungarische Sammler Marczell v. Nemes
Er kaufte seit 1910 bei Julius Böhler.
Porträt von József Rippl-Rónai (1861–1927), 1912

Carl Güttler (1848–1924)[123] und der deutsch-amerikanische Mäzen James Loeb.[124]

Zu den ausländischen Spitzensammlern zählte der Wiener Bankier Stefan Auspitz v. Artenegg (1869–1945), der unter anderem 1911 eine Landschaft des Niederländers Aelbert Cuyp (1620–1691) für 48.000 Mark und 1913 ein Herrenporträt von Francesco Francia (Raibolini) für 65.000 Mark übernahm.[125] Weitere Stammkunden in der Habsburger-Metropole waren die Unternehmer Josef Kranz (1862–1934)[126] und Oscar Bondy (1870–1944).[127]

Mit zu den kaufkräftigen ausländischen Abnehmern gehörte der Amsterdamer Chirurgie-Professor Otto Lanz (1865–1935),[128] mit dem Julius Böhler bald eine Freundschaft verband.[129] Weiterhin zählten dazu der schwedische Maler Anders Zorn (1860–1920),[130] der britische Gold- und Diamantenmagnat Alfred Beit (1853–1906),[131] der ungarische Industrielle Bernhard Back v. Begavar in Szegedin,[132] der in Nizza residierende Amerikaner Neilson Winthrop (gest. 1937)[133] oder der in Rom lebende amerikanische Diplomat George Washington Wurts (1843–1928). Letzterer kaufte seit 1894 bei Böhler und bezog von 1900 bis 1911 neben 21 Gemälden, etlichen Skulpturen und einer Reihe von Gold- und

Silberschmiedearbeiten auch drei „gothische" Gobelins, für die er 58.000 Mark bezahlte.[134]

Zu den Top 63 unter Böhlers Sammlerkunden zählte schließlich der Gründer der Dresdner Bank, Eugen Gutmann (1840–1925). Er kaufte vor dem Ersten Weltkrieg zwar nur einmal bei der Münchner Kunsthandlung, erstand 1909 jedoch vier besonders wertvolle Majoliken für 72.000 Mark.[135] Die österreichische Schauspielerin und langjährige Vertraute von Kaiser Franz Joseph I., Katharina v. Kiss-Schratt (1853–1940), orderte bei Julius Böhler vor dem Ersten Weltkrieg Objekte für über 70.000 Mark.[136]

Umsätze von mehr als 60.000 Mark erzielten ab der Jahrhundertwende jeweils die Berliner Bankiers Marcus Kappel,[137] Paul v. Schwabach (1867–1938)[138] und Eduard Arnhold (1849–1925)[139] sowie der Wormser Lederindustrielle Cornelius Wilhelm v. Heyl zu Herrnsheim (1843–1923).[140] Im benachbarten Ausland zählten zu dieser Gruppe die Baseler Sammlerin Louise Bachofen-Burckhardt (1845–1920),[141] Alexander v. Thurn und Taxis (1851–1939) im böhmischen Lautschin,[142] der Wiener Polarforscher Johann Nepomuk v. Wilczeck (1837–1922)[143] sowie der schwedische Ethnograph und Dolmetscher Frederik Robert Martin (1868–1933).[144]

Der Wiener Bankier Max Feilchenfeld (1852–1922) orderte bis 1911 Möbel, Skulpturen und Bilder für 44.100 Mark,[145] der Direktor der Preußischen Pfandbriefbank in Berlin, Jacob Dannenbaum (1849–1916), bis 1913 Objekte für 52.000 Mark.[146] Der Prager Sammler Gustav Hoschek v. Mühlheim (1846–1907) übernahm zwischen 1900 und 1905 24 Gemälde für 49.500 Mark.[147] Der niederländische Kunstsammler Jan Bertram v. Stolk (1854–1927) in Den Haag erstand 1906 eine romanische Bronzemadonna für 18.000 Mark und 1911 für 9.000 Mark eine Terrakotta-Madonna aus dem frühen 15. Jahrhundert im Stil des Meisters der Pellegrini-Kapelle in Verona.[148]

Zierhelm in Form eines Löwenkopfes
Um 1475/80, Italien
1913 an GNM verkauft

Unter den nur wenigen russischen Abnehmern stachen der in Kiew residierende Zuckerindustrielle Bogdan Khanenko

(1849–1917) und seine Ehefrau Varvara (1852–1922) hervor. 1910/12 erwarben sie für über 57.000 Mark ein Gemälde „Madonna mit Kind“ des Venezianers Giovanni Bellini (1437–1516), ein Altarbild von Hieronymus Bosch (1450–1516) sowie zwei Cassone-Bilder der Florentiner Meister Jacopo del Sellaio (1442–1493) bzw. Dello Delli (1403–1466).[149] Ein Graf Orlow in Sankt Petersburg kaufte bei Böhler 1908 für 6.000 Mark ein Damenporträt des schottischen Malers Henry Raeburn (1756–1823).[150]

Selbstbildnis
Moritz Kellerhoven
(1758–1830)
Um 1795
1912 an SMB-GG geschenkt

Mit zu den kauffreudigsten britischen Sammlern zählte der in Formakin House in Schottland residierende Börsenmakler John Augustus Holms (gest. 1938). Er orderte 1910 mehrere Gemälde für 50.000 Mark, darunter Werke des Flamen Jehan Bellegambe (1470–1535) und des englischen Porträtisten Daniel Gardner (1750–1805).[151] Der Londoner Bankier Ernest William Beckett, 2nd Baron Grimthorpe (1856–1917), erstand 1905 ein „Altärchen“ des Antwerpener Meisters Joachim Patinir (gest. 1524) für 25.000 Mark.[152] Der seit 1893 mit Böhler in Verbindung stehende Londoner Finanzunternehmer Edgar Speyer (1862–1932) kaufte nach der Jahrhundertwende Objekte für 38.100 Mark, darunter 1910 ein Gemälde des flämischen Malers Herri met de Bles (gest. nach 1560) für 6.500 Mark.[153]

Museen als Abnehmer

Von 1899 bis 1914 belieferte Böhler 44 in- und 30 ausländische Museen. 26 der 74 Häuser zählten schon früher zum Kundenstamm. Von den 48 nach der Jahrhundertwende neu gewonnenen Abnehmern (davon 21 im Ausland) bezogen 29 jedoch lediglich einmal Objekte aus der Brienner Straße, weitere zwölf nur zwei- oder dreimal. Die Umsätze erreichten hier jeweils maximal vierstellige Beträge, so etwa beim Landesmuseum Zürich,[154] bei der Kunsthalle Hamburg,[155] bei der Gemäldegalerie Stuttgart,[156] beim Nationalmuseum Oslo,[157] beim Rudolfinum in Prag,[158] beim Landesmuseum Graz[159] oder beim „Museum Toronto".[160] Knapp fünfstellige Summen generierten aus dieser Gruppe die Münchner Glyptothek,[161] das Kunstmuseum Bern,[162] das Stieglitz-Museum in Sankt Petersburg,[163] das Rijksmuseum in Amsterdam[164] und das Kestner-Museum in Hannover.[165]

Das Musée du Louvre erwarb 1902 ein Francesco Mantegna (1470–1517) in Mantua zugeschriebenes Bild „Jesus im Tempel" für 8.000 Francs.[166] Böhler pries es „als hochfeines Stück, wie sie selten mehr zu finden sind".[167] Im September 1905 kauften die Pariser eine karolingische Elfenbeinplatte für 13.500 Francs.[168] Böhler hatte das Stück vier Monate zuvor in der französischen Hauptstadt bei der Kunsthandlung Hamburger Frères für lediglich 1.200 Mark erworben.[169]

Als ungemein gewinnbringender Kunde erwies sich das städtische Museum im Castello Sforzesco in Mailand. Es erwarb bereits 1905 mehrere Zeichnungen für 16.000 Mark.[170] Im März 1914 erstanden die Mailänder ein Renaissance-Marmorrelief für 6.900 Pfund Sterling (138.000 Mark). Böhler hatte es vier Monate zuvor, im Dezember 1913, bei einer Versteigerung der Sammlung von Édouard Aynard in Paris für nur 4.500 Mark erworben.[171] Bei dem Geschäft erzielte er folglich einen Bruttogewinn von 2.966 Prozent.

Elfenbein-Pyxis (Dose) mit Rankengeflecht
7./8. Jahrhundert, Syrien
1905 an SMB-SMBK geschenkt

Häufiger kauften die anderen nach der Jahrhundertwende neu als Kunden gewonnenen Ausstellungshäuser. An der Spitze stand das Städel Museum in Frankfurt am Main (101.000 Mark),[172] gefolgt vom Museum der bildenden Künste in Leipzig (62.000 Mark),[173] dem Landesgewerbemuseum Stuttgart (39.000 Mark),[174] der Gemäldegalerie Straßburg (38.000 Mark),[175] dem Kunst- und Gewerbemuseum Dortmund (26.000 Mark),[176] dem Kaiser-Friedrich-Museum Magdeburg (25.000 Mark)[177]

und dem Großherzoglichen Museum Darmstadt (23.000 Mark).[178]

Von den „alten“ Stammkunden war die Münchner Pinakothek ab der Jahrhundertwende mit einer Ankaufsumme von 447.000 Mark weiterhin Böhlers größter Abnehmer.[179] Das Germanische Nationalmuseum kaufte für 168.000 Mark,[180] darunter im Juli 1913 einen „gothischen Helm“ für 38.000 Mark und ein „Relief“ für 10.000 Mark.[181]

Judith mit dem Haupt des Holofernes
Sandro Boticelli (1445 – 1510)
1497/1500
1919 an Julius Wilhelm Edwin vom Rath in Amsterdam verkauft

Die Königlichen Museen in Berlin übernahmen von 1902 bis 1906 Objekte für rund 150.000 Mark, darunter unter anderem 1902 eine karolingische Elfenbeinplatte für 7.700 Mark und ein Landschaftsbild des venezianischen Meisters Giorgione für 22.900 Mark, 1904/05 drei Holzskulpturen von Veit Stoß für 8.500 Mark und einen Riemenschneider-Christus für 4.500 Mark sowie 1906 ein Gemälde von Giovanni Battista Tiepolo (1696 – 1770) für 12.000 Mark, ein „Holzaltärchen“ für 10.000 Mark und vier „gothische Glasscheiben“ für 13.480 Mark. Julius Böhler schenkte den Königlichen Museen 1905 einen Bronzeengel und ein Stuckrelief von Jacopo Sansovino für zusammen 975 Mark sowie eine aus dem 7. oder 8. Jahrhundert stammende, vermutlich in Syrien gefertigte Elfenbein-Pyxis (Dose) im Einkaufswert von 1.800 Mark.[182] Letztere befindet sich heute im Museum für Byzantinische Kunst.

Weiterhin erwarben das Kunstgewerbemuseum Berlin (83.000 Mark),[183] das Fürstliche Museum Sigmaringen (60.000 Mark)[184] und das Bayerische Nationalmuseum (38.000 Mark) Objekte.[185] Fünfstellige Umsätze generierten das Kunstgewerbemuseum Köln (30.000 Mark),[186] das Schlesische Museum für Kunst und Altertümer in Breslau (32.000 Mark)[187] sowie die Stadtmuseen Magdeburg (30.000 Mark)[188] und Frankfurt am Main (25.000 Mark).[189]

Vom Kunstgewerbemuseum Leipzig kaufte Julius Böhler 1908 für 12.000 Mark eine 190 Teile umfassende Zinnsammlung.[190]

An Wilhelm Bode lieferte Böhler von 1902 bis 1912 Objekte für rund 375.000 Mark. Der Berliner Direktor betrieb neben seiner offiziellen Tätigkeit bei den Königlichen Museen offenbar einen schwunghaften Handel mit den aus München bezogenen Kunstwerken. Einzelne Objekte reichte er direkt an Sammler weiter und verrechnete den Erlös mit Böhler. So vermittelte er 1904 ein Gemälde von Anthonie Palamedes (1602–1673) an den Botschaftsrat Wilhelm v. Stumm (1869–1935) in Sankt Petersburg, 1908 ein Bild von Adriaen van Ostade (1610–1685) an die Basler Sammlerin Louise Bachofen-Burckhardt, 1909 eine Bronze an August Graf v. Dönhoff-Friedrichstein, 1910 ein weiteres Objekt an das Museum Kopenhagen und 1911 zwei Bilder von Jörg Breu d. Ä. (1475–1537) an die Stadt Straßburg.[191]

Außerdem erhielt Bode von Böhler Provisionszahlungen für erfolgreich abgeschlossene Geschäfte – so etwa 1908 500 Mark für den Verkauf eines Gemäldes von Frans Snyders an den Berliner Bankier Mendelssohn,[192] 1909 500 Mark bei der Veräußerung zweier Gemälde von Adriaen van de Velde (1636–1672) und Balthasar van der Ast (1593–1657)[193] oder 1911 seinen Anteil in Höhe von 45.000 Mark am erzielten Gewinn aus dem Verkauf eines Herrenporträts von Rubens.[194] Mehrfach erstellte Bode für Böhler Gutachten zu einzelnen Kunstobjekten.[195]

Aus dieser Geschäftsbeziehung resultierten auch Schenkungen des Münchner Kunsthändlers an die Königlichen Museen. So stiftete Julius Böhler 1904 eine Bronzefigur für 650 Mark[196] sowie 1908 eine Tonmadonna aus Munderkingen für 3.500 Mark und zwei Flachreliefs mit Heiligendarstellungen für 2.000 Mark.[197] Weitere Schenkungen an Wilhelm Bode selbst betrafen 1911/12 ein Solnhofer Steinrelief und ein flämisches Porträt für jeweils 12.000 Mark.[198]

Vierter Teil

Amerika

Zwischen 1899 und 1914 erzielte Julius Böhler mit amerikanischen Kunden einen Umsatz von rund 7,4 Millionen Mark. In diesem Zeitraum verkaufte die Münchner Kunsthandlung neben Möbeln, Waffen und Rüstungen sowie einer Vielzahl von kunstgewerblichen Objekten 284 Gemälde in die USA. Das US-Geschäft markiert einen wichtigen Teil der Firmengeschichte, den genauer zu betrachten sich lohnt.

Nach dem Ende des Amerikanischen Bürgerkrieges und dem Abschluss der Reconstruction-Ära setzte in den USA im Zeichen der Hochindustrialisierung ein starkes ökonomisches Wachstum ein. Die Wirtschaftselite des Landes gelangte zu enormem Reichtum. Ebenso wie in Europa strebten ihre Angehörigen den Besitz von Antiquitäten und Kunstwerken zur Ausstattung ihrer Domizile an. Reiche und superreiche Amerikaner drängten als potente Player auf den europäischen Markt. Für den Kunsthandel eröffneten die US-Sammler ein Betätigungsfeld mit erheblichen Gewinnchancen.

Schon in den 1880er Jahren besuchten wohlhabende US-Bürger die Kunststadt München. Sie frequentierten die Antiquitätenhandlungen, um sich dort mit Ware einzudecken. Auch Julius Böhler zählte bald zu den aufgesuchten Adressen. 1890 erstand Jacob Heyl (geb. 1857), Großaktionär des amerikanischen Brauereiriesen Pabst Brewing Company in Milwaukee, hier historische Waffen.[1] Die Gattin des Chicagoer Industriellen W. K. Babcock kaufte 1892 eine Standuhr.[2] Der Börsenmakler John Goddard Watmough (1837–1913) aus Philadelphia erwarb eine „Mailänder Rüstung“ für 1.200 Mark.[3]

Die Nachfrage nach historischen Waffen und Rüstungen in der Neuen Welt brachte Julius Böhler in Kontakt mit dem New Yorker Händler Morris Bessunger, der ein Ladengeschäft an der Fifth Avenue betrieb. Von 1889 bis 1894 verkaufte Böhler ihm entsprechende Objekte für fast 40.000 Mark.[4] Diese lukrative Verbindung über den Atlantik fand jedoch schon bald ein Ende.

Der Grund lag in einer Änderung des amerikanischen Zolltarifs. War die Einfuhr von vor dem 18. Jahrhundert entstandenen Antiquitäten in die Vereinigten Staaten anfangs weitgehend zoll-

Madonna mit Kind
Hans Memling (1430–1494) (Schule)
Um 1520
1905 an Richard v. Kaufmann in Berlin verkauft

frei, belegte die US-Regierung den Import ab 1897 mit nicht unerheblichen Abgaben.[5] Sie bewegten sich zwischen 45 und 60 Prozent des Warenwerts[6] und zeitigten entsprechende Folgen. „Die Einfuhr von Antiquitäten in die Nordamerikanische Union unterliegt einem solch enorm hohen Werthzoll, daß dadurch das Geschäft in jenes Land nahezu gehemmt ist", klagten die Münchner Kunst- und Antiquitätenhändler 1899.[7] 1901 erklärten sie: „Auf dem internationalen Kunstmarkt zeigte sich wieder Amerika als besonders ernster Käufer. Dies wäre jedoch noch in viel höherem Masse der Fall, wenn die hohen Wertzölle in Amerika, die Antiquitäten gleich modernen Erzeugnissen behandeln, abgeschafft würden".[8]

Erschwert wurde der Handel gleichzeitig durch einen von deutscher Seite eingeführten Rückzoll für aus den USA nach Deutschland zurückgesandte unverkaufte Ware. Ansichtssendungen an US-Kunden wurden so nahezu unmöglich. Auch der kommissionsweise Verkauf in den USA durch dort beauftragte amerikanische Händler erfuhr eine erhebliche Behinderung.[9]

Shopping and Sightseeing

Durch den zollbedingten Ausfall des Händler-Geschäfts beschränkte sich der Absatz bei Böhler in der Folgezeit auf etwa zwei Dutzend schwerreiche amerikanische Sammler, für die selbst hohe Zollabgaben keine Rolle spielten. Sie besuchten während ihres Europa-Trips die bayerische Landeshauptstadt und kauften im Zuge ihrer Shopping-Tour in der Münchner Kunsthandlung vor allem Möbel und kunstgewerbliche Objekte.

Zu den Prominenteren unter ihnen zählten die Landmaschinen-Industriellen Robert Hall (1847–1917) und Harold Fowler McCormick (1872–1941) aus Chicago,[10] der Bostoner Reeder John Lowell Gardner (1837–1898),[11] der Wirtschaftsanwalt Hiram Watson Sibley (1845–1932) aus Rochester (New York),[12] der Philantroph Robert Henry Allerton (1873–1964) aus Chicago,[13] der Ölindustrielle George Allan Hancock (1875–1965) aus Los Angeles,[14] die New Yorker Sammler Robert Weeks de Forest (1848–1931),[15] William Duncan McKim (1855–1935)[16] und Henry Corbin Lawrence

(1859–1919)[17] oder der Politiker und Publizist Charles Phelps Taft (1843–1929) aus Cincinnati, ein Halbbruder des 1909 zum 27. US-Präsidenten gewählten William Howard Taft (1857–1930).[18]

Im Oktober 1905 besuchte Alice Claypoole Vanderbilt (1845–1934), die Witwe des US-Multimillionärs Cornelius Vanderbilt II. (1843–1899), die Kunsthandlung in der Brienner Straße. Sie residierte im „Bayerischen Hof“ und kaufte bei Böhler neun Sitzmöbel-Tapisserien für rund 6.000 Mark.[19] H. B. Wilson, Direktor der New Yorker Bank of Manhatten Trust Company, der im Frühsommer 1905 unter anderem Paris, München und Salzburg besuchte,[20] erstand hier italienische Reliefs, Miniaturen und ein Damenporträt des englischen Hofmalers Peter Lely (1618–1680) für 9.200 Mark.[21]

Madonna mit Kind
Gerard David (1460 – 1523) (Umkreis)
Um 1510
1914 an Albert Coombs Barnes in Overbrook (Pennsylvania) verkauft

Der New Yorker Bankier Orme Wilson (1860–1926) orderte bei Böhler 1905/06 Kunstgewerbesachen für über 20.000 Mark.[22] Auch Bashford Dean (1867–1928), ein Sammler von Waffen und Rüstungen, der ab 1912 das „Department of Arms and Armor“ am New Yorker Metropolitan Museum of Art leitete, besuchte anlässlich eines Kuraufenthaltes in Bad Kissingen 1907 die Münchner Kunsthandlung und blieb ihr als Kunde treu.[23]

Einen spürbaren Aufschwung nahm das Geschäft ab 1906 durch das erhöhte Angebot an Altmeistergemälden, die bei amerikanischen Sammlern zunehmend begehrt waren. 1907 kaufte der vermögende Bostoner Kunsthistoriker Edward Waldo Forbes (1873–1969), seit 1909 Direktor des Fogg Art Museum an der Harvard University in Cambridge, vier Gemälde für 25.000 Mark. Es handelte sich um ein nicht näher bezeichnetes „süddeutsches Bild“, ein Bild von Hans Baldung Grien (1485–1545), ein damals fälschlich dem italienischen Meister Benozzo Gozzoli (1420–1497) zugeschriebenes Werk sowie ein Gemälde von Bartholomäus Zeitblom (1455–1518), dem Hauptvertreter der Ulmer Schule.[24]

Von Paris aus trat 1906 James Jewett Stillman (1850–1918) mit Böhler in Kontakt. Stillman war „chairman of the board of directors" der New Yorker National City Bank, des damals größten Geldhauses der USA. Sein Vermögen taxierten Zeitgenossen auf über 70 Millionen Dollar, womit er zweifellos zu den reichsten Männern des Landes zählte. Er kaufte im Juni 1906 bei Böhler Objekte für rund 94.000 Mark. Dazu zählten drei antike Tanagra-Figuren, ein Stucco-Relief des Florentiner Bildhauers Antonio Rosselino (1427–1479), eine Sankt-Katharina-Skulptur und ein Gobelin für zusammen 10.000 Mark, weiterhin sechs Gemälde von Giovanni Battista Tiepolo für 36.000 Mark, ein Bild des Haarlemer Meisters Frans Hals (gest. 1666) für 15.000 Mark, ein Werk von Gerard ter Borch für 24.000 Mark, eine Landschaft von Meindert Hobbema für 7.500 Mark und ein Madonnenbild von Giovanni Bellini für 2.200 Mark.[25]

Johannes der Evangelist und Jakobus der Ältere
Bartholomäus Zeitblom (1450–1521) (Schule)
Um 1500
1907 an Edward Waldo Forbes in Boston verkauft

Im Mai 1907 orderte Stillman sechs weitere Bilder für über 145.000 Mark, darunter je ein Gemälde von Lorenzo di Credi und Philips Wouwermann (1619–1668) für jeweils 20.000 Mark, ein Bild von Tiepolo für 12.000 Mark, ein Werk von Sandro Boticelli für 55.000 Mark, ein Damenporträt des Niederländers Thomas de Keyser (1596–1667) für 20.000 Mark sowie eine Landschaft von Jacob van Ruisdael für 18.000 Mark. Die letzten drei Objekte gehörten zur Hälfte Steinmeyer & Söhne. Böhler realisierte dabei einen Bruttogewinn von 95 Prozent. Beim Bild von de Keyser waren es 387 Prozent.[26]

Drei Wochen später reiste Stillman von Paris aus für einige Tage nach München, um sich dort von Hermann v. Kaulbach

Der New Yorker Bankier James Jewett Stillman, um 1900

Er kaufte 1906/07 bei Julius Böhler Objekte für 380.000 Mark.

(1846–1909) in dessen Atelier porträtieren zu lassen. Wie der Amerikaner in seinem Tagebuch festhielt, residierte er im Hotel „Vier Jahreszeiten“, „shopped & went sightseeing“ und stattete unter Begleitung Kaulbachs Böhler einen Besuch in der Brienner Straße ab.[27] Dort kaufte er kurzentschlossen Objekte für 158.000 Mark. Neben zwei italienischen Stucco-Reliefs von Donatello (1386–1466) und Andrea della Robbia erwarb er fünf Bilder: Werke von Quiringh van Brekelenkam, Herri met de Bles und Philips de Koninck (1619–1688), ein Cassone-Bild von Jacopo del Sellaio für 32.000 Mark und ein Gemälde von Jean-Baptiste Pater für 65.000 Mark.[28] Bei dem Deal realisierte Böhler einen Bruttogewinn von 270 Prozent.[29] Die Gewinnspanne bei dem Werk von Pater war extrem. Sie lag bei sagenhaften 3.357 Prozent. Drei Monate zuvor hatte Böhler das Bild von einem Wiener Händler für nur 1.880 Mark erworben.[30]

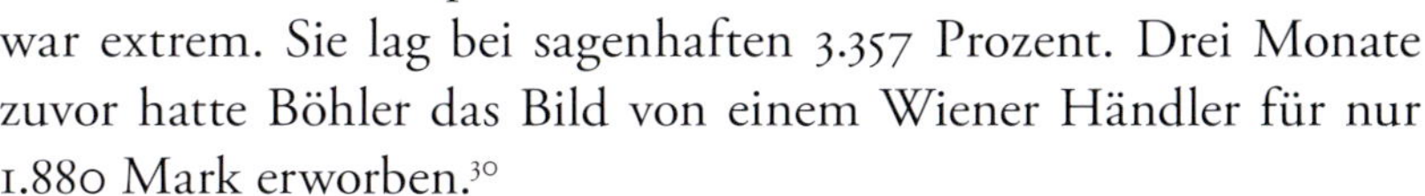

Das Beispiel zeigt anschaulich, welche Profite bei Geschäften mit superreichen Amerikanern möglich waren. Über vier Fünftel des gesamten US-Umsatzes von 362.000 Mark im Jahr 1907 gingen allein auf das Konto von Stillman.[31]

Boomendes US-Geschäft

Am 5. August 1909 beschloss die US-Regierung einen neuen Zolltarif. Die seit 1896 geltenden Beschränkungen für den Handel mit Antiquitäten wurden beseitigt. Das Gesetz verfügte ab 1910 die nahezu vollständige Zollfreiheit für die Einfuhr von Gemälden und Skulpturen (außer Bronze) mit einem Alter von über 20 Jahren sowie von Möbeln und kunstgewerblichen Gegenständen aller Art, sofern ihr Alter 100 Jahre überstieg.[32]

Die Zollreform mit den damit verbundenen finanziellen Erleichterungen für amerikanische Sammler entfachte einen außerordentlichen Boom. Die Einfuhr von Antiquitäten aus Europa in die USA erhöhte sich 1910 gegenüber dem Vorjahr um mehr als das Sechsfache von 3,2 auf 20,3 Millionen Dollar. Allein der deutsche

Export vervierfachte sich von 1909 bis 1911 von 0,3 auf 1,25 Millionen Dollar. Das entsprach sechs Prozent der US-Gesamteinfuhr an Antiquitäten und Kunstwerken. 53 Prozent entfielen 1911 auf Frankreich, 31 auf England und vier auf Italien.[33]

Die Kunsthandlung Böhler steigerte 1910 den US-Verkaufsumsatz im Vergleich zum Vorjahr um das Vierfache auf 0,86 Millionen Mark. Bis Juli 1914 verdoppelte sich der Wert ihrer direkten jährlichen Lieferungen in die USA auf über 1,8 Millionen Mark.[34] Der Zuwachs resultierte aus der Gewinnung von rund 40 neuen Kunden. Neun davon überwiesen nun jeweils sechsstellige Beträge nach München, weitere neun größere fünfstellige Summen.[35]

An der Spitze stand der zum zweitgrößten US-Automobilhersteller (nach Henry Ford) aufgestiegene Unternehmer John North Willys in Toledo (Ohio). Er kaufte 1913 drei Porträtbilder von Velázquez, Thomas Lawrence und George Romney (1734–1802) für zusammen 180.000 Dollar (756.000 Mark).[36] Böhler realisierte dabei einen Bruttogewinn von 445 Prozent. Teuerstes Objekt war das Mädchenporträt von Velázquez, für das er 125.000 Dollar (rund 525.000 Mark) erlöste. Ursprünglich hatten Böhler und Steinmeyer bei diesem 1912 gemeinsam für 64.000 Mark in Italien erworbenen Werk, das anschließend für 6.000 Mark restauriert wurde, einen Verkaufspreis von maximal 400.000 Mark kalkuliert.[37]

Kunstwerke für über eine halbe Million Mark orderte bis 1913 der New Yorker Medien-Tycoon William Randolph Hearst (1863–1951). Er hatte erstmals 1895 Kontakt mit Julius Böhler aufgenommen.[38] Seine Mutter Phoebe (1842–1919) besuchte die Kunsthandlung 1903 und gab dort über 22.000 Mark aus.[39] Hearst selbst kaufte hier bis 1913 vor allem Möbel, Rüstungen und Waffen sowie kunstgewerbliche Objekte zur Ausstattung seiner Domizile,[40] darunter 1910 einen Augsburger Silberpokal für 20.000 Dollar[41] oder 1913 eine Mailänder Rüstung für 9.000 Dollar.[42]

Platz drei unter den US-Sammlern belegte mit einem Ankaufsvolumen von fast 390.000 Mark der Jurist John Graver Johnson (1841–1917) in Philadelphia. Er kaufte bei Böhler bis 1914 unter anderem 36 Gemälde,[43] darunter 1911 ein Porträt von Alessandro de' Medici (1510–1537) vom Florentiner Meister Jacopo da Pontormo (1494–1557) für 20.000 Mark[44] sowie 1912 ein spätgotisches Bild „Gefangennahme Christi" von Martin Schongauer für

John North Willys, 1917
Der Automobilmagnat aus Toledo kaufte 1913 bei Julius Böhler drei Gemälde für 756.000 Mark.

Der New Yorker Medien-Tycoon William Randolph Hearst
Er orderte bis 1913 Objekte für eine halbe Million Mark.
Foto: James Edward Purdy, 1906

10.000 Dollar[45] und eine „Anbetung der 3 Könige" von Hieronymus Bosch für 60.000 Mark.[46] Bei dem Pontormo realisierte Böhler einen Bruttogewinn von 700 Prozent.[47] Seine Kollektion vermachte Johnson später dem Philadelphia Museum of Art.

Für sechsstellige Umsätze sorgten in dieser Zeit vier weitere New Yorker Kunden, namentlich der Wirtschaftsanwalt und Selfmade-Millionär Samuel Untermyer (1858–1940)[48] sowie die Bankiers James Joseph Speyer (1861–1941),[49] Frederick Theodor Fleitmann (geb. 1856)[50] und Mortimer Loeb Schiff (1877–1931).[51] Untermyer erwarb 1910 unter anderem ein Gemälde „Göttermahl" von Rubens für 40.000 Dollar,[52] Schiff einen Louis-XVI.-Schreibtisch aus der Werkstatt des berühmten Pariser Kunsttischlers Bernard Molitor (1755–1833) für 60.000 Mark,[53] Speyer 1912 ein Damenporträt des englischen Malers Thomas Lawrence für 93.500 Mark[54] und Fleitmann ein Porträtbild des venezianischen Meisters Jacopo Palma il Vecchio (1480–1528) für 24.000 Mark.[55] Letzterer hatte schon Anfang 1910 ein Bild „Madonna mit Kind" von Murillo für 24.000 Mark übernommen, das Böhler zuvor bei Christie's in London für nur 850 Mark erstanden hatte.[56]

Zu den wichtigsten Sammlern von Böhlers US-Klientel zählte auch der Mäzen des Art Institute Chicago, Martin Antoine Ryerson.[57] Er bezahlte 1911 für sechs Skizzen von Goya 100.000 Mark.[58] F. C. Williams aus Norristown (Pennsylvania) orderte ab 1907

Anbetung der Heiligen Drei Könige
Hieronymus Bosch
(um 1450 – 1516)
Um 1500
1912 an John Graver Johnson in Philadelphia verkauft

LINKE SEITE:
Allessandro de' Medici (1510 – 1537)
Jacopo da Pontormo
(1494 – 1557)
Um 1535
1911 an John Graver Johnson in Philadelphia verkauft

Heiliger Stephanus
Giovanni Battista Cima
(um 1460 – 1517/18)
1500/10
1913 an John Graver Johnson in Philadelphia verkauft

Hirten im Stall zu Bethlehem / Gefolge der Heiligen Drei Könige
Hieronymus Bosch (um 1450 – 1516) (zugeschrieben)
Um 1500
1914 an John Graver Johnson in Philadelphia verkauft

Objekte bei Böhler,[59] insbesondere Teppiche für annähernd 135.000 Mark,[60] darunter 1908 einen großen Perser für 12.000 Dollar[61] und 1911 einen weiteren für 12.500 Dollar.[62]

Höhere fünfstellige Beträge investierten die New Yorker Bankiers Orme Wilson,[63] Paul Moritz Warburg (1868 – 1932),[64] Jakob Heinrich Schiff (1847 – 1920)[65] und Otto Hermann Kahn (1867 – 1934).[66] Letzterer erstand unter anderem 1911 ein Werk von Gerard David für 42.000 Mark.[67] Objekte für mehr als 50.000 Mark kauf-

Der New Yorker Bankier Otto Hermann Kahn, 1909

Der New Yorker Sammler James Joseph Speyer, 1916

ten jeweils der New Yorker Unternehmer George W. Eccles[68] sowie der Gaszählerproduzent John Dexter McIlhenny (1866–1925) in Germantown (Philadelphia).[69]

Der Entrepreneur Howard Parmelee Eells (1855–1919) in Cleveland erwarb 1912 zwei Porträts von Henry Raeburn und Giovanni Battista Moroni (gest. um 1580) für 40.000 Mark.[70] Der Chicagoer Unternehmer Robert N. Chatain übernahm eine Silberkanne sowie eine Kollektion von 53 venezianischen und deutschen Gläsern, die aus der 1908 von Böhler akquirierten Sammlung von Julius Campe in Hamburg stammte.[71]

Nackte Darstellungen unbeliebt

Neben Kontakten zu kaufkräftigen Sammlern suchte Böhler die Verbindung zu amerikanischen Händlern, die am Ankauf von Altmeistergemälden für ihre reichen Kunden interessiert waren. 1906 trat er in Geschäftsbeziehung mit dem New Yorker Galleristen Louis Rinaldo Ehrich (1849–1911). Der Sohn eines Kurzwarenhändlers aus Albany hatte im Anschluss an sein Studium in Yale 1870 ein Jahr an der Universität Berlin verbracht und sich danach in mehreren Reisen durch Europa mit dem Studium der Renaissance- und Barockmalerei beschäftigt. In Colorado Springs als erfolgreicher Unternehmer im Eisenbahn- und Bankgewerbe zu Reichtum gelangt, gründete er 1902 in New York die Ehrich Galleries. Die in der Fifth Avenue residierende Firma spezialisierte sich auf den Handel mit Altmeistergemälden, den die Söhne Harold (1880–1932) und Walter (1878–1936) weiterführten.[72]

Böhler gewann Ehrich als Kunden, indem er ihm 1906 Bilder von Antoine Vestier (1740–1824), Francesco Guardi (1712–1793) und dem Florentiner Fra Bartolommeo (1472–1517) verkaufte und ihn mit Fotografien weiterer Gemälde aus seinem Portfolio versorgte, die offenbar das Interesse des Amerikaners weckten.[73] Bis

Abschied Jesu von der Mutter
Gerard David (1460–1523)
Um 1500
1911 an Otto Hermann Kahn in New York verkauft

1914 übernahm Ehrich insgesamt 44 Bilder für 624.000 Mark, darunter Werke von El Greco, Bartholomäus Bruyn, Baldassare d'Este (gest. 1504/06), Ercole de' Roberti (um 1451–um 1496), Hans Maler zu Schwaz (geb. um 1480/88), Christoph Amberger (1505–1562), Juan del Maso (1612–1667), Jacob Ochtervelt (1634–1682), Alessandro Magnasco (1667–1749) und Thomas Gainsborough (1727–1788).[74] Zu den teuersten Objekten zählte ein Tizian zugeschriebenes Porträt des venezianischen Großkanzlers Andrea de Franceschi (1473–1529) für 140.000 Mark[75] sowie das „Porträt eines Offiziers" von Goya für 75.000 Mark, an dem Böhler einen Drittel-Anteil besaß.[76]

Ab 1911 stand Böhler in Geschäftsverbindung mit der New Yorker Kunsthandlung von Victor G. Fischer. Die Galerie mit Sitz an der Firth Avenue kaufte binnen drei Jahren für insgesamt 443.000 Mark eine vom Florentiner Meister Paolo Uccello (1397–1475) bemalte Truhe[77] sowie 15 Gemälde.[78] Unter den hochkarätigen Bildern befanden sich Werke von Goya, Gerard ter Borch, Frans Hals, El Greco und Agnolo Bronzino sowie ein dem lombardischen Maler Giampietrino (gest. nach 1549) zugeschriebenes „Porträt einer jungen Dame in braunem Kleid" für 120.000 Mark, das Böhler 1912 gemeinsam mit Steinmeyer für 41.000 Mark in London erstanden hatte.[79]

Der New Yorker Kunsthändler Louis Rinaldo Ehrich, 1901
Julius Böhler belieferte ihn seit 1906 mit Gemälden.

Der Kunstmäzen Martin Antoine Ryerson in Chicago, um 1910

Alter Mann mit Goldkette
Rembrandt Harmensz. van Rijn (1606–1669)
1631
1913 an den New Yorker Kunsthändler Henry Reinhardt verkauft

Schließlich trat Julius Böhler in Verbindung zu dem aus Frankfurt am Main stammenden Kunsthändler Henry Reinhardt. An dessen Stammhaus in Paris verkaufte er 1910/12 21 Gemälde für rund eine Million Mark. Die wertvollsten stammten von van Dyck, Rubens, Giovanni Bellini, Hans Memling, Goya und Pieter de Hooch.[80] Daneben betrieb Reinhardt schon 1907 eine Filiale in Chicago und seit 1911 eine Niederlassung in New York.[81] Dorthin lieferte Böhler 1913 acht Gemälde für über eine halbe Million Mark, darunter Werke von Ferdinand Bol (1616–1680), Salomon van Ruisdael, Jan van Goyen, Anthonis Mor und Philips Wouwermann sowie ein 1631 entstandenes Porträt von Rembrandt, das angeblich dessen Vater Harmen Gerritsz. van Rijn darstellte.[82]

Böhler hatte dieses Bild im Mai 1912 für 230.000 Mark von Colnaghi & Co. in London erworben.[83] Von Wilhelm Bode, der sich für einen Ankauf durch die Berliner Museen interessierte, verlangte er damals 350.000 Mark. Die Summe erschien ihm als „ein Preis, der gewiss nicht zu hoch ist bei den heutigen verrückten Preisen, die für Rembrandt in Amerika bezahlt werden“.[84] Wie recht er damit hatte, zeigte sich einen Monat später, als das Porträt für 450.000 Mark an den ungarischen Sammler Marczell v. Nemes ging.[85] Dieser konnte jedoch in der Folgezeit die Kaufsumme nicht aufbringen, weshalb Böhler das Bild schließlich im Juli 1913 lieber wieder zurücknahm, „als noch lange auf's Geld zu warten“,[86] und es dann für umgerechnet 420.000 Mark an Reinhardt weiterreichte. Der New Yorker Händler verkaufte es 1914 an Evalyne M. Kimball (1840–1921), die Witwe des Chicagoer Klavierherstellers William Wallace Kimball (1828–1904). Nach deren Tod gelangte es schließlich 1922 ins Art Institute Chicago, wo es heute als Werk von Rembrandt unter der Bezeichnung „Old Man with a Gold Chain“ ausgestellt ist.[87]

Ab 1908 erwarb das New Yorker Metropolitan Museum regelmäßig Objekte von Böhler. Bis 1914 erreichte der Verkaufsumsatz fast 200.000 Mark. Die Erwerbungen liefen zum Teil über den in Karlsruhe geborenen Kurator Wilhelm Reinhold Valentiner (1880–1958).[88] Zu den teuersten Ankäufen zählte 1909 ein – dem Florentiner Bildhauer Andrea del Verrocchio (1435–1488) zugeschriebenes – Terrakotta-Relief einer Madonna für 10.000 Dollar sowie 1914 ein kleiner dreiteiliger flämischer Schnitzaltar aus der Zeit um 1500 für 20.000 Mark.[89]

Mehrere kunstgewerbliche Objekte kaufte im Juli 1913 für 4.700 Mark Direktor Joseph Henry Breck (1885–1933) für das Minneapolis Institute of Art, darunter ein dem Ulmer Bildhauer Jörg Syrlin zugeschriebenes Relief der heiligen Magdalena.[90]

Böhler belieferte jedoch nicht nur amerikanische Sammler, Kunsthändler und Museen. Er erwarb in New York auch selbst einzelne Objekte. 1910 ersteigerte er gemeinsam mit Steinmeyer & Söhne für rund 160.000 Mark aus der Kollektion des berüchtigten New Yorker Finanzjongleurs Charles Tyson Yerkes (1837–1905) neun hochkarätige Bilder – unter anderem von Jacob van Ruisdael, Jan Steen (1626–1679), Frans van Mieris d. Ä. (1635–1681) sowie Aert (1604–1677) und Eglon Hendrik van der Neer (1636–1703). Das wertvollste Objekt, ein für 90.000 Mark erstandenes Gemälde von Rubens, stammte ursprünglich aus der Kollektion von Hugh Lupus Grosvenor, 1st Duke of Westminster (1825–1899). Es ging im Mai 1910 für 120.000 Mark an einen französischen Abnehmer.[91]

Der Schweizer Unternehmer Charles Eugene Lancelot Brown, um 1890
Er kaufte 1913 ein Gemälde von Sandro Boticelli für 150.000 Mark.

Im Mai 1913 ersteigerte Böhler in New York auf der Auktion der Sammlung von Rita Lydig (1875–1929), einer bekannten Autorin und High-Society-Lady, gemeinsam mit A. S. Drey mehrere kunstgewerbliche Objekte. Zusammen mit Steinmeyer & Söhne erstand er dort zudem sehr günstig ein Venus-Gemälde von Boticelli für 48.000 Mark, das ursprünglich aus dem Palazzo Feroni in Florenz stammte.[92] Im Versteigerungskatalog war das Bild mit 15.000 Dollar (63.000 Mark) angesetzt. Der niedrige Erwerbspreis resultierte – wie Otto Alfons Böhler kundig bemerkte – aus dem Umstand, dass „derartige nackte Darstellungen drüben sehr unbeliebt sind".[93] Acht Wochen später ging das Bild für

150.000 Mark an Charles Eugene Lancelot Brown (1863–1924), den Mitbegründer des Schweizer Elektrotechnikkonzerns Brown Boveri & Cie. im schweizerischen Baden.[94]

Filiale in New York

Der prosperierende US-Markt veranlasste europäische Kunsthändler zur Gründung von Niederlassungen in New York. Das führende Londoner Unternehmen Duveen Brothers unterhielt dort bereits seit 1886 eine Filiale. Die Pariser Firmen von Nathan Wildenstein und Jaques Seligmann (1858–1923) folgten 1903 bzw. 1904.[95] 1906 eröffnete die Frankfurter Firma J. & S. Goldschmidt eine Niederlassung in der Metropole am Hudson,[96] 1907 das in Neapel und Paris residierende Haus C. & E. Canessa[97] und 1910 auch die Pariser Kunsthandlung von François Kleinberger.[98]

Der durch die Zollerleichterungen entfachte US-Boom führte schließlich auch in der Brienner Straße zu ähnlichen Überlegungen. Der Vorteil lag auf der Hand: Eine Präsenz vor Ort eröffnete die Möglichkeit, neue Kunden zu gewinnen, die bestehenden Verbindungen intensiver zu pflegen, den amerikanischen Markt noch besser kennenzulernen und alle sich hier bietenden Möglichkeiten voll auszuschöpfen. Als „natürlicher" Partner für eine Filialgründung bot sich Steinmeyer & Söhne an. Beide Unternehmen verfügten über ein umfangreiches Portfolio an Altmeistergemälden – darunter nicht wenige Konsortialobjekte.

Die zweitgeborenen Söhne Otto Alfons Böhler und Fritz Steinmeyer ergriffen deshalb gerne die Gelegenheit, ein entsprechendes Geschäft aufzuziehen. Beide waren Geschäftsführer der Ende 1911 gegründeten Firma „Böhler & Steinmeyer" in New York. Parallel zum Neugeschäft der Filiale lief in Koordination mit dieser die herkömmliche Verkaufstätigkeit der Stammhäuser in München und Köln mit einzelnen US-Kunden weiter.

In der 54th Avenue (34 West) mieteten Böhler & Steinmeyer ein kleines Haus mit vier Etagen als Firmensitz an.[99] Mit Kosten von 30.000 Dollar wurde es aufwendig möbliert und eingerichtet. Der jährliche Aufwand für Miete, Unterhalt, Versicherungen und Werbung lag bei 9.600 Dollar.[100] Im Dezember 1911 gingen die ers-

Tod und Krönung Mariens
1330/50, Frankreich,
Elfenbein
1910 an MMA verkauft

ten 15 Gemälde im Einkaufswert von 280.700 Mark aus München an die New Yorker Firma. Weitere folgten im Januar 1912.[101] Die Kosten für Fracht und Versicherung lagen bei rund 6.000 Mark.[102] Die Schiffspassage für die Geschäftsführer kostete jeweils zwischen 700 und 3.000 Mark.[103]

Angesichts der zu erwartenden Profite fiel dieser Aufwand nicht allzu sehr ins Gewicht. Weitere Kunsttransporte aus München folgten im April 1912, im Januar, August und Oktober 1913 sowie im Januar 1914.[104] Über die von Steinmeyer & Söhne aus Köln in die US-Filiale verschifften Objekte liegen keine Nachrichten vor. Die beiden Geschäftsführer hielten sich nicht ständig in New York auf, sondern wechselten sich in der Präsenz vor Ort ab.

Otto Alfons Böhler erwirtschaftete für seinen Teil allein durch den Verkauf von Münchner Kommissionsware, darunter 52 Gemälde, in den 30 Monaten von Januar 1912 bis Juli 1914 einen Erlös von rund 440.000 Dollar (1,8 Millionen Mark).[105] Der dabei von ihm erzielte Reingewinn lag angeblich bei 175.000 Dollar (743.000 Mark). Jedenfalls berichtete er 1938 aus der Rückschau, er habe in der New Yorker Filiale, „trotzdem ich von München Waren in Commission hatte, auf die München bereits seinen Gewinn aufgeschlagen hatte, im ersten Jahr für meinen Anteil einen Reingewinn von 15.000 $, im zweiten 60.000 $, im dritten über 100.000 $" gemacht.[106]

Die Überschüsse wurden getrennt vom Münchner Geschäft verbucht.[107] Neben dem Verkauf von Kommissionsware aus München und Köln erwarben Böhler & Steinmeyer auch selbst Objekte im New Yorker Kunsthandel oder auf Auktionen und machten damit offenbar gute Geschäfte. „Ich kaufte gestern in einer Auction [bei] Anderson Galleries einen schönen Jan van der Heyden für den lächerlichen Preis von $ 100", berichtete Fritz Steinmeyer 1913 voller Stolz über einen besonders lukrativen Kauf seinem in München weilenden Kompagnon.[108]

Gräfin Hedwig Ulrika v. Armfeld mit ihrer Tochter
Anton Graff (1736 – 1813)
Um 1793
1918 an Walter Boveri in Baden (Schweiz) verkauft

Der Kundenandrang in New York hielt sich aber mitunter in Grenzen. Vor allem in der Urlaubszeit und während der durch das subtropische Klima der Großstadt bedingten Hitzewellen blieb die erwartete Kundschaft nicht selten aus. Frustriert schrieb Fritz Steinmeyer deshalb Ende März 1913 nach München: „Geschäftlich ist nun hier absolut nichts los, die ganze Welt ist in Osterferien an der See. Seit 2 Tagen leiden wir unter einer furchtbar drückenden Hitze […]. Besuche sehe ich überhaupt keine mehr, und den Leuten, denen ich geschrieben [habe], scheinen meine Angebote Schnuppe zu sein, denn keine Seele antwortet“.[109] Unter dem Strich aber gab es keinerlei Grund zur Klage. Im Gegenteil: Otto Alfons Böhlers Abnehmerkreis in der New Yorker Filiale umfasste 17 US-Sammler, wobei zehn bereits Kunden des Münchner Stammhauses waren.

Zu ihnen zählten John Dexter McIlhenny[110] in Philadelphia sowie die New Yorker Sammler Samuel Untermyer,[111] Henry C. Lawrence[112] und der Bankier Otto Hermann Kahn.[113] Martin A. Ryerson aus Chicago orderte bei der Filiale mehrere Gemälde für 40.000 Dollar,[114] John G. Johnson aus Philadelphia Bilder für 62.000 Dollar, darunter ein Gemälde der Heiligen Familie von Antonio da Correggio zum Preis von 32.000 Dollar.[115]

Zu den Neukunden in der 54th Avenue gehörten die New Yorker Sammler George Dupont Pratt (1869–1935),[116] Nachfahre einer begüterten Ölindustriellenfamilie, sowie Robert Sterling Clark (1877–1956),[117] schwerreicher Erbe und Anteilseigner der New Yorker Nähmaschinenfabrik Singer. Weiterhin kauften der Stahlindustrielle William Gwinn Mather (1857–1951)[118] aus Cleveland sowie die Kunstsammlerinnen Arabella Huntington (1851–1924)[119] aus New York und Kate Estelle Bovey (1874–1955)[120] aus Minneapolis. Der Pharmaindustrielle Albert Coombs Barnes (1872–1951) in Overbrook (Pennsylvania) erwarb Anfang 1914 drei Gemälde für 10.700 Dollar, darunter ein Werk des Brügger Malers Gerard David.[121] Die bedeutende Bostoner Kunstsammlerin Isabella Stewart Gardner (1840–1924) übernahm 1914 ein dem Florentiner Meister Domenico Ghirlandaio (1448–1494) zugeschriebenes Porträtbild für 70.000 Dollar.[122]

Das New Yorker Metropolitan Museum erwarb bei Böhler & Steinmeyer zwei Gemälde und weitere kunstgewerbliche Objekte

Mariä Verkündigung; Geburt, Beweinung und Kreuzigung Christi
Master of the Orcagnesque Misericordia
Um 1350/75
1913 an Edward Waldo Forbes in Boston verkauft

für 16.700 Dollar.[123] Für 900 Dollar kaufte das Worcester Art Museum 1913 eine Holzskulptur des 16. Jahrhunderts, die den Heiligen Ludwig darstellte.[124]

Eine enge Zusammenarbeit pflegten Böhler & Steinmeyer mit der Kunsthandlung von Victor G. Fischer. Der New Yorker Händler übernahm von Otto Alfons Böhler 1912/13 ein Dutzend Gemälde für rund 160.000 Dollar[125] – jedoch rein auf Kredit und ohne jede Anzahlung.[126] Die Begleichung der Rechnungen erfolgte erst, nachdem Fischer die Objekte selbst in seiner Galerie mit entsprechendem Gewinn weiterverkauft hatte. Der Grund für diese Praxis lag darin, dass der etablierte und als „tüchtiger Verkäufer"[127] eingeschätzte Fischer über Erfolg versprechendere Kundenkontakte verfügte als die deutschen Newcomer, die noch keinen gewachsenen Abnehmerstamm hatten.

Zu den teuersten von Fischer schließlich verkauften Objekten zählten ein Gemälde von Velázquez sowie ein Werk von Gerard ter Borch, die zur Hälfte Steinmeyer & Söhne gehörten und die schließlich 45.000 bzw. 35.000 Dollar erbrachten. Das entsprach einem Bruttogewinn von 200 bzw. 1.400 Prozent. Aus einem von Fischer für 32.500 Dollar übernommenen Frauenporträt des schottischen Malers Henry Raeburn ergab sich für Otto Alfons Böhler allein ein Bruttoüberschuss von 460 Prozent.[128] An die New Yorker Filiale von Duveen Brothers verkaufte letzterer 1913 ein Gemälde von Pinturicchio für 7.500 Dollar.[129]

Fünfter Teil

Ende der goldenen Ära

Der Beginn des Ersten Weltkrieges bedeutete faktisch das Aus für die New Yorker Firma. Zwar rechnete man in München zunächst noch mit einer nur kurzen Dauer der Kampfhandlungen und einer baldigen Rückkehr in die USA. Aus diesem Grund liefen die Zahlungen für Miete und Unterhalt, die von der befreundeten Firma Ehrich bewerkstelligt wurden, ohne Unterbrechung weiter. Doch machte der Kriegsverlauf diese anfängliche Erwartung immer unwahrscheinlicher. Als die USA schließlich im April 1917 in den Krieg gegen die Mittelmächte eintraten, wurden die noch vorhandenen Besitztümer von Böhler & Steinmeyer in New York als Feindvermögen beschlagnahmt.[1]

Der Erste Weltkrieg markierte auch für das Münchner Stammhaus eine Zäsur. Nach dem Kriegseintritt Deutschlands am 1. August 1914 wurden Julius Wilhelm und Otto Alfons Böhler zum Militär eingezogen. Die gesamte Verantwortung für die Firma lastete nun wieder allein auf dem 55-jährigen Firmengründer. Das Geschäft kam zunächst über Monate hinweg fast zum Stillstand. Bis Ende 1914 wurden kaum Verkaufsabschlüsse getätigt. Das Einkaufsgeschäft ruhte in dieser Zeit vollständig. Erstmals seit der Firmengründung wies die Bilanz zum 31. Dezember 1914 einen Verlust aus.

Die wichtigsten Auslandsmärkte gingen mit Kriegsbeginn vollständig verloren. Der US-Markt war durch die englische Seeblockade abgeschnitten. Der grenzüberschreitende Warenaustausch blieb fortan auf die mit dem Deutschen Reich verbündete Habsburgermonarchie sowie die neutrale Schweiz, die Niederlande und die skandinavischen Länder beschränkt. 1915 verzeichneten die Geschäftsbücher den Neuerwerb von lediglich 200 Objekten.[2] Jedoch konnte das allmählich wieder Fahrt aufnehmende Verkaufsgeschäft sich auf einen noch üppigen, mit fünf Millionen Mark bewerteten Warenbestand stützen.[3]

Im zweiten Kriegsjahr erschienen unter der Sammlerkundschaft einige neue Gesichter. Die Berliner Kunstsammlerin Hermine Feist (1855–1933), deren 1912 verstorbener Ehemann Otto seit 1898 regelmäßig bei Böhler kaufte,[4] erwarb 1915 zwei Gemälde, darunter ein Frauenporträt des englischen Hofmalers John Hop-

Ritter, Pferd und Knabe (Kreuzigungsgruppe)
Um 1520, Oberpfalz
1919 an die Münchner Kunsthandlung A. S. Drey verkauft

Der Sammler Anton Frederik Philips, Direktor der Glühlampenfabrik Philips & Co. in Eindhoven, um 1900

pner (1758–1810) für 65.000 Mark.[5] Zu den Neukunden zählten auch der Leipziger Tuchfabrikant Alfred Bum (1864–1936),[6] der Berliner Industrielle Ernst v. Borsig (1869–1933),[7] der damals in der Reichshauptstadt lehrende Nationalökonom und Soziologe Franz Oppenheimer (1864–1943)[8] sowie der in Garmisch residierende Komponist Richard Strauss (1864–1949).[9]

Der Ruhrindustrielle Fritz Thyssen (1873–1951) erstand 1915 für 70.000 Mark ein Rubens-Porträt der Königin Elisabeth von Spanien.[10] Böhler und Steinmeyer hatten das Bild zwölf Monate zuvor für lediglich 3.700 Mark bei einem Londoner Händler erworben.[11] Im Jahr darauf orderte Thyssen drei weitere Bilder von Rubens, Jan Steen und Bastiano Mainardi (gest. 1513) für 145.000 Mark.[12]

Zu den neuen Gesichtern unter den ausländischen Abnehmern gehörten unter anderem der in Arbon in der Schweiz ansässige Nutzfahrzeugfabrikant Hippolyt Saurer (1878–1936)[13] und der im niederländischen Eindhoven residierende Glühlampenfabrikant Anton Philips. Er erwarb 1915 Objekte für 67.500 Mark und im Jahr darauf ein Bellini-Gemälde für 70.000 Mark.[14] Die amerikanische Botschaft in Berlin kaufte im April 1915 Möbel und ein Gemälde zur repräsentativen Ausstattung ihrer Räumlichkeiten in der Reichshauptstadt.[15]

Unter den „alten“ Stammkunden im Reich stand an erster Stelle zunächst James Simon. Er erwarb 1915 Objekte für 175.000 Mark, darunter zwei Gemälde von Goya für 150.000 Mark.[16] Der Bankier Arthur Salomonsohn (1859–1930), persönlich haftender Gesellschafter der Berliner Disconto-Gesellschaft und Stammkunde bei Böhler seit 1899,[17] kaufte in diesem Jahr drei Gemälde von Baldassare d'Este, Rembrandt und Jacob van Ruisdael für 100.000 Mark.[18] Bis 1918 erstand er weitere Objekte, darunter sechs Gemälde, für 180.000 Mark.[19]

Der norwegische Kunstmäzen Christian Langaard, der seit 1908 bei Böhler kaufte,[20] orderte 1915 13 Gemälde für 488.000 Mark. Zu den teuersten zählten Werke von Gerard David (80.000 Mark), Frans Hals (75.000 Mark), Gerard ter Borch (70.000 Mark) und Velázquez (68.000 Mark).[21] Der ungarische Sammler Bernhard

Back v. Begavar, seit 1905 regelmäßig Kunde bei Böhler, erwarb 1915 acht Gemälde für 225.000 Mark, darunter ein Bild der „Heiligen Justia“ von Murillo für 55.000 Mark.[22]

Kriegskonjunktur

Im Dezember 1915 erlitt Julius Wilhelm Böhler bei den Kämpfen an der Westfront einen völligen psychischen Zusammenbruch. Aufgrund der attestierten „Kriegsneurose“[23] blieb er zwar vor weiterer Einberufung verschont. Die andauernde „schwere nervöse Erschöpfung, die sich in Willensschwäche und Depressionszuständen“ äußerte,[24] machte jedoch jede berufliche Tätigkeit für lange Zeit unmöglich. 1916 trat deshalb der aus Kulmbach stammende promovierte Kunsthistoriker Hans Sauermann (1885–1960) als Angestellter in das Unternehmen ein.

Die personelle Verstärkung war dringend geboten. Denn der Kunsthandel erlebte ab 1916 noch einmal einen Boom. Nicht wenige Sammler, deren wirtschaftliche Verhältnisse sich durch den

Julius Wilhelm Böhler mit Ehefrau Ethel und den Kindern Julius Harry und Maria Margaretha im Palais Sonnenhof, 1918

anhaltenden Kriegszustand verschlechterten, waren gezwungen, Objekte zu veräußern. Finanzkräftige Kunstliebhaber, darunter nicht selten Unternehmer, die von der Rüstungskonjunktur profitierten, nutzten die Gelegenheit zum Kauf, wodurch der Handel einen starken Aufschwung nahm. Zudem bot die sich allmählich in Deutschland bemerkbar machende Inflation einen starken Anreiz zum Kunsterwerb als wertbeständige Kapitalanlage, weshalb die Preise merklich anstiegen. Dazu trug auch eine vom Staat beim Kauf von Kunstwerken und Antiquitäten erhobene zehnprozentige Luxussteuer bei.

1916 akquirierte die Kunsthandlung Böhler rund 950 neue Einzelobjekte. 1917 stieg die Zahl auf rund 1.400, der Einkaufswert lag in diesem Jahr bei über 4,5 Millionen Mark.[25] Damit erreichte das Ankaufsvolumen bei Böhler nominal sogar wieder das Niveau des Jahres 1912, den höchsten Stand der Vorkriegszeit.[26] Wie vor 1914 erfolgte der weitaus größte Teil der Ankäufe bei Händlern – kriegsbedingt nun fast ausschließlich innerhalb der deutschen Reichsgrenzen.

Das galt auch für eine Reihe von Auktionen, die Julius Böhler während des Krieges besuchte. Im Mai 1916 kaufte er beispielsweise Objekte für 47.500 Mark bei der Versteigerung der Sammlung von Adolph v. Beckerath (1834–1915) in Berlin.[27] Im November 1916 erstand er bei der Auktion des Nachlasses von Georg Hirth im Auktionshaus Hugo Helbing in München Kunstwerke für 50.600 Mark.[28] Bei der Versteigerung der Hinterlassenschaft des im März 1908 verstorbenen Berliner Sammlers Richard v. Kaufmann im Dezember 1917 akquirierte er Objekte für 324.000 Mark.[29]

Aus dem Nachlass des bedeutenden Sammlers und Mitinhabers des Kölner Bankhauses Sal. Oppenheim, Albert v. Oppenheim (1834–1912), ersteigerte Böhler 1917/18 Objekte für über eine Million Mark.[30] 190.000 Mark flossen im März 1918 in Ankäufe bei der Auktion der Sammlung des 1917 verstorbenen Berliner Bankiers und langjährigen Böhler-Kunden Wilhelm Gumprecht beim Kunsthaus von Paul Cassirer in der Reichshauptstadt.[31]

Gegenüber den Erwerbungen bei Händlern und auf Versteigerungen fielen die Ankäufe bei Sammlern wertmäßig deutlich weniger ins Gewicht. 1916 etwa erwarb Böhler mehrere Gemälde aus dem Besitz des im Jahr zuvor verstorbenen Berliner Malers Paul Meyerheim[32] sowie für 116.000 Mark Bilder und weitere Kunst-

Theresa Gräfin Fries
Johann Friedrich August Tischbein (1750–1812)
1801
1917 an Verein von Kunstfreunden von 1870 in Hamburg verkauft

werke von Maximilian v. Heyl zu Herrnsheim (1844–1925).[33] 1917 übernahm er vom Berliner Sammler Gerhart Bollert (1870–1947) Objekte für 25.000 Mark[34] und vom Münchner Grafiker Franz Wolter (1865–1932) für 16.600 Mark.[35] Aus dem Nachlass des Warschauer Malers und Restaurators Adalbert v. Kolasinski kaufte Böhler in diesem Jahr die Bronzefigur einer liegenden Venus von Giovanni da Bologna (1529–1608).[36]

Im August 1917 gab der Wiesbadener Sammler Ludwig Mandl – wohl aufgrund einer wirtschaftlichen Notlage – für 50.000 Mark ein Rembrandt-Gemälde ab,[37] das er vier Jahre zuvor für 55.000 Mark bei Böhler erworben hatte. Im November 1917 ging es für 100.000 Mark an den Berliner Kunsthändler Charles Albert de Burlet (1882–1956).[38] 1969 gelangte das Bild ans Fogg Art Museum in Cambridge Massachusetts.[39]

Ein äußerst gewinnträchtiges Geschäft wickelte Julius Böhler im September 1917 mit der Stadt Colmar ab. Die Kommune überließ ihm für 400.000 Mark ein Damenporträt von Rembrandt, das angeblich Magdalena, die Frau seines Sohnes Titus, zeigte.[40] Fünf Monate später ging das Gemälde für 600.000 schwedische Kronen (1,2 Millionen Mark) an den Stockholmer Sammler Klas Fähraeus.[41] Es handelte sich um das teuerste von Böhler verkaufte Objekt in der 140-jährigen Firmengeschichte.

Der ab dem zweiten Kriegsjahr anhaltende Aufschwung am Kunstmarkt bescherte dem Münchner Unternehmen entsprechende Profite. 1917 lag der Bruttoüberschuss bei 2,8 Millionen Mark, 1918 bei 1,4 Millionen Mark.[42] Allein die 40 umsatzstärksten Sammlerkunden bezogen zwischen 1915 und 1918 Objekte für 14,3 Millionen Mark.[43]

An der Spitze stand der Nürnberger Großindustrielle Rudolf Chillingworth (geb. 1865). Seine in der Rüstungswirtschaft erzielten Gewinne investierte er offenbar gezielt in den Ankauf von Kunstwerken. Allein bei Böhler erstand er von 1916 bis 1918 Objekte für über 2,5 Millionen Mark, darunter 45 Gemälde. Die wertvollsten stammten von Rembrandt und Hobbema (jeweils 352.000 Mark), Rubens (258.000 Mark), Bartholomäus Bruyn d. Ä. (132.000 Mark)

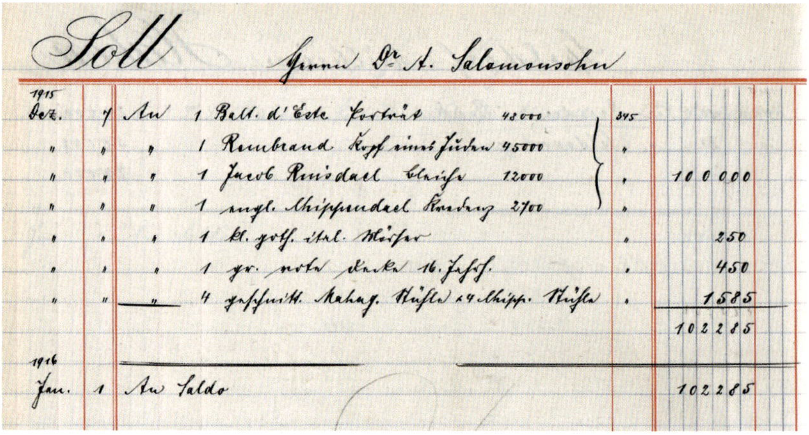

Ankäufe des Berliner Bankiers Arthur Salomonsohn, 1915
Eintrag im Kontokorrentbuch

sowie vom Meister von Flémalle, einem zwischen 1410 und 1440 tätigen flämischen Maler (165.000 Mark). Für eine Terrakotta-Büste des Florentiner Bildhauers Benedetto da Maiano (1442–1497) bezahlte er 66.000 Mark.[44] Chillingworth wanderte 1919 in die Schweiz aus, wo er seine 117 Gemälde umfassende Altmeister-Sammlung 1922 in Luzern versteigern ließ.[45]

Zu den von der Kriegskonjunktur begünstigten Abnehmern gehörte der Mannheimer Unternehmer Karl Lanz (1873–1921), seit 1905 Inhaber der damals bedeutendsten Fabrik landwirtschaftlicher Maschinen auf dem europäischen Kontinent. Er kaufte 1916/17 Objekte für 662.000 Mark, darunter ein Porträt von Rembrandt, das angeblich dessen Sohn Titus darstellte.[46] Böhler hatte das Bild, das zur Hälfte Steinmeyer & Söhne gehörte, 1913 für 300.000 Mark über den deutsch-amerikanischen Kunsthistoriker Wilhelm Reinhold Valentiner erworben.[47] Von der Rüstungskonjunktur profitierte offenbar auch der Münchner Unternehmer und Erfinder des Kreiselkompasses Hermann Anschuetz-Kaempfe (1872–1931). Er orderte bis 1918 Kunstwerke für über eine halbe Million Mark.[48]

Der Ruhrindustrielle Gustav Krupp v. Bohlen und Halbach in Essen erwarb 1915/17 Möbel, kunstgewerbliche Objekte und 17 Gemälde für 450.000 Mark.[49] Weitere Käufer aus der Großindustrie in dieser Zeit waren der Lokomotivfabrikant Karl Henschel (1873–1924) in Kassel,[50] die Brüder Paul (1877–1938) und Max v. Bleichert (1875–1947) in Leipzig[51] und der Montanunternehmer Franz Haniel (1883–1965) in Düsseldorf.[52] Der Stuttgarter Industriearchitekt Philipp Jakob Manz (1861–1936) übernahm Objekte für 331.000 Mark, darunter ein Madonnengemälde von Rubens für 143.000 Mark.[53]

Eine Reihe bedeutender Neukunden Böhlers in der Kriegszeit residierte in Berlin. Dazu zählten die Unternehmer Albert Katzenstein (1863–1935)[54] und Hans Hirschler (geb. 1878),[55] der Betreiber einer psychiatrischen Klinik Julius Weiler (1861–1937)[56] und der Papierindustrielle Wilhelm Hartmann (gest. 1926). Letzterer kaufte 1918 unter anderem ein Jünglingsporträt des Rembrandt-Schülers Nicolaes Maes für 102.000 Mark.[57] Der Kaufmann Richard Fürstenheim orderte 1917 neun Gemälde und bezahlte für ein Herrenporträt von Hans Holbein d. J. 120.000 Mark.[58] Der Berliner Zigarettenfabrikant Jakob Mandelbaum (1859–1918) erstand kurz

vor seinem Tod unter anderem zwei Porträtbilder des Memminger Malers Bernhard Strigel (um 1460–1528) für 165.000 Mark, dazu ein Werk des Niederländers Thomas de Keyser für 73.000 Mark und eine Louis-XVI.-Gobelinmöbelgarnitur für 93.500 Mark.[59]

Zu den Stammkunden in der Reichshauptstadt zählte weiterhin Maria Schoeller,[60] die Witwe des langjährigen Direktors der Berliner Disconto-Gesellschaft Alexander Schoeller (1852–1911). Dieser hatte schon seit Ende der 1880er Jahre häufiger bei Böhler gekauft.[61]

Mehrere ausländische Sammler erweiterten in den Kriegsjahren ihre Kollektionen. Der Budapester Bankier Moritz v. Herzog (1869–1934), der seit 1910 regelmäßig bei Böhler kaufte,[62] orderte Objekte für 223.000 Mark.[63] Der bedeutende Sammler Michiel Onnes van Nijenrode im niederländischen Breukelen erstand 23 Bilder und weitere hochkarätige kunstgewerbliche Objekte für 872.000 Mark.[64]

Vom steigenden Kurswert der schwedischen Währung, die während des Krieges gegenüber der Mark um 90 Prozent zulegte, profitierten unter anderem die Stockholmer Sammler Carl Bergsten (1879–1935)[65] und Axel Beskow (1872–1960), die sich preisgünstig mit Kunstwerken aus München eindeckten. Letzterer erwarb 1917/18 Objekte für 878.000 Mark, darunter Gemälde von Van Dyck, Tintoretto, Pinturicchio, Veronese, Gerard David, Lorenzo Lotto, Thomas Lawrence, George Desmarées (1697–1776), Antoine Watteau (1684–1721), George Morland (1763–1804) und Giovanni di Paolo (gest. 1482).[66] Der Kurator des schwedischen Nationalmuseums Johan Olof Granberg kaufte 19 Gemälde für 380.000 Mark.[67]

Gustav Krupp v. Bohlen und Halbach, 1915
Er kaufte 1915/17 Möbel und Gemälde bei Julius Böhler zur Ausstattung der Villa Hügel.

Der Berliner Zigarettenfabrikant und Sammler Jakob Mandelbaum, um 1915

Luzern und München

Nach der Entlassung aus dem Militärdienst im November 1918[68] nahm Otto Alfons Böhler seine Tätigkeit im Familienunternehmen wieder auf. Sein Bruder Julius Wilhelm dagegen zog sich ab 1920 aus dem Münchner Geschäft zurück. Das hatte vor allem private Gründe, die in einem ehelichen Zerwürfnis wurzelten. Im Juni 1921 ließ Julius Wilhelm Böhler sich von seiner Frau Ethel scheiden. Drei Monate später heiratete er die 15 Jahre jüngere Regina Thiem (geb. 1898), die Tochter des Starnberger Malers Paul Thiem.[69] Zwar blieb der älteste Sohn des Firmengründers weiterhin Teilhaber der Münchner Firma,[70] seiner Tätigkeit als Kunsthändler ging er fortan jedoch im schweizerischen Luzern nach.

Dort hatten im September 1919 finanzkräftige eidgenössische Investoren die Kunsthandels Aktiengesellschaft (KAG) gegründet. Zu ihnen zählten der Luzerner Rechtsanwalt Gustav Schaller (1866–1945), der schweizerische Vizekonsul in München Arnold Haefeli, der Direktor der Creditanstalt in Luzern Louis Schnyder (1862–1929) und der bis 1902 im schweizerischen Bern wirkende und danach in Amsterdam lebende Medizinprofessor, Kunstsammler und Böhler-Stammkunde Otto Lanz.[71]

Die Geschäftsleitung als Direktor der KAG übernahm Julius Wilhelm Böhlers Schwager, Fritz Steinmeyer. Er war bereits Anfang August 1919 mit seiner Ehefrau Laura May von Köln nach Luzern übersiedelt.[72] „Land und Leute wirken wie eine Wohltat nach Germany auf einen, man bekommt neuen Mut“, schrieb er nach seiner Ankunft in der Schweiz an Otto Alfons Böhler nach München.[73]

Der Amsterdamer Sammler und Stammkunde Otto Lanz
Er war 1919 an der Gründung der Kunsthandels AG in Luzern beteiligt.
Porträt von Jan Toorop (1858–1928), 1927

Zum 1. Januar 1920 leistete Julius Böhler eine Einlage bei der KAG in Höhe von 249.000 Mark.[74] Sein Sohn Julius Wilhelm verlegte im April 1922 zusammen mit seiner Ehefrau Regina seinen Wohnsitz endgültig nach Luzern.[75] Dort war er seither für die KAG „als Experte“ tätig[76] und erwarb später (1936) auch die Schweizer Staatsbürgerschaft.[77] Im Oktober 1922 erhielt er ein Mandat im Verwaltungsrat des Luzerner Aktienunternehmens, an dem die Kunsthand-

lung Julius Böhler in München seit 1923 Anteile im Nominalwert von 10.000 Francs hielt.[78] Aus dieser Konstellation entwickelte sich dann ab 1925 auf der Basis eines Interessengemeinschaftsvertrages und einer weiteren Aufstockung der Münchner Kapitalanteile[79] eine engere geschäftliche Zusammenarbeit zwischen der KAG und der Münchner Firma.

Letztere profitierte ab 1919 aufgrund der weiter schwindenden Währungsstabilität im Deutschen Reich zunächst noch vom Kaufinteresse devisenstarker ausländischer Kunden.[80] Mit der Hyperinflation und dem darauffolgenden Währungsschnitt 1923 war damit jedoch Schluss. Gemessen am unternehmerischen Potenzial, am Geschäftsvolumen und an den Erträgen im „goldenen" Jahrzehnt vor 1914 und selbst noch während der Kriegs- und unmittelbaren Nachkriegszeit verlief die betriebliche Entwicklung danach auf niedrigerem Niveau.[81]

Nach einer nur kurzen Erholungsphase ab 1925 bescherte die Weltwirtschaftskrise dem Münchner Unternehmen dann erhebliche Einbrüche. Die gemeinsam mit Steinmeyer & Söhne 1928 eröffneten Filialen in New York und Berlin mussten nach herben Defiziten 1932 wieder aufgegeben werden. Ab 1930 erwirtschaftete die Kunsthandlung Julius Böhler über fünf Jahre hinweg nur Verluste. Das Luzerner Beteiligungsunternehmen KAG stellte 1933 nach einem Kapitalschnitt von 40 Prozent ihre Dividendenzahlung dauerhaft ein.[82]

Der Firmengründer Julius Böhler, der sich zum Jahresende 1929 als Gesellschafter aus dem Münchner Unternehmen zurückgezogen hatte, das nun von seinem Sohn Otto Alfons, dem Enkel Julius Harry und dem Teilhaber Hans Sauermann geleitet wurde, musste diese Krisenzeit noch miterleben. Er starb nach schwerer Krankheit im Alter von 74 Jahren am 1. Dezember 1934 in Starnberg.

Ein Nachruf in den Münchner Neuesten Nachrichten aus der Feder des Münchner Grafikers, Kunstsammlers und Kulturjournalisten Hubert Wilm (1887–1953) würdigte ihn als Menschen, der „sein Leben lang aufs Engste mit der Schönheit alter Kunst verbunden war" und der „in seiner menschlich bescheidenen Art [als] ein Wohltäter im Stillen" wirkte.[83]

Christi Himmelfahrt
Hans Süß von Kulmbach
(um 1480 – um 1522)
1513
1919 an Axel Beskow in Stockholm verkauft

Julius Böhler
Porträt von Paul Thiem (1858–1922), 1910

Der römische Kunsthändler Augusto Jandolo bekannte in seinen 1935 erschienenen Memoiren: „Das Gewerbe eines Kunsthändlers ist ein schwieriges, ganz eigentümliches, aber immer interessantes Gewerbe. Aber ich würde, wenn ich hundertmal wieder zur Welt käme und in mein neues Leben, in die Wiedergeburt, die Erinnerung an die Arbeit des vorhergegangenen mitbrächte, immer wieder nur dieses Gewerbe wählen, mit derselben Begeisterung, ja mit derselben Leidenschaft, mit der ich ihm heute verfallen bin."[84] Julius Böhler hätte ihm darin sicher vorbehaltlos zugestimmt.

Bilanz

Im Alter von 14 Jahren verließ Julius Böhler 1874 seinen Geburtsort Schmalenberg, um als Hausierer für Kurzwaren abseits der Heimat eine berufliche Karriere zu starten. Damals ahnte niemand, dass der nach Höherem strebende Wanderhändler sich schon bald dem Kunst- und Antiquitätenhandel zuwenden und 1882 in München ein Unternehmen begründen würde, das nach der Jahrhundertwende zu den bedeutenden Playern der Branche in Deutschland zählte.

Sein Aufstieg vom Hausierer zum millionenschweren Kunsthändler war bemerkenswert und hatte mehrere Voraussetzungen. Julius Böhler verfügte über hohen Sachverstand, den er sich über Jahre hinweg durch permanentes Selbststudium und in der praktischen Tätigkeit erarbeitet hatte und den er unermüdlich weiter perfektionierte. Und er baute rasch ein Netz von in- und ausländischen Bezugsquellen auf. Er akquirierte Objekte in Deutschland, Holland, Österreich und der Schweiz – vor allem aber in Paris und später auch in London, den Zentren des europäischen Kunst- und Antiquitätenhandels.

Mit einem attraktiven Warenangebot, das neben Möbeln und historischen Waffen kunstgewerbliche Kostbarkeiten aller Art, Gold- und Silberarbeiten, Majoliken, Gobelins und Gemälde umfasste, verschaffte er sich einen kontinuierlich wachsenden Stamm von Abnehmerkunden – Sammler, aber auch Händler und Museen, – zunächst vor allem in München, schon bald aber weit darüber hinaus im gesamten Reichsgebiet und im angrenzenden Ausland.

Die Verbindung zum einflussreichen Berliner Kunsthistoriker und Museumsfachmann Wilhelm Bode sorgte nicht nur für wachsende Bestellungen durch die königlich-preußischen Museen, sondern brachte Julius Böhler schon früh ins Geschäft mit vermögenden Privatsammlern in der Reichshauptstadt. 1895 wurde er deshalb von Kaiser Wilhelm II. mit dem prestigefördernden Titel „Hof-Antiquar“ ausgezeichnet – lange bevor er 1906 von Prinzregent Luitpold auch den bayerischen Hoflieferanten-Titel erhielt.

Ab der Jahrhundertwende widmete Julius Böhler sich verstärkt dem Handel mit Gemälden alter Meister. Über Kontakte in Italien, Spanien und schließlich auch Russland wurden zahlreiche neue Geschäftsverbindungen geknüpft und das Netz der Bezugsquellen erheblich erweitert. Erfolgreich unterstützt wurde der Firmengründer dabei von seinen beiden Söhnen Julius Wilhelm und Otto Alfons. Nach einer Ausbildung zum Kunsthändler in Paris und London traten sie 1905 bzw. 1910 als Teilhaber in die Firma ein und verschafften dem Familienunternehmen neue Dynamik.

1911/12 verzeichneten die Geschäftsbücher 640 Abnehmeradressen, davon 30 Museen und 490 Privatkunden. Die Sammlereliten in den Metropolen München, Berlin, Wien, Paris, Frankfurt am Main, Budapest und London schätzten Julius Böhlers Angebot und Expertise. 30 seiner ausländischen Kunden saßen in den Vereinigten Staaten. Das Geschäft mit reichen und superreichen Amerikanern bildete ein Betätigungsfeld mit erheblichem Gewinnpotenzial. Die gesteigerte Nachfrage in den USA führte Anfang 1912 schließlich zur Gründung einer Niederlassung in New York.

Auf die goldene Ära am Ende des „langen" 19. Jahrhunderts folgten unruhige Zeiten. Der Erste Weltkrieg und seine Folgen bescherten dem bis dahin ungebrochenen Höhenflug des Unternehmens erhebliche Turbulenzen. Die Nachkommen von Julius Böhler bewerkstelligten jedoch erfolgreich den Fortbestand der Kunsthandlung. Das bis heute nach ihm benannte familiengeführte Unternehmen, das seit 2004 in Starnberg residiert, kann in fünfter Generation auf eine über 140-jährige Geschichte zurückblicken.

Anhang

Anmerkungen

Einleitung

1 Kahn, Großindustrie, S. 299.
2 Ebenda.
3 Bisher: Deutsche Skulptur; Winkler, Händler; Winkler, Kunstsammler; Winkler, Vom Hausierer; Hopp, Kunsthandel, S. 112–121; Ebert, Heilbronner; Salmann, Kontakte; Oeckl, Zusammenarbeit; Müller, Böhler; Arbs, Kunsthandel; Bruckner, Auktionshaus; Jooss, Karteikarte; Jooss, Kunsthandelsquellen.
4 Staatliche Museen Berlin, Zentralarchiv IV/Nachlass Bode 0905.
5 Müller, Böhler.
6 Winkler, Archivbestand. Folgende Geschäftsbuch-Serien bis 1918 sind erhalten: Kontokorrentbücher (Verkauf) ab 1889, Lagerbücher ab 1893, Verkaufstagebücher ab 1893, Kommissionsbücher und Journale (Verkauf) ab 1895. Die Geschäftsbücher der Einkaufsbuchhaltung sind verloren. – Das Zentralinstitut für Kunstgeschichte in München verwahrt seit 2015 ein von Florian Eitle-Böhler, dem Ur-Ur-Enkel von Julius Böhler, mit Finanzmitteln der Deutschen Forschungsgemeinschaft erworbenes Karteikartenarchiv. Es umfasst rund 30.000 Objektkarteikarten mit Informationen zu den – sowohl von der Kunsthandlung Julius Böhler selbst, als auch von der 1919 unter Beteiligung Böhlers gegründeten Kunsthandel AG in Luzern getätigten – Objekttransaktionen aus der Zeit von 1903 bis 1993 (http://boehler.zikg.eu/ [Zugriff 15.5.2023]). Davon dokumentieren rund 14.000 Karteikarten Erwerbungen der Münchner Firma aus dem Zeitraum von 1903 bis 1948 (mit Verkaufsdatum vor dem 1.1.1949). Sie sind mittlerweile vollständig online abrufbar. Von diesen Objektkarteikarten Münchner Provenienz betreffen jedoch nur rund 2.400 Karten Ankäufe der Zugangsjahre 1903 bis 1918. Sie bilden somit lediglich 10 Prozent der von der Kunsthandlung Julius Böhler im Zeitraum von 1903 bis 1918 insgesamt gehandelten rund 23.000 Objekte ab und sind deshalb als Quelle für diese Studie unerheblich. Vgl. dazu Winkler, Archivbestand.
7 Vgl. dazu die im Anhang zusammengestellten Tabellen, die auf der Basis der Geschäftsbucheinträge mittels aufwändiger eigener Berechnungen erarbeitet wurden.
8 Das Deutsche Kunstarchiv im Germanischen Nationalmuseum verwahrt ab 1893 erhaltene Geschäftsbücher der 1872 gegründeten Münchner Galerie Heinemann, die online zugänglich sind (http://www.archives.gov/research/holocaust/international-resources/gnm.html [Zugriff 20.4.2022]). Heinemann handelte jedoch fast ausschließlich mit Gemälden des 19. und 20. Jahrhunderts, weit überwiegend von Künstlern aus dem Münchner und deutschsprachigen Raum. Sein Geschäft ist nach Art und Umfang mit dem von Julius Böhler nicht vergleichbar. Dies gilt auch für das 1895 in München gegründete Buch- und Kunstantiquariat von Jaques Rosenthal, dessen ab 1912 in Teilen erhaltene Geschäftsbuchüberlieferung sich im Stadtarchiv München befindet (NL-ROS). – Einen Überblick über bedeutende Kunsthandelsarchive in Europa und den USA bietet das Getty Research Institute (http://www.getty.edu/research/tools/guides_bibliographies/provenance/dealer_archives.html [Zugriff 20.4.2022]).
9 Winkler, Vom Hausierer.

Erster Teil

1 Hof- und Staatshandbuch, S. 193.
2 Deutsches Geschlechterbuch, S. 572 (Barbara Böhler).
3 Metz, Gewinnung, S. 10f.
4 StAF L10, 4441 (StB UD, 1840–49): http://www.landesarchiv-bw.de/plink/?f=5-491585-173 [alle Zugriffe auf L10 am 29.8.2022].
5 Ebenda http://www.landesarchiv-bw.de/plink/?f=5-491585-13. – Im Adreßbuch von München 1884, S. 51, erscheint als Mitbewohner bei Julius Böhler ein „Privatier Valeriu[s] Böhler" – vermutlich sein Vater, der bald darauf starb.
6 Leipziger Zeitung, 3.1.1829, S. 22.
7 StAF L10, 4443 (StB UD, 1860–69): http://www.landesarchiv-bw.de/plink/?f=5-491587-147.
8 Ebenda 4441 (StB UD, 1840–49): http://www.landesarchiv-bw.de/plink/?f=5-491585-64.
9 Ebenda 4442 (StB UD, 1850–59): http://www.landesarchiv-bw.de/plink/?f=5-491586-53.
10 Ebenda 4441 (StB UD, 1840–49): http://www.landesarchiv-bw.de/plink/?f=5-491585-64.
11 Ebenda 4442 (StB UD, 1850–59): http://www.landesarchiv-bw.de/plink/?f=5-491586-60.
12 Ebenda 4441 (StB UD, 1840–49): http://www.landesarchiv-bw.de/plink/?f=5-491585-26; http://www.landesarchiv-bw.de/plink/?f=5-491585-71.
13 Ebenda http://www.landesarchiv-bw.de/plink/?f=5-491585-62; http://www.landesarchiv-bw.de/plink/?f=5-491585-48.
14 Ebenda http://www.landesarchiv-bw.de/plink/?f=5-491585-80; http://www.landesarchiv-bw.de/plink/?f=5-491585-105.
15 Ebenda http://www.landesarchiv-bw.de/plink/?f=5-491585-114.
16 Ebenda http://www.landesarchiv-bw.de/plink/?f=5-491585-149.

17 Ebenda 4442 (StB UD, 1850–59): http://www.landesarchiv-bw.de/plink/?f=5-491586-13.
18 Ebenda http://www.landesarchiv-bw.de/plink/?f=5-491586-53.
19 Ebenda http://www.landesarchiv-bw.de/plink/?f=5-491586-74.
20 Ebenda http://www.landesarchiv-bw.de/plink/?f=5-491586-119.
21 Ebenda 4442 (StB UD, 1860–69): http://www.landesarchiv-bw.de/plink/?f=5-491587-10.
22 Trenkle, Industrie, S. 109f.
23 StAF L10, 4443 (StB UD, 1860–69): http://www.landesarchiv-bw.de/plink/?f=5-491587-164.
24 Glass, Wanderhändler, S. 153.
25 Noch in den 1890er Jahren stand Julius Böhler von München aus in stetem geschäftlichem Kontakt mit Valer Böhler in Allensbach. 1889 bezog er von ihm 24 Dutzend Brillen und einen Augenspiegel (BWA F43, 603, S. 7).
26 StadtAM Personalmeldebogen B 167 (Wilhelm Böhler, Julius Böhler). – Die der Münchner Behörde vorgelegten Konstanzer Gewerbelegitimationen datierten jeweils vom 4. Januar 1879. Die mit einer Gebührenzahlung verbundenen Erlaubnisscheine waren jährlich zu erneuern. Es ist deshalb sicher anzunehmen, dass Wilhelm und Julius Böhler nicht erst im Januar 1879 den Wanderhandel von Allensbach aus aufnahmen.
27 Zum Stellenwert handwerklicher Gebrauchsgegenstände vergangener Epochen in Wohnkultur und Sammlungsverhalten des Bürgertums im 19. Jahrhundert vgl. Müller, Böhler, S. 14–17.
28 Land- und Seebote, 25. Juli 1909, zit. n. Müller, Böhler, S. 67.
29 StadtAM Personalmeldebogen B 167 (Wilhelm Böhler, Julius Böhler). – Im Meldebogen von Wilhelm Böhler lautet der Eintrag: „Vorübergehend hier, hausirt auf dem Lande".
30 Ebenda.
31 Ebenda.
32 StadtAM Personalmeldebogen B 167 (Wilhelm Böhler); Adreßbuch von München, 1911, S. 57; 1918, S. 68.
33 Karl Fischer (geb. 22.8.1889) stammte aus Bamberg. Das Studium der Kunstgeschichte in München schloss er 1913 mit dem Staatsexamen ab. Der Kriegsausbruch 1914 vereitelte seine Absicht, den akademischen Lehrberuf an der Münchner Kunstakademie zu ergreifen. Nach der Entlassung aus dem Militärdienst 1918 arbeitete er vorübergehend als Zeichenlehrer an der Münchner Luitpold-Oberrealschule. 1919 gab er den Lehrberuf auf und trat in das 1917 von seiner Ehefrau Franziska gegründete kleine Antiquitätengeschäft in der Brunnstraße 1 ein, bevor er 1923 Teilhaber bei Katharina Böhler wurde (Karl Fischer 70 Jahre.; 75 Jahre Firma Fischer-Böhler; Karl Fischer 75 Jahre; BWA K1.5, 1233). 1939 erzielte Fischer einen Umsatz von 470.000 RM, 1943 von 770.000 RM, 1948 von 63.000 DM (BWA K1.1, 3460).
34 Auktionshaus Stuker, Sammlung, S. 12; Münchner Stadtadressbuch 1981, S. 227.
35 StadtAM Personalmeldebogen B 167 (Julius Böhler).
36 Möller, Kunsthandel, S. 249.
37 Adreßbuch von München 1870, S. 22f.
38 Adreßbuch von München 1883, IV. Theil: Handels- und Gewerbe-Adreß-Buch, S. 7.
39 Bernheimer, Geschäftschronik, bes. S. 42, 52f; Bernheimer, Narwalzahn, S. 24–29.
40 Kahn, Großindustrie, S. 300.
41 Adreßbuch von München 1868, S. 352.
42 Dollansky, Helbing, S. 11.
43 Tabelle 1 im Anhang.
44 Ebenda.
45 StadtAM Personalmeldebogen B 167 (Julius Böhler).
46 Adreßbuch von München 1888, S. 288f.
47 Müller, Böhler, S. 21.
48 Ebenda, S. 22.
49 BWA F43, 603, S. 43.
50 Müller, Böhler, S. 22.
51 Ebenda, S. 23.
52 Ebenda, S. 24.
53 Ebenda, S. 27
54 Ebenda, S. 36.
55 Ebenda, S. 38.
56 Tabelle 1 im Anhang.
57 Zeitschrift des Münchner Alterthums-Vereins, Neue Folge 2 (1888/89), S. 66.
58 Ebenda, Neue Folge 3 (1890), S. 87.
59 BayHStA KA, OP 5003 (Militärärztliches Zeugnis Julius Wilhelm Böhler, 30.6.1916). Wilhelm (Willy) Böhler hielt 1914 in der Firma ein Guthaben von 250.000 Mark, das mit vier Prozent verzinst wurde. Er starb am 22.5.1942 in Starnberg (BWA F43, 607, S. 56; StadtAM Personalmeldebogen B 167 (Wilhelm Böhler); Einwohnermeldekarte B 251 (Wilhelm Böhler).
60 StadtAM Personalmeldebogen B 167 (Julius Böhler).
61 StadtAM Einbürgerungsakt 1887/230.
62 BWA F43, 802, S. 10–33.
63 Auer, Krauss-Maffei, S. 91.
64 Haus der Bayerischen Geschichte, Götterdämmerung, S. 61.
65 BWA F43, 603, S. 36.
66 BWA F43, 827; 792, S. 1–71 (eigene Berechnung).
67 BWA F43, 802, S. 9, 30, 34, 39, 45.
68 BWA F43, 598, S. 24; 792, S. 142f.
69 BWA F43, 802, S. 78.
70 Manuskript-Katalog der Sammlung Böhler (in Familienbesitz).
71 Julius Böhler an Christian Klemm in Colmar, 13.1.1912, zit. n. Kunst zwischen den Grenzen.
72 Martin, Jahrbuch, S. 29.
73 StadtAM Personalmeldebogen B 167 (Julius Böhler).

74 Adreßbuch von München 1892, Teil II, S. 169.
75 1891 ist der Wert des Hauses (nach Abzug der darauf lastenden Hypotheken) mit 15.000 Mark taxiert (BWA F43, 802, S. 35).
76 Zum Münchner Immobilienmarkt vgl. Winkler, Hausbesitz.
77 StadtAM Personalmeldebogen B 167 (Julius Böhler).
78 BWA F43, 802, S. 61.
79 BWA F43, 935 (Notariatsurkunde, 1907).
80 BWA F43, 802, S. 78.
81 BWA F43, 936 (Notariatsurkunde, 1895). Auf dem Anwesen (Hausnummer 213) lastete eine Hypothek von 10.800 Mark.
82 BWA F43, 942 (Notariatsurkunden, 13.1.1896, 3.8.1896, 14.12.1896). Die Teilung zwischen Adolph Thiem und Julius Böhler erfolgte 1897 (BWA F43, 944 = Notariatsurkunde, 6.7.1897).
83 BWA F43, 802, S. 68.
84 Müller, Böhler, S. 49; Schober, Villen, S. 72–75 (mit Abbildung der Böhler-Villa).
85 Tabelle 10 im Anhang.
86 BWA F43, 603.
87 Tabelle 10 im Anhang.
88 Tabelle 16 im Anhang.
89 Luthmer, Ferdinand: Handbuch für Dekorateure und Privatleute, 1897, zit. n. Gramlich, Die Thyssens, S. 39.
90 Beissel, Kunstwerke, S. 81, 95.
91 Jandolo, Bekenntnisse, S. 155.
92 Schweizerisches Landesmuseum in Zürich. Fünfter Jahresbericht 1896, S. 141.
93 Jandolo, Bekenntnisse, S. 161, 163.
94 Fuhrmann, Pringsheim.
95 BWA F43, 603, S. 14, 23, 29, 34, 37, 53f, 61f, 75, 87, 91, 93, 98; 601, S. 10; 611, S. 6; 598, S. 3; 609, S. 2; 608, S. 2.
96 BWA F43, 603, S. 14, 37, 53, 61.
97 BWA F43, 611, S. 29, 67; 598, S. 75; 609, S. 23; 608, S. 78, 96.
98 BWA F43, 603, S. 99, 151; 598, S. 167; 609, S. 161.
99 BWA F43, 603, S. 5, 22, 24f, 27, 29f, 32, 34, 36, 180–183; 601, S. 1–3; 611, S. 1; 598, S. 1; 609, S. 50; 608, S. 50.
100 BWA F43, 603, S. 5, 41, 57; 601, S. 35; 611, S. 11, 59.
101 BWA F43, 609, S. 21, 37, 94; 608, S. 19.
102 BWA F43, 603, S. 27, 38, 58, 97; 601, S. 43; 611, S. 54, 155, 171, 178f; 598, S. 60; 609, S. 57; 608, S. 88.
103 BWA F43, 601, S. 149, 153, 169, 176; 611, S. 158f, 165, 169, 184, 190, 202; 598, S. 65; 609, S. 60, 202, 204; 608, S. 28.
104 BWA F43, 603, S. 1, 19, 21, 36–38, 41f, 48, 70, 91; 601, S. 26; 611, S. 10; 598, S. 5; 609, S. 4; 608, S. 4.
105 BWA F43, 598, S. 176; 609, S. 199f; 608, S. 75.
106 BWA F43, 603, S. 9; 611, S. 161; 609, S. 180; 608, S. 152.
107 BWA F43, 601, S. 166; 611, S. 181; 598, S. 158, 177; 609, S. 154, 176, 178, 196; 608, S. 151, 156, 186.
108 BWA F43, 609, S. 172, 179, 199; 608, S. 191.
109 BWA F43, 609, S. 171, 200.
110 BWA F43, 603, S. 16, 74, 91; 601, S. 61; 611, S. 42, 150; 598, S. 58; 609, S. 56; 608, S. 55.
111 BWA F43, 611, S. 201; 609, S. 157, 170, 177; 608, S. 151, 155, 174.
112 BWA F43, 603, S. 10, 34, 40, 48, 57, 69; 601, S. 98; 611, S. 151, 158, 164, 180, 185–187, 189, 201; 598, S. 72; 609, S. 157, 163, 171, 175, 177; 608, S. 173.
113 BWA F43, 603, S. 20; 598, S. 171, 174; 609, S. 160, 175, 183; 608, S. 155.
114 Kuhrau, Kunstsammler, S. 68.
115 Segieth, Hirth.
116 Buerkel, Jugenderinnerungen, S. 176.
117 BWA F43, 603, S. 26, 29, 32, 37, 41, 44f, 51, 63, 71, 74; 601, S. 20f; 611, S. 8, 50, 63; 598, S. 16, 25; 609, S. 13, 35, 41; 608, S. 12.
118 BWA F43, 603, S. 94; 601, S. 42; 611, S. 56, 150, 178–180; 598, S. 61; 609, S. 58; 608, S. 193.
119 BWA F43, 603, S. 2; 601, S. 144; 611, S. 190, 200f; 609, S. 60; 608, S. 51.
120 BWA F43, 603, S. 14, 34; 598, 153; 609, S. 175.
121 BWA F43, 603, S. 5; 601, S. 146; 609, S. 160.
122 BWA F43, 603, S. 55; 601, S. 150.
123 BWA F43, 601, S. 150; 609, S. 182; 608, S. 152, 170, 191.
124 BWA F43, 608, S. 99, 161, 163, 165.
125 BWA F43, 601, S. 141.
126 Ebenda, S. 81.
127 BWA F43, 603, S. 1, 20, 31, 83; 601, S. 68; 611, S. 151, 189; 598, S. 151, 153; 609, S. 150, 190; 608, 153.
128 BWA F43, 603, 4, 25f, 34, 97; 601, S. 143, 145, 150, 163, 165.
129 BWA F43, 603, S. 98; 601, S. 141.
130 Kuhrau, Kunstsammler, S. 75.
131 BWA F43, 598, S. 177; 609, S. 152, 180, 188, 191, 199, 202; 608, S. 100, 108; 596, S. 84; 610, S. 80; 599, S. 150, 180; 604, S. 190; 602, S. 162.
132 BWA F43, 603, S. 68, 70; 601, S. 161; 611, S. 68, 70, 191, 198.
133 BWA F43, 609, S. 200; 608, S. 103, 162; 596, S. 157, 160f; 610, S. 166, 189, 191; 599, S. 188; 604, S. 176.
134 BWA F43, 601, S. 146; 611, S. 157, 159, 176, 202; 598, S. 71; 596, S. 179; 602, S. 212.
135 BWA F43, 611, S. 175, 185; 598, S. 151; 604, S. 223; 602, S. 164.
136 Kuhrau, Kunstsammler, S. 51–53, 283.
137 BWA F43, 609, S. 156, 184, 200, 202, 204; 608, S. 76; 596, S. 150, 159; 602, S. 170, 185, 194, 198; 605, S. 186; 600, S. 23; 597, S. 194.
138 BWA F43, 603, S. 4, 601, S. 154, 157; 611, S. 152, 196; 598, S. 67; 605, S. 133; 600, S. 99; 606, S. 115.
139 BWA F43, 603, S. 7, 47, 66f, 79, 97; 601, S. 66; 611, S. 150, 178, 200; 609, S. 171f, 201; 608, S. 75; 596, S. 79; 610, S. 79; 599, S. 85.
140 Müller, Böhler, S. 33f.
141 Heisig, von Heyl, S. 258.
142 BWA F43, 601.

143 BWA F43, 608.
144 BWA F43, 598, S. 91, 166; 609, S. 64, 85, 176f; 608, S. 29, 48, 115.
145 BWA F43, 601, S. 148, 155f, 158, 166, 174; 611, S. 36, 46; 598, S. 78; 609, S. 25; 608, S. 21; Kuhrau, Kunstsammler, S. 271f.
146 BWA F43, 603, S. 76, 79; 601, S. 47; 611, S. 156, 167; 598, S. 73, 87; 609, S. 30.
147 BWA F43, 603, S. 74, 93; 601, S. 100; 611, S. 23; 598, S. 9; 609, S. 51; 608, S. 51.
148 BWA F43, 601, S. 108; 611, S. 35; 598, S. 12; 609, S. 167, 171; 608, S. 167.
149 BWA F43, 602, S. 110; 611, S. 37, 150; 598, S. 83; 609, S. 29; 608, S. 39.
150 Matthes, Simon, S. 42.
151 Gustav Pauli an Hamburger Kunsthalle, 20.11.1917, zit. n. Matthes, Briefe, S. 21.
152 BWA F43, 631, S. 131.
153 Matthes, Briefe, S. 202 mit Anm. 479. – Simon besaß ein Vermeer-Gemälde „Dame und Dienstmagd", das er 1906 für 300.000 Mark erworben hatte und Anfang 1919 für 263.000 Dollar verkaufte (ebenda, S. 258, Anm. 721).
154 BWA F43, 617, S. 48.
155 BWA F43, 795, SS. 194f.
156 BWA F43, 603, S. 15; 601, S. 178; 611, S. 24, 58; 609, S. 54; 608, S. 54.
157 BWA F43, 601, S. 107, 163, 166; 598, S. 84; 609, S. 63; 608, S. 58.
158 BWA F43, 608, S. 179.
159 BWA F43, 611, S. 186; 598, S. 53, 180; 609, S. 79; 608, S. 103; 610, S. 115; 604, S. 220; 602, S. 164.
160 BWA F43, 603, S. 49, 86, 99; 601, S. 22; 611, S. 9; 598, S. 4; 609, S. 3; 608, S. 3.
161 BWA F43, 603, S. 43; 598, S. 86; 609, S. 76; 608, S. 83; 596, S. 95.
162 BWA F43, 601, S. 105, 111; 611, S. 31; 598, S. 11, 26; 609, S. 9, 36; 608, S. 8.
163 BWA F43, 596, S. 6; 610, S. 5; 599, S. 3; 604, S. 1.
164 Müller, Böhler, S. 39.
165 BWA F43, 601, S. 168; 611, S. 167; 598, S. 84; 609, S. 76; 608, S. 87.
166 BWA F43, 603, S. 86; 601, S. 53; 611, S. 34; 598, S. 79, 90; 609, S. 26; 608, S. 95.
167 Töppel, Zschille.
168 1889 bestanden Forderungen aus 1887/88 gelieferten, aber noch nicht vollständig bezahlten Objekten in Höhe von 9.261 Mark (BWA F43, 603, S. 1).
169 BWA F43, 603, S. 27, 31, 80, 86, 160; 601, S. 6–9; 611, S. 3–5; 598, S. 2, 24; 609, S. 1; 608, S. 1.
170 BWA F43, 792, S. 462–469; 793, S. 328–335.
171 BWA F43, 598, S. 17; 609, S. 14; 608, S. 13; 596, S. 9.
172 BWA F43, 603, S. 29, 85, 95; 601, S. 45; 611, S. 62, 158, 163, 178, 186, 190; 598, S. 79; 609, S. 27; 608, S. 88.
173 BWA F43, 609, S. 77; 608, S. 63; 596, S. 76.
174 BWA F43, 609, S. 189, 193, 198, 201; 608, S. 74, 114.
175 BWA F43, 603, S. 38; 601, S. 94, 146; 611, S. 21; 598, S. 52; 609, S. 54; 608, S. 53, 168.
176 BWA F43, 603, S. 20, 28, 94; 611, S. 161, 175, 199; 609, S. 160, 173, 178, 190, 197; 608, S. 85.
177 BWA F43, 603, S. 48, 53, 65, 70, 73, 82, 92; 601, S. 82; 611, S. 21; 598, S. 77, 88; 609, S. 24, 38; 608, S. 20, 115.
178 BWA F43, 609, S. 196, 200, 202; 608, S. 38.
179 BWA F43, 611, S. 198; 609, S. 157, 177, 183f, 204; 608, S. 67. – Von 1899 bis 1907 erwarb er weitere Objekte für 11.700 Mark (BWA F43, 596, S. 77; 610, S. 77; 599, S. 84; 604, S. 123; 602, S. 66).
180 BWA F43, 601, S. 173; 608, S. 186, 192; 596, S. 154; 602, S. 186.
181 BWA F43, 603, S. 10; 601, S. 177; 609, S. 197; 608, S. 155, 162, 176, 187.
182 BWA F43, 603, S. 27, 46, 66, 69; 601, S. 52; 611, S. 18, 65; 598, S. 22; 609, S. 52; 608, S. 51; 596, S. 70; 610, S. 38.
183 BWA F43, 601, S. 176; 611, S. 190; 609, S. 165f, 185; 608, S. 68.
184 Erstmals 1889 dokumentiert (BWA F43, 603, S. 42).
185 Ab 1891 (BWA F43, 601, S. 174).
186 BWA F43, 608, S. 96.
187 BWA F43, 603, S 99; 601, S. 141.
188 BWA F43, 608, S. 159.
189 Ebenda, S. 189.
190 BWA F43, 601, S. 165; 611, S. 185; 609, S. 163; 608, S. 169.
191 BWA F43, 609, S. 93.
192 BWA F43, 608, S. 104.
193 BWA F43, 603, S. 13; 601, S. 141, 147; 608, S. 182. – Von 1900 bis 1910 erreichten die Lieferungen 8.100 Mark (BWA F43, 596, S. 176; 610, S. 93; 604, S. 192; 602, S. 205; 605, S. 181).
194 BWA F43, 601, S. 171, 185; 608, S. 188.
195 BWA F43, 603, S. 99; 601, S. 71.
196 BWA F43, 601, S. 165.
197 BWA F43, 609, S. 196.
198 BWA F43, 608, S. 189.
199 BWA F43, 598, S. 19.
200 BWA F43, 603, S. 61; 609, S. 91.
201 BWA F43, 601, S. 156.
202 BWA F43, 603, S. 96; 601, S. 165.
203 BWA F43, 603, S. 68; 601, S. 78; 609, S. 201; 608, S. 192.
204 BWA F43, 609, S. 179 (Historisches Museum).
205 Ebenda, S. 204 (Ostböhmisches Gewerbemuseum).
206 Ebenda, S. 193 (Landesmuseum).
207 BWA F43, 603, S. 86 (Gewerbemuseum); 598, S. 19 (Ferdinandeum).
208 BWA F43, 608, S. 71 (Kunstgewerbemuseum).
209 BWA F43, 608, S. 164 (Rudolfinum); 601, S. 141; 598, S, 92; 609, S. 65 (Kunstgewerbemuseum). Weitere Lieferungen an das Kunstgewerbemuseum von 1900 bis 1904 erreichten 7.500 Mark (BWA F43, 596, S. 118; 610, S. 115; 599, S. 185, 194).

210 BWA F43, 603, S. 85 (Nordisches Museum); 603, S. 31 (Nationalmuseum).
211 BWA F43, 598, S. 94 (Handelsmuseum), 174 (Heeresmuseum); 608, S. 176; 609, S. 35 (Kunstgewerbemuseum). Weitere Lieferungen an das Kunstgewerbemuseum bis 1914 erreichten knapp 8.000 Mark (BWA F43, 596, S. 152; 599, S. 198; 604, S. 165; 605, S 76; 600, S. 104; 607, S. 112; 597, 174).
212 BWA F43, 603, S. 43 (Gewerbemuseum).
213 BWA F43, 598, S. 179 (Landesmuseum).
214 Schweizerisches Landesmuseum in Zürich. Fünfter Jahresbericht 1896, S. 130.
215 BWA F43, 603, S. 3, 19, 28, 64; 601, S. 51; 611, S. 15; 598, S. 85; 609, S. 63; 608, S. 59.
216 BWA F43, 792, S.302f.
217 BWA F43, 603, S. 2, 25, 81f, 98, 101; 601, S. 49f; 611, S. 17; 608, S. 65.
218 BWA F43, 611, S. 49; 609, S. 89; 608, S. 94. – Weitere Lieferungen von 1900 bis 1905 erreichten knapp 20.000 Mark (BWA F43, 596, S. 115; 610, S. 53; 599, S. 107; 604, S. 16).
219 BWA F43, 601, S. 102; 611, S. 183; 609, S. 158, 192; 608, S. 109. – Weitere Lieferungen von 1909 bis 1912 erreichten 9.500 Mark (BWA F43, 605, S. 77f; 600, S. 181).
220 BWA F43, 792, S. 254.
221 BWA F43, 603, S. 13; 611, S. 167; 598, S. 63; 609, S. 20; 608, S. 18, 79. – Weitere Lieferungen von 1899 bis 1911 erreichten 1.900 Mark (BWA F43, 596, S. 11; 610, S. 71; 599, S. 150; 605, S. 99; 600, S. 87).
222 BWA F43, 609, S. 80, 84; 608, S. 98.
223 BWA F43, 608, S. 171, 180.
224 BWA F43, 793, S. 114.
225 Müller, Böhler, S. 72f.
226 Ermittelt anhand der Lagerbucheinträge (BWA F43, 792–795) durch eigene Berechnung für die Jahre 1893, 1898, 1902, 1906 und 1908 (Bruttogewinn = Differenz zwischen Einkaufs- und Verkaufspreis ohne Berücksichtigung des Aufwands für Reisen, Verwaltung, Transport, Lagerung, Versicherung, Zoll etc.).
227 Tabelle 2 im Anhang.

Zweiter Teil

1 Ermittelt anhand der Lagerbucheinträge in BWA F43, 792.
2 Forrer/Fischer, Adressbuch, S. 204–212. – Das Adressbuch umfasst die wichtigsten, aber bei weitem nicht alle damals bestehenden Kunst- und Antiquitätenhandlungen.
3 BWA F43, 792, S. 70–143 (eigene Berechnung).
4 Ebenda, S. 88, 102, 134, 246, 320.
5 Ebenda, S. 232.
6 BWA F43, 793, S. 100.
7 BWA F43, 792, S. 90.
8 BWA F43, 793, S. 82.
9 BWA F43, 792, S. 98.
10 Ebenda, S. 206.
11 BWA F43, 793, S. 146.
12 Müller, Böhler, S. 63; BWA F43, 603, S. 96.
13 BWA F43, 792, S. 396.
14 Müller, Böhler, S. 66; BWA F43, 602, S. 22; 616, S. 248; 795, S. 190f.
15 BWA F43, 792, S. 268–270.
16 BWA F43, 794, S. 46.
17 Ebenda, S. 90, 462.
18 Ebenda, S. 206.
19 BWA F43, 794, S. 220, 226–231.
20 BWA F43, 550, 13-412–13-415, 13-604-13-617.
21 Müller, Böhler, S. 55; BWA F43, 792, S. 88f, 94f, 98–102.
22 BWA F43, 792, S. 206–209.
23 Ebenda, S. 264–267.
24 BWA F43, 793, S. 332–335, 356–359.
25 BWA F43, 793, S. 430–433; 794, S. 196f, 200f.
26 BWA F43, 794, S. 228–231.
27 Ebenda, S. 198–201.
28 BWA F43, 793, S. 126–137.
29 BWA F43, 794, S. 150–157.
30 BWA F43, 793, S. 454–459.
31 BWA F43, 794, S. 46.
32 Ebenda, S. 40.
33 Ebenda, S. 222–227.
34 Ebenda, S. 426–443.
35 BWA F43, 795, S. 264.
36 Ebenda, S. 268.
37 BWA F43, 550, 13-1139–13-1156.
38 Ebenda, 14-138–14-151.
39 BWA F43, 792, S. 76f (1893).
40 BWA F43, 793, S. 242 (Juni 1899).
41 Catterson, Introduction, S. 27. – Zu Bodes gescheitertem Versuch, Julius Böhler 1893/94 zusammen mit dem Florentiner Kunsthändler Stefano Bardini (1836–1922) in den illegalen Transfer eines Bildes aus Florenz nach Berlin einzubinden, vgl. Smalcerz, Smuggling, S. 181–187; Müller, Böhler, S. 57–59.
42 Müller, Böhler, S. 56.
43 BWA F43, 792, S. 306–316 (eigene Berechnung).
44 Ebenda, S. 308, 310, 316.
45 Ebenda, S. 400–424 (eigene Berechnung).
46 Ebenda, S. 408, 416.
47 BWA F43, 793, S. 148–165.
48 Ebenda, S. 250f.
49 Ebenda, S. 302f; Müller, Böhler, S. 60.
50 BWA F43, 629, S. 46.
51 BWA F43, 550, 13-329.
52 BWA F43, 793, S. 78–182 (eigene Berechnung).
53 Jahresbericht Oberbayern 1895, S. 214.
54 Ebenda.
55 Ebenda, 1891, S. 144.
56 Ebenda, 1904, S. 56.
57 Wildenstein/Stavridès, Marchands d'art, S. 210; Vignon, Duveen, S. 293.
58 BayHStA KA, OP 5003 (Lebenslauf Julius Wilhelm Böhler, 14.3.1908).
59 Ebenda.
60 Ebenda.
61 Ebenda (Referenzschreiben, 26.3.1908).
62 Ebenda (Personalbogen Julius Wilhelm Böhler).

63 Ebenda OP 5002 (Personalbogen Otto Alfons Böhler, 1907, 1908, 1918; Meldung 1916).
64 Ebenda OP 5003 (Lebenslauf Julius Wilhelm Böhler, 14.3.1908).
65 StadtAM Personalmeldebogen B 167 (Otto Alfons Böhler).
66 BayHStA KA, OP 5003 (Lebenslauf Julius Wilhelm Böhler, 14.3.1908).
67 Ebenda.
68 Ebenda (Einträge im „Überweisungs-Nationale" Julius Wilhelm Böhler); BWA F43, 602, S. 6 (Geldüberweisung, Januar 1907).
69 BayHStA KA, OP 5003 (Julius Wilhelm Böhler an Bezirkskommando I, 21.1.1910).
70 BWA F43, 984 (Friedrich Steinmeyer an Otto Alfons Böhler, 1.4.1913); 1911 und 1912 beantragte er einen Reisepass für Russland (StadtAM Personalmeldebogen B 167 (Julius Wilhelm Böhler).
71 BayHStA KA, OP 5003 (Julius Wilhelm Böhler an Bezirkskommando I, 15.12.1911, 30.4., 28.7., 15.12.1913).
72 Ebenda (Militärärztliches Zeugnis Julius Wilhelm Böhler, 30.6.1916).
73 StadtAM Personalmeldebogen B 167 (Julius Böhler).
74 BayHStA KA, OP 5002 (Personalbogen Otto Alfons Böhler, 31.10.1908).
75 BWA F43, 691 (Julius Böhler an Otto Kahn, 17.3.1919).
76 Adreßbuch von München 1892.
77 Am 23.5.1895 berichtete Julius Böhler an Bode, er „habe die Geschäfts-Lokalitäten wieder um 4 Zimmer vergrößert" (zit. n. Müller, Böhler, S. 51).
78 BWA F43, 934 (Katasterauszug, 1905).
79 1906 wurde das Gebäude mit 750.000 Mark bewertet (BWA F43, 802).
80 BWA F43, 947 (Baupläne, 1903–1905); Schickel, Seidl, S. 133f; Wohn- und Geschäftshaus.
81 Müller, Böhler, S. 52.
82 Kahn, Großindustrie, S. 298f.
83 Julius Böhler an Wilhelm Bode, 15.7.1905, zit n. Müller, Böhler, S. 53.
84 Müller, Böhler, S. 53.
85 BayHStA KA, OP 5003 (Lebenslauf Julius Wilhelm Böhler, 14.3.1908).
86 BWA F43, 596, S. 183; 610, S. 137; 599, S. 97; 604, S. 90; 602, S. 55; 605, S. 152.
87 BWA F43, 600, S. 149; 597, S. 180.
88 BWA F43, 605, S. 83, 86, 234; 600, S. 179; 579, S. 184.
89 BWA F43, 610, S. 110; 599, S. 178; 604, S. 174, 208; 602, S. 220; 600, S. 216.
90 BWA F43, 949 (Baupläne, 1914); 328 (Böhler an Gerlötei, 16.4.1959); 75 Jahre Kunsthandlung Julius Böhler; Alte Gemälde, Antiquitäten.
91 Müller, Böhler, S. 53.
92 Julius Böhler an Wilhelm Bode, 13.6.1907, zit. n. Müller, Böhler, S. 54.
93 Berliner Adreßbuch 1908, S. 221.
94 In den Berliner Adressbüchern erscheint der Eintrag „Julius Böhler, Hofantiquar" bezeichnenderweise nur im Namens- und Straßenverzeichnis, nicht jedoch im Branchenverzeichnis unter der Rubrik „Antiquitäten und Kunsthandlungen" (Berliner Adreßbuch 1909, S. 231, 1910, S. 242, 1913, S. 553).
95 Adreßbuch von München 1899. Handels- und Gewerbe-Adressbuch, S. 10.
96 BWA F43, 793, S. 450; 630, S. 101.
97 Julius Böhler an Marcus Kappel, 7.1.1903, zit. n. Müller, Böhler, S. 48.
98 BWA F43, 632, S. 10, 14.
99 Ermittelt durch eigene Berechnung anhand der Lagerbucheinträge 1898, 1905 und 1911 (BWA F43, 793, 794, 550).
100 Tabelle 4 im Anhang.
101 Müller, Böhler, S. 62.
102 BWA F43, 793, S. 178; 627, S. 159.
103 BWA F43, 617, S. 46.
104 BWA F43, 794, S. 240.
105 BWA F43, 550, 11-690; 618, S. 335.
106 Schäder, Brauindustrie, S. 146.
107 Müller, Böhler, S. 18.
108 Jahresbericht Oberbayern 1908, S. 419.
109 Gegenseitige Kommissionsgeschäfte mit Kunsthandlungen und Sammlern von 1897 bis 1918 sind dokumentiert in BWA F43, 636–639. Von Julius Böhler in Kommission gegebene Objekte sind zudem in den Verkaufsbüchern ab 1893 erfasst (BWA F43, 614–633).
110 Tabelle 4 im Anhang.
111 BWA F43, 603, S. 51. – Zu Brauer vgl. Barbe, Brauer.
112 Tabellen 5, 8 und 9 im Anhang.
113 BWA F43, 602, S. 2.
114 Adreß-Buch oder Verzeichniß 1835, S. 296.
115 Adreßbuch für Köln 1873, S. 162; 1874, S. 159; Adreßbuch für Cöln 1875, S. 162.
116 Greven's Adreßbuch für Köln, Deutz, Mülheim, Ehrenfeld, 1883, S. 190.
117 Greven's Adreßbuch für die Stadtgemeinde Köln, 1895, S. 355.
118 Greven's Adreßbuch für Köln und Umgegend, 1911, S 487; 1912, S. 504; 1913, S. 523. – Vorübergehend betrieben die Brüder Steinmeyer in Köln zusammen mit Stephan Bourgeois d. J. (1881–1964) – dem Sohn des Kunsthändlers Stephan Bourgeois d. Ä. (1838–1899) – die Firma „Steinmeyer & Bourgeois", die eine Filiale in Paris unterhielt. Bourgeois, dessen Schwester mit Heinrich Steinmeyer verheiratet war, schied Ende 1910 aus dieser Firma aus und übersiedelte nach New York, wo er 1914 eine Kunsthandlung eröffnete.
119 StAKL Akt 4135/1429.
120 Tabellen 6, 8 und 9 im Anhang.
121 Tabellen 7, 8 und 9 im Anhang.
122 BWA F43, 794, S. 464.
123 BWA F43, 795, S. 198.
124 Ebenda, S. 209.
125 BWA F43, 617, S. 46.
126 BWA F43, 795, S. 218; 617, S. 41.
127 BWA F43, 795, S. 310; 619, S. 51.

128 BWA F43, 795, S. 238; 618, S. 139.
129 BWA F43, 795, S. 252; 637, S. 52.
130 BWA F43, 550, 11-673–11-701.
131 BWA F43, 795, S. 348.
132 BWA F43, 620, S. 217.
133 BWA F43, 550, 11-1082–11-1106.
134 Ebenda, 11-1108.
135 BWA F43, 550, 12-835; 619, S. 25.
136 BWA F43, 550, 12-896.
137 BWA F43, 619, S. 15.
138 BWA F43, 638, S. 4.
139 Müller, Böhler, S. 60.
140 BWA F43, 794, S. 186–191; 795, S. 278–281, 414–424; 550, 12-701-12-723, 12-1429-12-1443 (eigene Berechnung).
141 BWA F43, 793, S. 196f, 238–249, 252–255., 262f, 266f (eigene Berechnung).
142 BWA F43, 794, S. 26f, 38–43; 48–51; 60–67; 74f, 94f (eigene Berechnung).
143 BWA F43, 794, S. 40f. 50f, 60f, 62f, 66f. Das Gemälde von Francia wurde beim Ankauf noch Raffael zugeschrieben (BWA F43, 632, S. 112).
144 BWA F43, 794, S. 240–243, 252–255, 272–275, 278–283, 296f, 300f, 314f, 338f (eigene Berechnung).
145 BWA F43, 795, S. 152–157, 164–167, 174–181, 186f, 192–199 (eigene Berechnung).
146 BWA F43, 795, S. 176f.
147 BWA F43, 550, 11-849–11-854.
148 BWA F43, 793-795.
149 Ermittelt durch eigene Berechnung anhand der Lagerbucheinträge 1911 (BWA F43, 550).
150 Ermittelt durch eigene Berechnung (ebenda).
151 BWA F43, 550, 11-973; 618, S. 128.
152 BWA F43, 550, 12-860; 618, S. 319.
153 BWA F43, 550, 12-896; 619, S. 15.
154 BWA F43, 550, 12-856; 618, S. 300.

Dritter Teil

1 Müller, Böhler, S. 77.
2 BWA F43, 793, S. 288; 629, S. 59.
3 BWA F43, 794, S. 32; 631, S. 33, 83.
4 BWA F43, 793, 278-280.
5 BWA F43, 794, S. 114; 632, S. 40.
6 BWA F43, 794, S. 322; 615, S. 31f.
7 Müller, Böhler, S. 76f.
8 BWA F43, 795, S. 206; 617, S. 18, 46.
9 BWA F43, 795, S. 278–280.
10 Ebenda, S. 422.
11 BWA F43, 617, S. 340, 346; 618, S. 81, 226; 619, S. 114; 620, S. 169, 360. – Der beim Ankauf kalkulierte Verkaufserlös lag bei 104.000 Mark.
12 BWA F43, 795, S. 375; 618, S. 95.
13 BWA F43, 550, 12-1557; 619, S. 42.
14 BWA F43, 550, 11-1589, 12-724.
15 Ebenda, 12-919.
16 BWA F43, 618, S. 325; 619, S. 75.
17 BWA F43, 550, 12-1383.
18 BWA F43, 619, S. 22; BayHStA MK 14300 (Eugen v. Knilling an Direktion der Staatlichen Galerien, 19.2.1913).
19 BWA F43, 550, 12-862.
20 BWA F43, 618, S. 309.
21 BWA F43, 550, 13-450–13-455.
22 BWA F43, 619, S. 89, 102, 104, 165, 177, 272.
23 BWA F43, 795, S. 352; 617, S. 332.
24 BWA F43, 550, 11-529.
25 BWA F43, 550, 13-35; 841, S. 6.
26 BWA F43, 550, 12-724.
27 BWA F43, 795, S. 418, 424; 550, 11-208.
28 BWA F43, 617, S. 335; 618, S. 32; 619, S. 34; 637, S. 108.
29 Müller, Böhler, S. 77f.
30 BWA F43, 795, S. 416.
31 Ebenda, S. 422, 424.
32 Julius Böhler an Wilhelm Bode, 13.2.1911, zit. n. Müller, Böhler, S. 78.
33 BWA F43, 618, S. 39.
34 https://sammlung.staedelmuseum.de/de/werk/ueberfall-auf-eine-frau; https://sammlung.staedelmuseum.de/de/werk/gewaltszene-gegen-zwei-frauen [Zugriff 25.5.2023].
35 BWA F43, 618, S. 46.
36 Müller, Böhler, S. 78.
37 BWA F43, 795, S. 424.
38 https://www.sammlung.pinakothek.de/de/artwork/Y0GRvK6GRX/francisco-jose-de-goya-y-lucientes/koenigin-maria-luisa-gemahlin-karls-iv-von-spanien [Zugriff 23.3.2022]. – Die vier in der Neuen Pinakothek befindlichen Caprichos „Mönchspredigt", „Hexenhinrichtung", „Der Zweikampf" und „Der Verwundete" stammen von 1820/24.
39 BWA F43, 618, S. 80.
40 Ebenda, S. 127. – Ende 1913 reichte Fischer das Bild für 11.000 Dollar an Böhler & Steinmeyer in New York weiter. Im April 1915 kaufte es für 35.000 Mark Marczell v. Nemes (BWA F43, 841, S. 14; 620, S. 288).
41 BWA F43, 618, S. 233.
42 Ebenda, S. 280.
43 Ebenda, S. 315.
44 BWA F43, 550, 11-1772; 600, S. 66.
45 BWA F43, 550, 12-1304; 619, S. 43.
46 BWA F43, 620, S. 210.
47 BWA F43, 550, 12-1096; 618, S. 366.
48 BWA F43, 550, 12-1444; 619, S. 271.
49 BWA F43, 550, 13-332.
50 Ebenda, 13-1224–13-1235.
51 Roland, Thoughts, S. 23 mit Anm. 2. – Beim Ankauf galten die Bilder noch als Werk von Rembrandt.
52 BWA F43, 619, S. 270, 282, 288f; 606, S. 190.
53 BWA F43, 619, S. 270.
54 https://www.khm.at/de/objektdb/detail/635/?lv=detail; https://www.khm.at/de/objektdb/detail/636/?lv=detail; https://www.khm.at/de/objektdb/detail/637/?lv=detail [Zugriff 22.2.2022].
55 https://emuseum.ringling.org/objects/26327/saint--andrew?ctx=cc8c18a353793caaa7cd8d-6b2ef859e6f7eecae9&idx=10 [Zugriff 22.2.2023].
56 BWA F43, 795, S. 148.

57 BWA F43, 617, S. 172.
58 BWA F43, 795, S. 322–324.
59 Ebenda, S. 250.
60 BWA F43, 617, S. 69, 87, 89, 93, 98, 119, 127, 152, 287; 618, S. 20.
61 BWA F43, 550, 11-101–11-149.
62 BWA F43, 550, 11-109; 618, S. 64.
63 BWA F43, 550, 11-1297, 11-1617.
64 BWA F43, 618, S. 361.
65 BWA F43, 550, 13-381, 15-328.
66 BWA F43, 619, S. 321.
67 BWA F43, 550, 12-1296.
68 Ebenda, 12-1021–12-1049, 12-1158–12-1183.
69 Ebenda, 13-88–13-107, 13-136–13-147, 13-158–13-162.
70 BWA F43, 619, S. 76.
71 BWA F43, 550, 13-99, 15-325, 16-1043.
72 BWA F43, 620, S. 213.
73 BWA F43, 984 (Otto Alfons Böhler an Friedrich Steinmeyer, 18.3.1913). – 1914 lag der Wechselkurs des Rubel bei 2,07 Mark. Ob das Geschäft im April 1914 letztlich auch realisiert wurde, ist aufgrund der fehlenden Überlieferung unklar.
74 BWA F43, 550, 13-135, 14-248.
75 BWA F43, 619, S. 209.
76 Tabellen 2 und 3 im Anhang.
77 Martin, Jahrbuch, S. 29, 153, 167, 351.
78 Das Palais (heute Hanfelder Straße 79) wurde 1920 an Johann Heinrich Graf v. Bernstorff (1862–1939) verkauft, den vormaligen kaiserlich-deutschen Botschafter in Washington. Seit 1976 ist es im Besitz der Stadt Starnberg. Als neuen Wohnsitz in Starnberg bezog die Familie danach die ebenfalls von Architekt Hans Noris errichtete Villa Seehaus (heute Unterer Seeweg 4).
79 StadtAM Personalmeldebogen B 167 (Otto Alfons Böhler).
80 Möller, Kunsthandel, S. 250.
81 Huemer, Sedelmeyer.
82 Seligman, Merchants, S. 92.
83 Howard, Colnaghi.
84 Secrest, Duveen, S. 71, 76f; Vignon, Duveen, S. 179, 229f.
85 Beissel, Kunstwerke, S. 98.
86 Julius Böhler an Wilhelm Bode, 11.8.1896, zit. n. Müller, Böhler, S. 71.
87 Müller, Böhler, S. 72f.
88 Ebenda, S. 71f.
89 Matthes, Briefe, S. 202, Anm. 478.
90 Müller, Böhler, S. 74.
91 BWA F43, 550, 12-1129; 984 (Otto Alfons Böhler an Friedrich Steinmeyer, 18.3.1913).
92 BWA F43, 795, S. 194.
93 BWA F43, 794, S. 50f; 632, S. 112.
94 BWA F43, 550, 11-1297, 11-1617.
95 BWA F43, 795, S. 324; 620, S. 385.
96 BWA F43, 795, S. 326.
97 Gramlich, Die Thyssens, S. 47.
98 1910 wurde eine 1905 für 2.930 Mark erworbene „Riemenschneidermadonna“ abgeschrieben, 1907 ein zwei Jahre zuvor für 2.700 Mark angekaufter „Holsteinischer Altar“ (BWA F43, 794, S. 286, 296).
99 BWA F43, 795, S. 16–23.
100 BWA F43, 794, S. 238–241, 248–251, 254–257, 262f, 266f, 278–281, 286f, 292f, 296–301, 308f, 318–321.
101 BWA F43, 795, S. 320f, 324–327, 338–341, 344f, 352f, 360f, 366–369, 392f, 402f, 406–411, 414–417, 428–431.
102 BWA F43, 543.
103 BWA F43, 795, S. 278; 620, S. 384.
104 BWA F43, 600 (eigene Berechnung).
105 Tabelle 11 im Anhang.
106 Tabellen 12 und 15 im Anhang.
107 BWA F43, 596, S. 23; 610, S. 21; 599, S. 7, 36; 604, S. 13, 38; 602, S. 31f; 605, 23; 600, S. 22, 607, S. 39.
108 BWA F43, 605, S. 213; 600, S. 48, 63, 172; 607, S. 35.
109 BWA F43, 602, S. 211; 605, S. 195; 600, S. 163, 203, 223; 607, S. 47.
110 BWA F43, 610, S. 170; 604, S. 170, 176, 178, 222; 602, S. 83, 104; 605, S. 189; 600, S. 205; 607, S. 171; 597, S. 107.
111 BWA F43, 599, S. 187; 604, S. 163, 214, 230; 602, S. 166; 605, S. 120, 221; 600, S. 209.
112 BWA F43, 604, S. 177, 218; 602, S. 107; 605, S. 122; 600, S. 183; 607, S. 167.
113 BWA F43, 596, S. 188; 599, S. 192; 602, S. 220; 600, S. 186, 215; 607, S. 143; 597, S. 179.
114 BWA F43, 596, S. 49, 102; 610, S. 36, 155; 599, S. 41, 123, 137, 160, 164; 604, S. 19; 602, S. 21; 605, S. 19, 229; 600, S. 18.
115 BWA F43, 604, S. 198; 602, S. 178, 162; 605, S. 118; 600, S. 75; 607, S. 162.
116 BWA F43, 608, S. 97; 596, S. 52, 95, 157; 610, S. 123; 604, S. 203, 205; 602, S. 112; 605, S. 184; 600, S. 161; 607, S. 176.
117 BWA F43, 596, S. 2, 46; 610, S. 1, 54; 599, S. 27, 38; 604, S. 14, 33; 602, S. 30; 605, S. 22; 600, S. 19; 597, S. 144.
118 BWA F43, 596, S. 80, 121; 610, S. 48; 599, S. 82; 604, S. 83; 602, S. 48, 152; 605, S. 172; 600, S. 158; 607, S. 130.
119 BWA F43, 600, S. 121, 221; 597, S. 187.
120 BWA F43, 596, S. 110, 150, 166; 610, S. 86; 599, S. 88; 604, S. 85, 153; 602, S. 50; 605, S. 33; 600, S. 26; 607, S. 120.
121 BWA F43, 602, S. 118; 605, S. 165; 600, S. 131, 155; 607, S. 129.
122 BWA F43, 604, S. 115; 602, S. 86; 605, S. 203; 600, S. 97, 226; 607, S. 146.
123 BWA F43, 596, S. 153, 475; 610, S. 95; 599, S. 91; 604, S. 88; 602, S. 53; 605, S. 151; 600, S. 149; 607, S. 125.
124 BWA F43, 605, S. 108, 178; 597, S. 119.
125 BWA F43, 602, S. 221; 605, S. 190; 600, S. 189; 607, S. 172.
126 BWA F43, 599, S. 34; 604, S. 27; 605, S. 147; 600, S. 147; 607, S. 124.
127 BWA F43, 604, S. 138; 602, S. 94; 605, S. 159; 600, S. 145; 607, S. 123; 597, S. 152.
128 BWA F43, 610, S. 141; 599, S. 98, 133; 604, S. 17; 602, S. 20; 605, S. 18: 600, S. 17; 607, S. 36; 597, S. 36.

129 BWA F43, 65, 102, 127 (Korrespondenz 1931, 1933, 1934).
130 BWA F43, 599, S. 122, 161; 604, S. 169; 602, S. 204; 605, S. 120; 600, S. 133; 607, S. 163; 597, S. 186.
131 BWA F43, 599, S. 176, 180; 604, S. 117.
132 BWA F43, 604, S. 178; 605, S. 178; 600, S. 227; 607, S. 174.
133 BWA F43, 596, S. 22; 610, S. 20; 599, S. 6; 605, S. 208.
134 BWA F43, 598, S. 163, 167, 170; 609, S. 81; 608, S. 172; 596, S. 157; 610, 141; 604, S. 30; 602, S. 27; 605, S. 147; 600, S. 148. – Weitere Stammkunden siehe Tabelle 12 im Anhang.
135 BWA F43, 605, S. 205.
136 BWA F43, 609, S. 194; 608, S. 72; 596, S. 78; 610, S. 78; 599, S. 85; 604, S. 84; 602, S. 49; 605, S. 149; 600, S. 210; 607, S. 140.
137 BWA F43, 599, S. 108; 604, S. 173; 602, S. 172; 605, S. 184; 607, S. 106 (68.900 Mark).
138 BWA F43, 604, S. 135; 602, S. 203; 605, S. 206; 600, S. 167 (65.800 Mark).
139 BWA F43, 596, S. 116, 156, 168, 179; 610, S. 176; 602, S. 220; 599, S. 127; 604, S. 176; 605, S. 73; 600, S. 78 (63.400 Mark).
140 BWA F43, 596, S. 175; 610, S. 136; 604, S. 136; 602, S. 103; 605, S. 125; 600, S. 119 (66.500 Mark).
141 BWA F43, 610, S. 129; 599, S. 121; 604, S. 127; 602, S. 167; 605, S. 122; 600, S. 91; 607, S. 114; 597, S. 124 (62.000 Mark).
142 BWA F43, 605, S. 201; 602, S. 213 (58.200 Mark).
143 BWA F43, 596, S. 96, 153; 610, S. 82; 599, S. 86, 131; 604, S. 114; 602, S. 94; 605, S. 160; 600, S. 152 (61.100 Mark).
144 BWA F43, 610, S. 62; 599, S. 30; 604, S. 10; 602, S. 19; 605, S. 17; 600, S. 144; 607, S. 122; 597, S. 100 (55.400 Mark).
145 BWA F43, 604, S. 179, 221; 602, S. 212, 223; 605, S. 174; 600, S. 114.
146 BWA F43, 605, S. 120; 600, S. 228; 607, S. 169.
147 BWA F43, 596, S. 119; 599, S. 125; 604, S. 32.
148 BWA F43, 604, S. 226; 600, S. 125.
149 BWA F43, 605, S. 228; 600, S. 142.
150 BWA F43, 602, S. 215.
151 BWA F43, 617, S. 239.
152 BWA F43, 604, S. 177.
153 BWA F43, 611, S. 51; 608, S. 177; 599, S. 171; 604, S. 133; 605, S. 218.
154 BWA F43, 596, S. 185, 190; 610, S. 106; 599, S. 123.
155 BWA F43, 600, S. 134.
156 BWA F43, 604, S. 199.
157 BWA F43, 600, S. 129.
158 BWA F43, 596, S, 175.
159 BWA F43, 596, S. 165; 610, S. 132; 599, S. 164, 192.
160 BWA F43, 605, S. 199.
161 BWA F43, 605, S. 77; 600, S. 83.
162 BWA F43, 596, S. 168.
163 BWA F43, 605, S. 226.
164 BWA F43, 602, S. 108.
165 BWA F43, 602, S. 95; 605, S. 211; 600, S. 137.
166 BWA F43, 631, S. 135.
167 Julius Böhler an Wilhelm Bode, 20.8.1902, zit. n. Matthes, Briefe, S. 201, Anm. 475.
168 BWA F43, 633, S. 88.
169 BWA F43, 794, S. 266.
170 BWA F43, 604, S. 173.
171 BWA F43, 550, 13-1147; 619, S. 164.
172 BWA F43, 604, S. 225; 602, S. 106; 605, S. 163; 600, S. 154.
173 BWA F43, 596, S. 175; 599, S. 181; 604, S. 96, 148; 602, S. 72; 605, S. 36.
174 BWA F43, 602, S. 101; 605, S. 180; 600, S. 106; 597, S. 183.
175 BWA F43, 596, S. 44; 610, S. 33; 599, S. 15; 604, S. 80.
176 BWA F43, 599, S. 194, 198; 604, S, 105; 602, S. 61; 600, S. 80.
177 BWA F43, 602, S. 110; 605, S. 188; 600, S. 113.
178 BWA F43, 596, S. 93; 610, S. 82; 599, S. 110; 604, S. 214; 602, S, 134, 164; 605, S. 168.
179 BWA F43, 604, S. 207; 605, S. 127; 600, S. 199; 607, S. 138.
180 BWA F43, 596, S. 30; 610, S. 25; 599, S. 11; 604, S. 6; 602, S. 17; 605, S. 146; 600, S. 147; 607, S. 167; 597, S. 169.
181 BWA F43, 597, S. 169.
182 BWA F43, 610, S. 2, 42; 599, S. 18; 604, S. 8.
183 BWA F43, 596, S. 39; 610, S. 118; 599, S. 93; 604, S. 137; 602, S. 195, 208; 605, S. 124; 600, S. 91, 211; 607, S. 141; 597, S. 186.
184 BWA F43, 596, S. 82, 131; 610, S. 87; 599, S. 88; 604, S. 86; 602, S. 51; 605, S. 109; 600, S. 89, 104, 218; 607, S. 143; 597, S. 162.
185 BWA F43, 596, S. 189; 610, S. 111; 599, S. 163.
186 BWA F43, 596, S. 42; 610, S. 31; 599, S. 124; 604, S. 188; 602, S. 226; 605, S. 108.
187 BWA F43, 596, S. 105; 610, S. 101; 599, S. 92; 604, S. 124; 605, S. 114; 600, S. 90, 232.
188 BWA F43, 596, S. 115; 610, S. 53; 599, S. 107; 604, S. 16.
189 BWA F43, 599, S. 193; 604, S. 121; 602, S. 90; 600, S. 80, 219.
190 BWA F43, 795, S. 104–117.
191 BWA F43, 599, S. 1; 604, S. 25; 602, S. 22; 605, S. 20, 67; 600, S. 30.
192 BWA F43, 602, S. 22.
193 BWA F43, 605, S. 20.
194 BWA F43, 600, S. 30.
195 Müller, Böhler, S. 73–75.
196 BWA F43, 599, S. 1.
197 BWA F43, 602, S. 22; Müller, Böhler, S. 76.
198 BWA F43, 600, S. 30.

Vierter Teil

1 BWA F43, 601, S. 170.
2 BWA F43, 611, S. 170.
3 Ebenda, S. 166.
4 BWA F43, 603, S. 4, 39, 60, 69, 72, 89, 92; 601, S. 13f; 611, S. 7, 60; 622, S. 29, 59, 94; 623, S. 72, 87, 89.
5 Zur Entwicklung der US-Importzölle auf Antiquitäten und Kunstwerke von 1861 bis 1909 vgl. Vignon, Duveen, S. 126–131.
6 Jahresbericht Oberbayern 1896, S. 228; 1904, S. 257.
7 Ebenda 1899, S. 58.
8 Ebenda 1901, S. 263.
9 BWA K1, 3A, 69 (A. S. Drey an Handels- und Gewerbekammer für Oberbayern, 24.4.1905).
10 BWA F43, 633, S. 99; 617, S. 288, 298f.
11 BWA F43, 626, S. 106.
12 BWA F43, 614, S. 67.
13 BWA F43, 616, S. 22.
14 Ebenda, S. 231.
15 BWA F43, 615, S. 87; 618, S. 130.
16 BWA F43, 623, S. 144, 149f, 159.
17 BWA F43, 633, S. 133; 618, S. 105f.
18 BWA F43, 599, S. 166.
19 BWA F43, 604, S. 184.
20 Müller, Böhler, S. 74.
21 BWA F43, 604, S. 175; 633, S. 80.
22 BWA F43, 633, S. 77; 615, S. 92.
23 BWA F43, 604, S. 210; 602, S. 183, 255; 605, S. 107; 600, S. 128, 142.
24 BWA F43, 602, S. 181; 616, S. 66, 70.
25 BWA F43, 604, S. 206, 232; 615, S. 68f, 151.
26 BWA F43, 794, S. 454f; 795, S. 32f, 52f, 68f, 72f; 616, S. 60.
27 Harvard University, Houghton Library: James Stillman diaries, Vol. 37, p. 15f. Für die Übermittlung des Eintrags aus Stillmans Tagebuch danke ich Aubrey Greene.
28 BWA F43, 602, S. 99; 616, S. 68f.
29 BWA F43, 794, S. 326f, 354f, 368f, 398f, 408f; 795, S. 52f, 60f, 72f, 76f.
30 BWA F43, 795, S. 52f.
31 Tabelle 14 im Anhang.
32 Einfuhr von Kunstwerken.
33 Tabelle 13 im Anhang.
34 Tabelle 14 im Anhang. – Der Umsatz in der New Yorker Filiale ist hierbei nicht eingerechnet.
35 Tabelle 15 im Anhang.
36 BWA F43, 607, S. 168.
37 BWA F43, 550, 12-918, 13-11, 13-56; 619, S. 75.
38 BWA F43, 624, S. 135, 144.
39 BWA F43, 599, S. 164f; 632, S. 62, 63, 69.
40 BWA F43, 609, S. 171, 173; 599, S. 193–195; 604, S. 106; 602, S. 61; 605, S. 34; 600, S. 27; 607, S. 41.
41 BWA F43, 617, S. 264.
42 BWA F43, 619, S. 56.
43 BWA F43, 605, S. 187; 600, S. 194; 607, S. 170; 597, S. 188.
44 BWA F43, 618, S. 80.
45 Ebenda, S. 313.
46 BWA F43, 619, S. 222.
47 BWA F43, 795, S. 310; 618, S. 80.
48 BWA F43, 605, S. 134, 222, 231; 600, S. 204.
49 BWA F43, 596, S. 187; 598, S. 60; 600, S. 232.
50 BWA F43, 602, S. 219; 605, S. 145; 600, S. 146.
51 BWA F43, 605, S. 215.
52 BWA F43, 617, S. 281.
53 BWA F43, 617, S. 221.
54 BWA F43, 618, S. 316.
55 Ebenda, S. 342.
56 BWA F43, 795, S. 312; 617, S. 260.
57 BWA F43, 600, S. 200.
58 BWA F43, 618, S. 80.
59 BWA F43 602, S. 184, 137; 605, S. 169; 600, S. 157.
60 BWA F43, 616, S. 83, 209; 617, S. 87, 162, 263.
61 BWA F43, 616, S. 226.
62 BWA F43, 618, S. 117.
63 BWA F43, 604, S. 174, 215; 605, S. 129; 607, S. 105.
64 BWA F43, 605, S. 144; 600, S. 145; 607, S. 176.
65 BWA F43, 602, S. 206; 607, S. 98.
66 BWA F43, 605, S. 100; 600, S. 189.
67 BWA F43, 618, S. 36.
68 BWA F43, 605, S. 94; 600, S. 208; 607, S. 174.
69 BWA F43, 600, S. 109.
70 Ebenda, S. 137.
71 BWA F43, 605, S. 133; 607, S. 108.
72 https://en.wikipedia.org/wiki/Louis_R._Ehrich [Zugriff 14.05.2023].
73 BWA F43, 615, S. 79.
74 BWA F43, 604, S. 211; 602, S. 105, 163; 605, S. 162; 600, S. 153, 226; 607, S. 180.
75 BWA F43, 619, S. 79.
76 BWA F43, 618, S. 297.
77 BWA F43, 619, S. 87.
78 BWA F43, 600, S. 207; 607, S. 45.
79 BWA F43, 550, 12-666; 618, S. 284.
80 BWA F43, 605, S. 221; 600, S. 175, 225.
81 American Art News 10 (1911), Nr. 12, S. 8.
82 BWA F43, 607, S. 46; 619, S. 71.
83 BWA F43, 550, 12-495.
84 Julius Böhler an Wilhelm Bode, 6.5.1912, zit. n. Müller, Böhler, S. 78.
85 BWA F43, 618, S. 281.
86 Julius Böhler an Wilhelm Bode, 23.6.1913, zit. n. Müller, Böhler, S. 78.
87 Müller, Böhler, S. 78.
88 BWA F43, 605, S. 186; 600, S. 123, 227; 607, S. 170; 602, S. 135.
89 BWA F43, 617, S. 145; 619, S. 223.
90 BWA F43, 607, S. 102; 619, S. 66.
91 BWA F43, 795, S. 340; 617, S. 237.
92 BWA F43, 550, 13-149–13-152.
93 BWA F43, 984 (Otto Alfons Böhler an Friedrich Steinmeyer, 18.3.1913).
94 BWA F43, 619, S. 57.
95 Gramlich, Die Thyssens, S. 48.
96 American Art News 5 (1906), Nr. 11, S. 8.

97 Ebenda, 6 (1907), Nr. 11, S. 8.
98 Ebenda, 9 (1910), Nr. 12, S. 8.
99 BWA F43, 680 (Otto Alfons Böhler an Ernst Wustig, 21.3.1938).
100 BWA F43, 662 (Friedrich Steinmeyer an Otto Alfons Böhler, 9.8.1919).
101 BWA F43, 763, 12.12.1911, 31.1.1912.
102 Ebenda, 8.1.1912.
103 BWA F43, 600, S. 70; 607, S. 22.
104 BWA F43, 619, S. 1–5, S. 138–143; 600, S. 56; 618, S. 252.
105 Zum Geschäft der New Yorker Filiale ist lediglich ein von Otto Alfons Böhler angelegtes Kontokorrentbuch überliefert, das den Verkauf von 66 Objekten an US-Kunden dokumentiert (BWA F43, 841). Dabei handelte es sich fast ausschließlich um Kommissionsware aus dem Münchner Stammhaus (einschließlich zahlreicher Halfshares mit Steinmeyer), wie ein Vergleich mit den Münchner Lagerbüchern zeigt. Der Verkaufsumsatz wurde durch Addition der Veräußerungsbeträge ermittelt, wobei die Halfshares nur hälftig einberechnet sind.
106 BWA F43, 680 (Otto Alfons Böhler an Ernst Wustig, 21.3.1938).
107 BWA F43, 842 (Rechtsanwaltskanzlei an Julius Böhler 21.5.1912).
108 BWA F43, 984 (Friedrich Steinmeyer an Otto Alfons Böhler, 28.3.1913)
109 Ebenda (Friedrich Steinmeyer an Otto Alfons Böhler, 25.3.1913).
110 BWA F43, 841, S. 7.
111 Ebenda, S. 15.
112 Ebenda, S. 20,
113 Ebenda, S. 19.
114 Ebenda, S. 9.
115 Ebenda, S. 6.
116 Ebenda, S. 1.
117 Ebenda, S. 17.
118 Ebenda, S. 22.
119 Ebenda, S. 5.
120 Ebenda, S. 18.
121 Ebenda, S. 21.
122 Ebenda, S. 23.
123 Ebenda, S. 2.
124 Ebenda, S. 10.
125 Ebenda, S. 4, 14.
126 BWA F43, 984 (Friedrich Steinmeyer an Otto Alfons Böhler, 27.3., 1.4.1913).
127 Ebenda (Friedrich Steinmeyer an Otto Alfons Böhler, 13.3.1913).
128 BWA F43, 841, S. 4, 14; 550, 11-827, 11-1420, 12-1102.
129 BWA F43, 841, S. 12.

Fünfter Teil

1 BWA F43, 662 (Friedrich Steinmeyer an Otto Alfons Böhler, 9.8.1919); 647 (Friedrich Steinmeyer an Otto Alfons Böhler, 23.7.1919).
2 BWA F43, 550, 15-1–15-369.
3 Tabelle 3 im Anhang.
4 BWA F43, 608, S. 101, 174; 610, S. 135; 599, S. 96; 604, S. 188, 199; 602, S. 171; 605, S. 134;
5 BWA F43, 597, S. 108, 201.
6 BWA F43, 597, S. 181; 606, S. 160; 594, S. 164.
7 BWA F43, 607, S. 155; 597, S. 101, 136; 606, S. 175.
8 BWA F43, 600, S. 120; 597, S. 106; 606, S. 169.
9 BWA F43, 606, S. 196, 213; 594, S. 181.
10 BWA F43, 597, S. 202.
11 BWA F43, 550, 14-279.
12 BWA F43, 606, S. 166.
13 BWA F43, 597, S. 121; 606, S. 109.
14 BWA F43, 597, S. 199; 606, S. 208.
15 BWA F43, 597, S. 125.
16 BWA F43, 597, S. 196.
17 BWA F43, 596, S. 178.
18 BWA F43, 597, S. 203.
19 BWA F43, 606, S. 167; 594, S. 61.
20 BWA F43, 602, S. 211.
21 BWA F43, 597, S. 43.
22 Ebenda, S. 195.
23 BayHStA KA, OP 5003 (Militärärztliches Zeugnis Julius Wilhelm Böhler, 30.6.1916).
24 Ebenda (Aktenvermerk, 3.11.1916).
25 BWA F43, 550, 17-1–17-1418 (eigene Berechnung).
26 Tabelle 4 im Anhang.
27 BWA F43, 550, 16-425–16-460, 16-467–16-471.
28 Ebenda, 16-887–16-906.
29 Ebenda, 17-1259–17-1276, 17-1312–17-1323.
30 Ebenda, 17-1035–17-1065, 18-467, 18-468, 18-633–18-635.
31 Ebenda, 18-459–18-466, 18-473–18-480, 18-492–18-496.
32 Ebenda, 16-220–16-224.
33 Ebenda, 16-381–16-411.
34 Ebenda, 17-629–17-635, 17-649, 17-650, 17-1383–17-1385.
35 Ebenda, 17-361–17-367, 17-389–17-392.
36 Ebenda, 17-1139, 17-1147.
37 Ebenda, 17-704.
38 BWA F43, 616, S. 369.
39 https://rkd.nl/en/explore/images/232191 (Zugriff 3.3.2022].
40 BWA F43, 550, 17-807.
41 BWA F43, 621, S. 39.
42 Tabelle 3 im Anhang.
43 Tabelle 19 im Anhang.
44 BWA F43, 606, S. 209, 221; 594, S. 124.
45 Friedländer, Chillingworth.
46 BWA F43, 606, S. 200.
47 BWA F43, 550, 13-894; 607, S. 178.

48 BWA F43, 597, S. 202; 606, S. 83, 214; 594, S. 122.
49 BWA F43, 597, S. 191, 197; 606, S. 180, 215.
50 BWA F43, 606, S. 50.
51 BWA F43, 606, S. 216; 594, S. 125, 197.
52 BWA F43, 594, S. 188.
53 BWA F43, 597, S. 148; 606, S. 147, 212; 594, S. 180.
54 BWA F43, 606, S. 73; 594, S. 147.
55 BWA F43, 606, S. 53.
56 BWA F43, 597, S. 194; 594, S. 123; 606, S. 163, 205.
57 BWA F43, 594, S. 68.
58 BWA F43, 606, S. 207.
59 BWA F43, 594, S. 194.
60 BWA F43, 597, S. 195; 606, S. 49; 594, S. 189.
61 BWA F43, 603, S. 67.
62 BWA F43, 605, S. 225; 600, S. 182; 607, S. 135.
63 BWA F43, 597, S. 127; 606, S. 201, 208.
64 BWA F43, 597, S. 201; 606, S. 48.
65 BWA F43, 606, S. 114.
66 BWA F43, 606, S. 211; 594, S. 179.
67 BWA F43, 606, S. 190; 594, S. 186.
68 BayHStA KA, OP 5002 (Personalbogen Otto Alfons Böhler).
69 StadtAM Personalmeldebogen B 167 (Julius Wilhelm Böhler).
70 Julius Wilhelm Böhler hielt ab 1922 – ebenso wie sein Bruder Otto Alfons und der Vater Julius Böhler – 30 Prozent des Gesellschaftskapitals der Münchner Firma. Nach seiner Übersiedlung nach Luzern wurde Hans Sauermann mit einer Beteiligung von 10 Prozent als Gesellschafter aufgenommen. Zum 1.7.1926 trat Fritz Steinmeyer mit einer Einlage von 0,84 Millionen RM als stiller Gesellschafter der Münchner Kunsthandlung bei. Der Firmengründer Julius Böhler blieb bis zum 31.12.1929 Gesellschafter (Winkler, Händler, S. 210f.).
71 BWA F43, 592, S. 1
72 StAKL Akt 4135/1429; BWA F43, 647 (Friedrich Steinmeyer an Otto Alfons Böhler, 23.7.1919).
73 BWA F43, 647 (Friedrich Steinmeyer an Otto Alfons Böhler, 9.8.1919).
74 Ebenda (Julius Böhler an KAG Luzern, 16.9.1922).
75 StadtAM Personalmeldebogen B 167 (Julius Wilhelm Böhler).
76 BWA F43, 647 (Fritz Steinmeyer an Julius Böhler, 4.10.1922).
77 StadtAM Personalmeldebogen B 167 (Julius Wilhelm Böhler).
78 BWA F43, 647 (Julius Böhler an KAG, 30.10.1922; KAG an Julius Böhler, 10.3.1923). – Die 1920 von Julius Böhler in deutscher Währung geleistete Einlage bei der KAG in Höhe von 249.000 Mark wurde offenbar durch die Inflation im Laufe des Jahres 1923 wertlos.
79 BWA F43, 647 (Interessengemeinschaftsvertrag „für ein enges Zusammenarbeiten auf dem internationalen Kunstmarkt und den gemeinschaftlichen Ankauf und gegenseitigen Austausch von Waren“, 2./4.8.1925). Gleichzeitig erhöhte die Firma Julius Böhler München ihren Anteil am Grundkapital der Luzerner Kunsthandlung auf 150.000 Francs (150 Aktien). Das entsprach 15 Prozent des Aktienkapitals der KAG, deren Hauptaktionär wohl spätestens Ende der 1930er Jahre Julius Wilhelm Böhler war.
80 Tabelle 3 im Anhang.
81 Umsatz und Gewinn des Münchner Unternehmens erreichten bei weitem nicht mehr die Dimension von vor 1922 (Winkler, Händler, S. 211). Der seither anhaltende Bedeutungsrückgang spiegelt sich in der Anzahl der im Durchschnitt pro Jahr angekauften Objekte (ohne erworbene Kommissionsware): 1923–1929: 315; 1930–1939: 181; 1940–1945: 147; 1948–1960: 126; 1961–1970: 101; 1971–1980: 63; 1981–1992: 36 (BWA F43, 797-800, 591).
82 Winkler, Händler, S. 211–213.
83 BWA F43, 232 (Hubert Wilm).
84 Jandolo, Bekenntnisse, S. 309.

Tabellen

Tabelle 1: Vermögen des Kunsthändlers Julius Böhler, 1881–1889

Jahr	Mark	%	Jahr	Mark	%	Jahr	Mark	%
1881	8.073		1884	42.608	+70	1887	98.722	+44
1882	16.447	+104	1885	48.028	+13	1888	130.000	+32
1883	25.003	+52	1886	68.618	+43	1889	187.200	+44

Vermögen = Summe von Warenbestand, Außenständen, Bank- und Barmitteln
Quelle: BWA F43, 802 (eigene Berechnungen)

Tabelle 2: Vermögen des Kunsthändlers Julius Böhler, 1890–1906 (Mark)

Jahr	Gesamtvermögen	%	Warenbestand	%	Außenstände	Immobilien	[1]Finanzmittel	Schulden
1890	251.131	+34	80.861		86.920	–	90.350	7.000
1891	315.000	+25	97.500	+21	113.200	15.000	89.300	10.030
1892	338.232	+7	114.314	+17	91.809	15.000	134.012	16.903
1893	416.000	+23	146.214	+28	139.320	[2]	134.938	4.472
1894	528.000	+27	142.466	-3	124.307	20.000	248.793	7.566
1895	626.000	+19	216.302	+52	162.149	35.000	216.800	4.251
1896	768.646	+23	256.754	+19	207.373		[3]304.519	–
1897	913.308	+19	304.908	+19	202.502	106.350	[3]299.548	–
1898	1.049.408	+15	354.341	+16	222.067	97.000	[3]376.000	–
1899	1.297.899	+24	347.496	-2	343.556	118.200	[3]488.647	–
1900	1.524.834	+17	460.546	+33	364.945	205.700	563.400	69.757
1901	1.739.179	+14	537.039	+17	328.458	207.700	772.426	106.444
1902	2.061.856	+19	695.439	+29	371.648	203.900	848.260	57.391
1905	2.158.834	+5	[4]810.460	+17	[3]468.489	144.000	[3]813.500	–
1906	3.269.734	+51	[4]1.524.993	+88	[3]481.989	894.000	[3]750.000	–

[1]Bank- und Versicherungsguthaben, Bargeld, Wertpapiere [2]Nicht berücksichtigt [3]Abzüglich Schulden [4]Inkl. ¼-Anteil des Teilhabers Julius Wilhelm Böhler
Quelle: BWA F43, 802 (eigene Berechnungen)

Tabelle 3: Bilanzsumme, Kapitaleinlagen, Bankguthaben, Debitoren, Kreditoren, Warenbestand sowie Brutto- und Nettogewinn der Kunsthandlung Böhler, 1910–1922 (1.000 Mark)

Jahr	Bilanzsumme	Kapitaleinlagen	Bankguthaben[5]	Debitoren[1]	Kreditoren[2]	Warenbestand	Bruttogewinn[3]	Nettogewinn[4]
1910	5.319	3.590	5	2.673	431	2.641	1.297	384
1911	7.133	3.505	5	3.268	971	3.860	1.743	441
1912	9.492	3.545	6	4.894	1.520	4.591	2.211	1.656
1913	9.843	4.387	3	4.636	1.058	5.204	1.725	1.419
1914	8.621	5.102	80	3.327	824	5.118	-94	-94
1915	7.863	3.084	581	2.943	1.011	4.338	1.127	974
1916	7.158	3.343	1.616	1.914	599	3.627	644	558
1917	9.521	2.465	1.042	5.364	2.270	3.055	2.793	2.399
1918	9.559	3.836	2.906	3.632	2.729	3.020	1.392	1.392
1919	11.267	4.215	2.586	3.944	2.977	4.736	[6]	1.762
1920	13.502	5.879	1.238	3.140	3.936	9.120	[6]	2.084
1921	19.893	9.444	2.536	4.644	6.095	12.708	[6]	2.931
1922	66.822	10.760	18.274	11.159	17.045	26.392	[6]	27.342

[1]Außenstände bei Kunden für verkaufte Waren [2]Schulden bei Kunden für gekaufte Waren [3]Gewinn vor Steuern ohne Abzug von Rückstellungen [4]Gewinn vor Steuern nach Abzug von Rückstellungen [5]Ab 1918 inkl. Wertpapiere [6]Nicht ermittelbar
Quelle: BWA F43, 543

Tabelle 4: Ankaufsumsatz mit Anteilsware (U, 1.000 Mark) und Anzahl (Z) der Objekte, 1893–1914

Jahr	Gesamt			Anteilsware			Jahr	Gesamt			Anteilsware		
	U	%	[1]Z	U	%	[1]Z		U	%	[1]Z	U	%	[1]Z
1893	215		1.219	8	4	17	1904	674	+8	1.175	209	31	194
1894	240	+11	1.486	1	1	4	1905	991	+47	1.754	124	13	117
1895	407	+70	1.681	26	6	29	1906	1.612	+63	2.152	246	15	170
1896	440	+8	1.963	15	3	32	1907	1.472	-9	2.114	262	18	149
1897	395	-10	1.957	25	6	123	1908	1.458	-1	1.145	246	17	191
1898	437	+11	1.759	14	3	19	1909	1.916	+31	1.433	394	21	176
1899	565	+29	1.755	9	2	18	1910	2.808	+47	2.408	610	22	258
1900	486	-14	1.642	152	31	502	1911	3.609	+29	1.772	1.425	39	481
1901	477	-2	1.688	153	32	217	1912	4.567	+27	1.557	2.107	46	372
1902	780	+63	1.240	73	9	60	1913	3.147	-31	1.242	1.314	42	194
1903	622	-20	1.164	102	16	95	[2]1914	1.374	-56	531	502	37	91

[1]Anzahl der Lagerbuchnummern [2]Januar bis Juli
Der Umsatz wurde durch Addition des bei jeder Lagerbuchnummer angegebenen Ankaufspreises ermittelt unter Ausscheidung identischer, teilweise mehrfach unter neuer Lagerbuchnummer eingetragener Objekte.
Quelle: BWA F43, 591, 792–795, 827 (eigene Berechnungen)

Tabelle 5: Halbteil-Ankaufsumsatz (U, 1.000 Mark) in Gemeinschaft mit Brauer (Paris/Florenz), Anteil (%) am Gesamtankaufsumsatz und Anzahl (Z) der Objekte, 1895–1914

Jahr	U	%	[1]Z	Jahr	U	%	[1]Z	Jahr	U	%	[1]Z	Jahr	U	%	[1]Z
1895	7	2	14	1900	141	29	482	1905	93	9	82	1910	233	8	73
1896	20	5	124	1901	127	27	205	1906	180	11	127	1911	182	5	67
1897	3	1	16	1902	59	8	45	1907	124	8	73	1912	203	4	48
1898	3	1	8	1903	65	10	72	1908	140	10	143	1913	86	3	27
1899	19	3	41	1904	102	15	168	1909	45	2	34	[2]1914	8	1	1

[1]Anzahl der Lagerbuchnummern [2]Januar bis Juli
Quelle: BWA F43, 792, S. 270, 312, 322, 324, 346, 384, 400, 404, 406–410, 418, 420–426, 444; 793, S. 12; 794, S. 26; 636, S. 8–11, 20–39, 48–51, 56–61, 64–69, 72–77, 84; 634, S. 18–62, 76–91 (eigene Berechnungen)

Tabelle 6: Halbteil-Ankaufsumsatz (U, 1.000 Mark) in Gemeinschaft mit Steinmeyer (Köln), A. S. Drey (München) und Klausner & Sohn (Berlin), Anteil (%) am Gesamtankaufsumsatz sowie Anzahl (Z) der Objekte, 1904–1914

Jahr	Steinmeyer			Drey			Jahr	Steinmeyer			Drey			Klausner		
	U	%	[1]Z	U	%	[1]Z		U	%	[1]Z	U	%	[1]Z	U	%	[1]Z
1904	44	7	8	1	0	2	1910	65	2	22	76	3	33	1	0	7
1905	3	0	10	8	1	6	1911	737	20	201	45	1	27	59	2	80
1906	22	1	5	7	0	4	1912	1.481	32	246	52	1	26	37	0	13
1907	82	6	37	14	1	11	1913	614	20	74	64	2	13	270	9	37
1908	53	4	25	8	1	5	[2]1914	391	28	71	24	2	8	11	1	3
1909	25	1	14	80	4	33										

[1]Anzahl der Lagerbuchnummern [2]Januar bis Juli
Quelle: BWA F43, 636, S. 112, 148, 192, 210, 220; 635, S. 2–39 (Steinmeyer); 636, S. 146, 208; 637, S. 16, 76, 102; 638, S. 24–26 (Drey); 637, S. 92, 120–123; 638, S. 98–103 (Klausner) (eigene Berechnungen)

Tabelle 7: Halbteil-Ankaufsumsatz (U, 1.000 Mark) in Gemeinschaft mit anderen Händlern sowie Anzahl (Z) der Objekte, 1900–1914

Händler	Ort	Jahr	U	Z
Steinmeyer	Köln	1904–1914	3.505	713
Brauer	Paris	1900–1914	1.000	1.647
A. S. Drey	München	1904–1914	400	168
Klausner	Berlin	1910–1914	379	134
Féral	Paris	1910–1913	94	10
Bäuml	Paris	1900, 1906, 1907, 1910–1914	92	32
J. Rosenthal	München	1900–1902, 1906, 1908, 1910–1913	91	39
Kleinberger	Paris	1904, 1909, 1912	86	7
Lippmann	London	1912, 1914	62	5
Heinemann	München	1906–1908, 1910–1912	50	25
Steinharter	München	1902, 1906, 1907, 1910–1912	31	21
Schwarz	Berlin	1911, 1913	27	2
Bachereau	Paris	1900, 1909	25	5
Neumans	Paris	1913	24	2
J. Drey	München	1900, 1901, 1903–1911	23	26
Heilbronner	Paris	1906, 1907, 1912, 1914	21	6
Hamburger	Paris	1909, 1910	20	3
Durlacher	London	1911	20	2
Hackenbroch	Frankfurt am Main	1910, 1912	20	3
Douglas	London	1910	13	3
Rosenbaum	Frankfurt am Main	1900, 1902, 1911	11	3
16 Gemeinschaften, U jeweils unter 10.000 Mark		1900–1913	50	46

Quelle wie Tabelle 6; BWA F43, 636, S. 16, 40, 42, 52, 62, 70, 80, 90, 92, 102, 108, 114–120, 130, 132, 152, 164–170, 184–188, 202, 204, 212, 214; 637, S. 2, 8, 10, 12, 28–32, 36, 50, 52, 66, 72, 74, 82–86, 112, 114, 118, 132; 638, S. 40–44, 62, 66, 68, 84, 88, 120, 168, 172, 176, 188, 190; 639, S. 54 (eigene Berechnungen)

Tabelle 8: Drittteil-Ankaufsumsatz (U, 1.000 Mark) in Gemeinschaft mit anderen Händlern sowie Anzahl (Z) der Objekte, 1900–1914

Händler	Ort	Händler	Ort	Jahr	U	Z
Lippmann	London	Durlacher	London	1911	180	29
Steinmeyer	Köln	Kleinberger	Paris	1905, 1907, 1910, 1912, 1913	75	8
Brauer	Paris	Steinmeyer	Köln	1907, 1913	65	16
Brauer	Paris	A. S. Drey	München	1904, 1905, 1908, 1909, 1911, 1913	64	16
Brauer	Paris	Hamburger	Paris	1909–1911	63	71
Brauer	Paris	Daguèrre	Paris	1909, 1910, 1912, 1913	54	21
Brauer	Paris	Goldschmidt	Frankfurt am Main	1909	34	28
Brauer	Florenz	Constantini	Florenz	1908	25	5
Lippmann	London	Wertheimer	London	1914	22	1
A. S. Drey	München	Rosenbaum	Frankfurt am Main	1901–1903, 1905	20	19
Brauer	Florenz	Bachereau	Paris	1904	15	2
Brauer	Paris	Lowengard	Paris	1902	13	1
Steinmeyer	Köln	J. Rosenthal	München	1912	11	1
A. S. Drey	München	Van Dam	Berlin	1908, 1910, 1911	10	8
Brauer	Paris	Heilbronner	Paris	1902, 1905, 1906	10	5
Brauer	Paris	Rosenbaum	Frankfurt am Main	1902	10	8
Steinmeyer	Köln	Klausner	Berlin	1912	9	4
Steinmeyer	Köln	Dowdeswell	London	1911	9	11
A. S. Drey	München	Bäuml	Paris	1910–1912	9	3
18 Gemeinschaften, U jeweils unter 9.000 Mark				1901–1914	62	52

Quelle: BWA F43, 636, S. 6, 40, 78, 80, 92, 100, 102, 106, 112, 118, 136, 146, 160, 162, 196, 206, 218, 228; 637, S. 4, 26, 46, 58, 60, 64, 66, 72, 86, 106, 108, 118, 128, 134, 150; 638, S. 4, 6, 36, 48, 81, 116, 134, 144, 146, 152, 154, 170, 172, 178, 184, 186; 639, S. 14, 40, 48 (eigene Berechnungen)

Tabelle 9: Viertteil-Ankaufsumsatz (U, 1.000 Mark) in Gemeinschaft mit anderen Händlern sowie Anzahl (Z) der Objekte, 1900–1914

Händler	Ort	Händler	Ort	Händler	Ort	Jahr	U	Z
Brauer	Paris	Steinmeyer	Köln	Canessa	Paris	1912	45	1
Steinmeyer	Köln	Kleinberger	Paris	Dowdeswell	London	1912	31	1
A. S. Drey	München	Durlacher	London	(mit ½-Anteil)		1909	20	1
Brauer	Paris	Lowengard	Paris	(mit ½-Anteil)		1904	15	1
Brauer	Paris	Hamburger	Paris	(mit ½-Anteil)		1912	10	4
Klausner	Berlin	Lippmann	London	(mit ½-Anteil)		1913	10	1
Steinharter	München	J. Drey	München	Rosenbaum	Frankfurt	1909	7	11
A. S. Drey	München	Lippmann	London	Van Dam	Berlin	1910	5	4
9 Partnerschaften, U jeweils unter 5.000 Mark, 1901–1913							23	15

Quelle: BWA F43, 636, S. 78, 190, 206, 218; 637, S. 52, 66, 68, 80, 116; 638, S. 76, 182; 639, S. 16, 18, 34, 38, 50 (eigene Berechnungen)

Tabelle 10: Anzahl der Abnehmer der Kunsthandlung Böhler nach Ländern, 1889–1900 (Anteil in Prozent)

Land	1889	1890/91	1892/93	1893/94	1895/96	1897/98	1899/00
Deutschland	80	78	79	70	73	74	71
davon München	*52*	*34*	*42*	*44*	*44*	*43*	*35*
davon Berlin	*7*	*13*	*16*	*19*	*20*	*20*	*21*
Frankreich	4	4	7	10	9	8	7
davon Paris	*91*	*93*	*90*	*90*	*95*	*90*	*97*
Österreich-Ungarn	10	9	7	11	9	9	8
davon Wien	*50*	*58*	*54*	*43*	*50*	*56*	*63*
Schweiz	3	3	3	4	4	4	4
England	1	2	1	2	1	3	4
davon London	*100*	*57*	*86*	*43*	*66*	*69*	*84*
Niederlande	–	–	0	0	0	0	1
Belgien	0	0	0	1	1	–	1
Italien	0	0	0	0	1	0	2
USA	1	1	1	1	1	0	0
Übrige (inklusive 0)	[1]1	[2]3	[3]2	[4]1	[5]1	[6]2	[7]2
Abnehmer gesamt	285	339	383	305	457	512	485

0 = unter 1 Prozent [1]Belgien, Schweden, Rumänien, Dänemark, Italien [2]Belgien, Italien, Schweden, Russland, Dänemark [3]Niederlande, Belgien, Italien, Schweden, Luxemburg, Türkei [4]Niederlande, Schweden [5]Niederlande, Schweden, Russland, Norwegen [6]Niederlande, Belgien, Schweden, USA, Russland, Monaco, Norwegen, Rumänien [7]Luxemburg, USA, Russland, Monaco, Rumänien, Dänemark, Türkei
Quelle: BWA F43, 596, 598, 601, 603, 608, 609, 611 (eigene Berechnungen)

Tabelle 11: Anzahl der Abnehmer der Kunsthandlung Böhler nach Ländern, 1901–1913 (Anteil in Prozent)

Land	1901/02	1903/04	1905/06	1907/08	1909/10	1911/12	1913
Deutschland	67	64	64	63	58	51	55
davon München	*38*	*37*	*36*	*35*	*32*	*32*	*29*
davon Berlin	*21*	*23*	*23*	*21*	*24*	*24*	*23*
davon Frankfurt am Main	*6*	*6*	*7*	*8*	*8*	*10*	*10*
Frankreich	11	11	10	10	10	11	9
davon Paris	*94*	*94*	*98*	*93*	*93*	*90*	*93*
Österreich-Ungarn	9	9	8	11	14	18	11
davon Wien	*47*	*54*	*64*	*70*	*60*	*59*	*57*
davon Budapest	*0*	*0*	*0*	*7*	*13*	*16*	*21*
Schweiz	3	3	4	3	3	2	2
England	5	3	5	3	4	5	7
davon London	*90*	*80*	*81*	*80*	*90*	*91*	*90*
Niederlande	0	2	2	2	1	1	1
Belgien	0	1	0	0	1	1	1
Italien	2	3	2	2	2	2	2
Norwegen	0	–	–	0	0	0	1
Schweden	0	0	0	0	0	0	1
USA	0	2	2	3	4	6	8
Übrige (inklusive 0)	[1]3	[2]2	[3]3	[4]3	[5]3	[6]3	[7]2
Abnehmer gesamt	455	460	521	585	669	640	378

0 = unter 1 Prozent [1]Monaco, Rumänien, Norwegen, Schweden, USA, Russland, Niederlande, Belgien [2]Monaco, Rumänien, Griechenland, Russland, Schweden [3]Belgien, Schweden, Russland, Rumänien, Monaco, Australien, Spanien, Türkei [4]Rumänien, Dänemark, Monaco, Norwegen, Russland, Türkei, Schweden, Belgien [5]Schweden, Russland, Monaco, Norwegen, Kanada, Argentinien, Türkei [6]Schweden, Dänemark, Ägypten, Rumänien, Türkei, Argentinien, Norwegen, Kanada, Spanien [7]Argentinien, Norwegen, Kanada, Rumänien, Belgien, Russland
Quelle: BWA F43, 599, 600, 602, 604, 605, 607, 610 (eigne Berechnungen)

Tabelle 12: Sammler-Abnehmerkunden (ohne USA) nach Verkaufsumsatz (U, 1.000 Mark) im Zeitraum 1899–1914

Sammler	U	Sammler	U
Bodmer, Hans Conrad, Zürich	1.937	v. Kaulbach, Friedrich A., München	111
v. Nemes, Marczell, Budapest	1.308	v. Buisson, August, München	104
Langaard, Christian, Oslo	929	Güttler, Carl, München	102
Simon, James, Berlin	781	Lanz, Otto, Bern/Amsterdam	100
Koppel, Leopold, Berlin	550	v. Schnitzler, Richard, Köln	98
Pringsheim, Alfred, München	506	Zorn, Anders, Stockholm	98
Brown, Charles E. L., Baden	284	v. Szápáry, Friedrich, Budapest	92
Kranz, Josef, Wien	243	Thomson, James, Paris	92
v. Goldschmidt-Rothschild, Max, Frankfurt am Main	223	Jaffé, Alfons, Berlin	90
Figdor, Albert, Wien	214	Beit, Alfred, London	89
v. Stumm, Ferdinand C., Holzhausen	210	Auberlen, Wilhelm, München	86
Auspitz v. Artenegg, Stefan, Wien	208	v. Dirksen, Willibald, Berlin	82
v. Pannwitz, Walther, München / Berlin	207	i. Bayern, Luitpold Emanuel, München	80
v. Hollitscher, Carl, Berlin	201	Iklé, Leopold, St. Gallen	77
Porgès, Jules, Paris	179	Riedemann, Heinrich A., Hamburg	77
Schnitzler, Arthur, Klink	178	Salomonsohn, Arthur, Berlin	76
Van Gelder, Michel, Brüssel	176	Cramer-Klett, Theodor, München	76
Müller, Waldemar, Berlin	170	Winthrop, Neilson, Dresden/Nizza	75
Wolf, Paul, Salzburg/Berlin	168	Cremer, Josef, Dortmund	75
Wurts, George W., Rom	166	Clemens, Wilhelm, München	75
Simon, Eduard, Berlin	150	v. Herzog, Moritz, Budapest	74
Thiem, Adolf, Berlin/San Remo	149	Loeb, James, München	74
Schoeller, Alexander, Berlin	142	v. Hatvany, Ferenc, Budapest	73
Back v. Begavar, Bernhard, Szegedin	140	Hagen, Louis, Köln	73
v. Bissing, Friedrich W., München	122	Gutmann, Eugen, Berlin	72
v. Kaufmann, Richard, Berlin	120	v. Kiss-Schratt, Katharina, Wien	70
Bondy, Oscar, Wien	117		

Quelle: BWA F43, 596, 597, 599, 600, 602, 604, 605, 607, 610 (eigene Berechnungen)

Tabelle 13: Export von Antiquitäten aus Europa in die USA, 1906–1911 (1.000 Dollar)

Jahr	1906	%	1907	%	1908	%	1909	%	1910	%	[1]1911	%
Frankreich	2.571	62	3.163	61	2.481	63	923	29	9.036	44	11.750	53
England	740	18	995	19	777	20	1.160	35	8.722	43	6.900	31
Deutschland	225	6	231	5	129	3	293	9	936	5	1.250	6
Italien	435	10	369	7	334	9	301	9	619	3	1.000	4
Niederlande	[2]	–	117	2	74	2	58	2	344	2	195	1
Sonstige	[3]170	4	285	6	116	3	504	16	687	3	1.005	5
Gesamt	4.141	100	5.160	100	3.911	100	3.239	100	20.344	100	22.100	100
Zollfrei	–		–		–		–		18.643		20.500	

[1]Geschätzt [2]Nicht ermittelbar [3]Inkl. Niederlande
Quelle: Einfuhr (eigne Berechnungen)

Tabelle 14: Verkaufsumsatz in den USA (ohne Filiale New York) sowie Anzahl (Z) der verkauften Objekte (inkl. Gemälde G), 1889–1914

Jahr	Mark	Z	G	Jahr	[1]Dollar	Mark	[6]Gesamt	Z	G
1889	6.205	192	–	1904	–	31.089	31.089	8	1
1890	10.810	122	–	1905	4.943	12.704	[7]43.639	28	2
1892	7.420	37	–	1906	10.409	107.594	151.311	64	12
1893	20.370	43	–	1907	–	362.230	362.230	47	24
1894	2.895	13	–	1908	29.275	65.527	188.482	62	8
1895	886	7	1	1909	30.950	81.030	211.020	138	19
1896	800	1	1	1910	146.340	224.435	[3]861.548	120	30
1897	9.866	14	–	1911	17.350	548.115	[4]627.725	84	38
1899	[2]10.100	2	–	1912	43.925	752.215	936.700	88	38
1900	1.910	4	1	1913	328.725	415.395	[5]1.867.265	95	39
1901	960	2	–	1914	1.300	178.448	183.448	24	8
1903	23.635	55	10	Gesamt	613.217	2.874.639	5.560.314	1.250	232

[1]1Dollar = 4,20 Mark [2]Inkl. 2.000 Francs (1 Franc = 0,80 Mark) [3]Inkl. 28.485 Francs [4]Inkl. 1.600 Francs [5]Inkl. 3.500 Pfund Sterling (1 Pfund = 20,35 Mark) [6]In Mark [7]Inkl. 500 Pfund Sterling
Quelle: BWA F43, 596–611 (eigene Berechnungen)

Tabelle 15: Verkaufsumsatz (U, 1.000 Mark) in den USA (ohne Filiale New York) nach Abnehmern sowie Anzahl der dabei unter anderem verkauften Gemälde (G), 1889–1914

Jahr	Abnehmer	Ort	U	G
1913	Willys, John N.	Toledo	760	3
1906–1909, 1911–1913	Ehrich, Louis R.	New York	624	44
1913	Reinhardt, Henry	New York	533	8
1903–1905, 1908–1913	Hearst, William R.	New York	520	17
1911–1913	Fischer Victor G.	New York	443	15
1906, 1907	Stillman, James J.	New York	389	9
1904, 1909–1914	Johnson, John G.	Philadelphia	388	36
1909–1911	Untermyer, Samuel	New York	378	6
1908–1914	Metropolitan Museum	New York	198	1
1900, 1912	Speyer, James	New York	178	5
1907–1911, 1913	Williams, F. C.	Norristown	135	–
1908, 1910, 1912	Fleitman, Frederick T.	New York	135	8
1911	Ryerson, Martin A.	Chicago	128	9
1910	Schiff, Mortimer L.	New York	111	–
1910, 1913	Warburg, Paul M.	New York	76	4
1910, 1911, 1913	Eccles, George W.	New York	59	8
1908, 1911, 1913	Schiff, Jakob H.	New York	59	4
1911–1914	McIlhenny, John D.	Philadelphia	55	11
1910, 1911	Kahn, Otto H.	New York	42	1
1912	Eells, Howard P.	Cleveland	40	1
1909, 1913	Chatain, Robert N.	Chicago	38	–
1905, 1911	Wilson, H. B.	New York	36	2
1905, 1906, 1910, 1913	Wilson, Orme	New York	35	4
1899–1914	Obige 23 Abnehmer		5.360	196
1899–1914	Weitere 52 Abnehmer		201	34
1889–1898	15 Abnehmer		53	2
1889–1914	Insgesamt 90 Abnehmer		5.614	232

Quelle: BWA F43, 596–611 (eigene Berechnungen)

Tabelle 16: Händler-Stammabnehmer (ohne USA), 1889–1913

Quelle: BWA F43, 596, 598–605, 607–611.

- ● über 10 Nennungen
- ● 4–6 Nennungen, ganz oder überwiegend bis 1900
- ● 7–9 Nennungen, ganz oder überwiegend bis 1900
- ● 4–6 Nennungen, ganz oder überwiegend ab 1901
- ● 7–9 Nennungen, ganz oder überwiegend ab 1901

(maßgebend ist die Anzahl der Nennungen in den Kontokorrentbüchern, nicht der Umsatz)

A–C	
Allain, E., Paris	●
Bach, L., Paris	●
Bachereau, Victor, Paris/London	●
Bäuml, Henri, Paris	●
Bacri Frères, Paris	●
Ball, Hermann, Dresden	●
Bamberger, David, Frankfurt	●
Barozzi, Dino, Venedig	●
Bernheimer, Lehmann, München	●
Blumauer, Carl, Linz	●
Böhler, Wilhelm (Katharina), München	●
Bourgeois Gebr., Köln	●
Bourgeois, Stephan, Paris	●
Brunner, Charles, Paris	●
Buttery, Ayerst Hooker, London	●
Canessa, C. & E., Paris/Neapel	●
Chappey, Édouard, Paris	●
Colli Gebr., Innsbruck	●
Colnaghi & Co., London	●
D–F	
Daguèrre, Henri, Paris	●
Van Dam, Jaques A., Berlin	●
Dowdeswell, London	●
Drey, A. S., München	●
Drey, Julius, München	●
Drey, Ignatz, München	●
Dreyfus, Emile, Genf	●
Durlacher Brothers, London	●
Duveen Brothers, London	●
Egger, I., Paris	●
Einstein, Hermann, München	●
Fenton & Sons, London	●
Fischer, Jakob, Wien	●
Forrer, Robert, Straßburg	●
Frank, H., Paris	●
Fröschels, Adolf, Hamburg	●
G–J	
Geuder, Georg Friedrich, Nürnberg	●
Girard, L., Monte Carlo	●
Glaenzer, Eugene, Paris	●
Glückselig, L., Wien	●
Goldschmidt, S., Paris	●
Goldschmidt J. & S., Frankfurt a. M.	●
Gottschalk, Louis, Berlin	●
Grüger, Josef, München	●
Guggenheim J. M. (Betty), Lindau	●
Gutekunst, H. G., Stuttgart	●
Hackenbroch & Schwarzschild, Frankfurt a. M.	●
Halle, Isaak und David, München	●
Hamburger Frères, Paris	●
Harding, George R., London	●
Hauser, Johannes, Stuttgart	●
Hecht, H., Berlin	●
Heilbronner, Raoul, Paris	●
Heinemann, D., München	●
Helbing, Hugo, München	●
Helbing, Ludwig, Nürnberg	●
Heshuysen, H. F., Haarlem/Spaarne	●
Hess, Gottlob, München	●
Hohenleitner, Johann, München	●
Van Hove, Charles, Brüssel	●
Hupp, Hubert, Köln	●
Imbert, Alessandro, Rom	●
Josefowitz, Julius, Berlin	●
K–N	
Kahlert, Eduard, Eisenach	●
Karrer, Paul, Allensbach	●
Klausner, Jakob, Berlin	●
Kleinberger, Francois, Paris	●
Kugelmann, David, Kissingen	●
Kugler, Josef, München	●
Lämmle, Sigfried, München	●
Lippmann, F. W., London	●

Lissauer, Julius, Hamburg/Berlin	●
Lotze, Rudolf, München	●
Luckeschitz, Hermann, Graz	●
Mallet & Son, London	●
Marx Frères, Paris	●
Mau, Heinrich, Dresden	●
Messikommer, Heinrich, Zürich	●
Meyer, Alfons, Zürich	●
Mössel, Carl, München	●
Molinier, E., Paris	●
Müller & Co., Ferdinand, Amsterdam	●
Neumans, Gaston, Paris	●
P–R	
Pichler, Gabriel, Wels/Linz	●
Pick, Adolf, Wien	●
Pollak, Albert, Salzburg	●
Pollak, Ludwig, Rom	●
Prestel, F. A. C., Frankfurt a. M.	●
Prevot, Charles, Lüttich	●
Ratzersdorfer, S., Paris	●
Ratzersdorfer, H., Wien	●
Reiling, David, Mainz	●
Rösberg, Heinrich, Köln	●
Rosenau, Simon, Kissingen	●
Rosenau, Simon (& Fils), Paris	●
Rosenbaum, Jakob, Frankfurt a. M.	●
Rosenberg, A., Paris	●
Rosenberg, A. R., Prag	●
Rosenthal, Jaques, München	●
Rosenthal, Ludwig, München	●
S	
Salomon, M., Dresden	●
Schafraneck, L., Wien	●
Scheidhacker, Anton, München	●
Schneider, Emil, Basel	●
Schneider & Hanau, Frankfurt a. M.	●
Schreiber, Alfred, Überlingen	●
Schwarz, Georg, Berlin	●
Schwarz, Hans, Wien	●
Schwarz & Steiner, Wien	●
Schulte, E., Berlin	●
Scribe, Fernand, Gent	●
Seidenader & Comp., München	●
Seligmann, Jacques, Paris	●
Spengel, Maria, München	●
Stählin, H., Weinfelden (Schweiz)	●
Steiger, Albert, St. Gallen	●
Steinharter, Adolf, München	●
Stern, Leopold, München	●
Stettiner, Henri, Paris	●
Stobwasser, H., Berlin	●
Van Straaten, Martin & Cie., London	●
Straßer, Johann, Meran	●
Stuckenberger, Ursula, Landshut	●
Sulley, Joseph Arthur, London	●
T–Z	
Tepser, Victor, Wien	●
Überbacher, Alois (Marie), Bozen	●
Velghe & Co., Paris	●
Ward, Humphrey, London	●
Weil, Adolf, München	●
Weishaupt & Co., Paris	●
Wendler, E., Wien	●
Werner, Albert, Wien	●
Whawell, Samuel James, London	●
Widmer, J., Wyl	●
Wildenstein, Nathan, Paris	●
Wolter, Emil, Baden Baden	●
Woog L., Bern/Luzern	●
Zatelli, Stefano, München	●
Zell, A., Salzburg	●
Zondervan, César, Brüssel	●

Tabelle 17: Sammler-Stammabnehmer (ohne USA), 1889–1913

Quelle: BWA F43, 596, 598–605, 607–611.

- 🔴 über 10 Nennungen
- 🟤 4–6 Nennungen, ganz oder überwiegend bis 1900
- 🔵 7–9 Nennungen, ganz oder überwiegend bis 1900
- ⚫ 4–6 Nennungen, ganz oder überwiegend ab 1901
- 🟢 7–9 Nennungen, ganz oder überwiegend ab 1901

(maßgebend ist die Anzahl der Nennungen in den Kontokorrentbüchern, nicht der Umsatz)

A–D	
Abt, Roman, Luzern	🟤
Aichele, Maria, Lörrach	🔵
Andreae de Neufville, Albert, Frankfurt a. M.	⚫
D'Aquin, G. R. M., Paris	⚫
Arnhold, Eduard, Berlin	🟢
Auspitz v. Artenegg, Stefan, Wien	⚫
Bachofen-Burckhardt, Louise, Basel	🟢
Back v. Begavar, Bernhard, Szegedin	⚫
Ballin, Martin, München	⚫
Bassermann, Ernst, München	⚫
Bassermann-Jordan, Friedrich, Deidesheim	⚫
v. Bayern, Arnulf, München	⚫
v. Bayern, Rupprecht, München	🟢
i. Bayern, Luitpold Emanuel, München	⚫
Bembé, August, Mainz	🔴
Benczúr, Gyula, Budapest/Ambach	🟤
Benger, Gottlieb, Stuttgart	🟤
Bestehorn, Richard, Aschersleben	⚫
de Beuret, Paris	⚫
Bienert, Ida, Dresden	⚫
Binding, Conrad, Frankfurt a. M.	⚫
v. Bissing, Friedrich W., München/Frankfurt a. M.	⚫
Blumenfeld, Emma, Berlin	⚫
Bode, Wilhelm, Berlin	🔴
Bodmer, Hans Conrad, Zürich	⚫
Bondy, Oscar, Wien	⚫
Boveri, Walter, Baden (Schweiz)	⚫
Brown, Charles E. L., Baden (Schweiz)	⚫
v. Buisson, August, München	⚫
v. Bürkel, Ludwig, München	⚫
Butsch, Fidelis A., Augsburg	🟤
Cahn-Speyer, Ludwig, Wien	🟤
Clemens, Wilhelm, München	🔴
v. Colloredo-Mansfeld, Paris	⚫
v. Cramer-Klett, Theodor, München	⚫
Cremer, Josef, Dortmund	⚫
Dannenbaum, Jakob, Berlin	⚫
Demiani, Hans, Dresden/Leipzig	🔴
Dietler, Adolf, Freiburg i. Br.	⚫
v. Dirksen, Willibald, Berlin	🔴
v. Dönhoff, August K., Friedrichstein/Berlin	🔴
Dumba, Constantin, Wien	⚫
E–H	
Engel-Gros, Fritz, Basel	⚫
v. Engelhardt, Hermann, München	🟤
Ethofer, Theodor, München/Salzburg	🔵
v. Eynern, C., Berlin	🟤
Feilchenfeld, Max, Wien	⚫
Feist, Otto, Berlin	⚫
Figdor, Albert, Wien	🔴
Fink, Hans, Wien/Salzburg	🟢
Flersheim, Max, Paris	⚫
Frantz, Erich, Pasing	🟤
Gans, Fritz, Frankfurt a. M.	⚫
Gebhardt, Oscar, Elberfeld	⚫
Gedon, Rudolf, München	🔴
Van Gelder, Michel, Brüssel	⚫
v. Gerliczy, Felix, Budapest/Konstantinopel	⚫
Gerson, Hermann, Berlin	⚫
Gilbert-Chapin, Marguerite, Paris	⚫
Goldschmidt, Léopold, Paris	⚫
v. Goldschmidt-Rothschild, Max, Frankfurt a. M.	⚫
Graefe, Friedrich, Wiesbaden	⚫
Greene, Thomas W., Winchester/London	🔴
v. Großheim, Carl, Berlin	🟤
Großmann, Otto, Frankfurt a. M.	🟤
Grützner, Eduard, München	🟤
Günther, Alfred, Frankfurt a. M.	🔴
Günther, Alexander, München	🟤
Güterbock, Gustav, Berlin	🟤
Güttler, Carl, München	🟢
v. Guilleaume, Theodor, Köln	⚫
Gumprecht, Wilhelm, Berlin	🔴

Hagen, Louis, Köln	● (black)
Halbreiter, Adolf, München	● (brown)
v. Hallwyl, Walther, Stockholm	● (brown)
Haniel v. Haimhausen, Eduard J., Haimhausen	● (black)
Haniel, Rathenow	● (black)
v. Hark, Fritz, Seusslitz/Berlin/Leipzig	● (red)
v. Harnier, Georg, München	● (green)
Hartmann, Karl, München	● (black)
Hartmann, Gustav, Dresden	● (brown)
Hasselmann, Fritz, München/Kapfelberg	● (brown)
Heilbronner, H., Augsburg	● (brown)
v. Hellmann, Alfred, Berlin	● (red)
Hengeler, Adolf, München	● (red)
Hering, Gustav, München	● (brown)
Herwig, Georg, Frankfurt a. M.	● (black)
v. Herzog, Moritz, Budapest	● (black)
Hesselberger, Erich, München	● (black)
v. Heyl zu Herrnsheim, Cornelius, Worms	● (black)
Hirsch, Albert, Troppau	● (black)
Hirth, Georg, München	● (red)
Hirzel, Georg, Leipzig	● (green)
Hoesch, Viktor, Berlin	● (black)
v. Hollitscher, Carl, Berlin	● (black)
Hoogendyk, Cornelis, Den Haag	● (brown)
Holmberg, August, München	● (brown)
Holms, John Augustus, Formakin	● (black)
Hoschek v. Mühlheim, Gustav, Prag	● (green)
I–O	
v. Ihne, Ernst, Berlin	● (black)
Iklé, Leopold, St. Gallen	● (red)
Jaffé, Alfons, Berlin	● (black)
Jost, Frankfurt a. M.	● (brown)
Kalindero, Jean, Bukarest	● (black)
Kann, Alphonse, Paris	● (black)
Kann, Maurice, Paris	● (black)
Kantor, Max, Wien	● (black)
Kappel, Marcus, Berlin	● (black)
v. Karoly, Ladislaus, Budapest	● (black)
v. Kaufmann, Richard, Berlin	● (red)
v. Kaulbach, Friedrich A., München	● (red)
Kestranek, Wilhelm, Wien	● (black)
v. Kiss-Schratt, Katharina, Wien	● (green)
Knorr, Thomas, München	● (blue)
v. Korff, Berlin	● (brown)
Kranz, Josef, Wien	● (black)
Krupp v. Bohlen und Halbach, Essen	● (black)
v. Kühlmann (Stumm), Margarethe, London	● (green)
Kustermann, Hugo, München	● (green)
Laking, Gay Francis, London	● (black)
Lampe-Vischer, Carl, Leipzig	● (brown)
Langaard, Christian, Christiana (Oslo)	● (black)
Lanz, Otto, Bern/Amsterdam	● (green)
Lauer, Friedrich, München	● (brown)
Leiden, Hans, Köln	● (green)
v. Lenbach, Franz, München	● (blue)
Lessing, Julius, Berlin	● (brown)
v. Liebieg, Heinrich, Frankfurt a. M.	● (blue)
Limburger, Paul Bernhard, Leipzig	● (brown)
v. Lipperheide, Franz, Berlin/Matzen	● (blue)
Lippmann, Friedrich, Berlin	● (blue)
Loeb, James, München	● (black)
Löbbeke, Arthur, Braunschweig	● (brown)
Loeser, Charles, Florenz	● (black)
Lotmar, Philipp, Bern	● (green)
v. Luttitz, Aachen	● (black)
v. Maltzan, Andreas, Militsch	● (green)
Mandl (Professor), Wien	● (black)
v. Mansberg, Richard, Dresden	● (brown)
Marshal-Field, Paris	● (black)
Martin, Frederik Robert, Stockholm	● (green)
v. Mendelssohn, Franz, Berlin	● (black)
v. Meister, Frankfurt a. M. /Kronberg	● (brown)
Messel, Alfred, Berlin	● (blue)
v. Michael, Elsa, Berlin/Großplasten	● (green)
v. Miller, Wilhelm, München	● (brown)
v. Miller, Fritz, München	● (green)
v. Miller zu Aichholz, Eugen, Wien	● (brown)
Moest, Richard, Köln	● (black)

Mohl, Louis, Paris
v. Monts, Anton, München/Rom
v. Moy, München
Mühsam, Jaques, Berlin
Müller, Waldemar, Berlin
v. Mumm, Emma, Frankfurt a. M.
Naager, Franz, München
Neisser, Albert, Berlin
Neisser, Fritz, Berlin
v. Nemes, Marczell, Budapest
Oberhummer, Hugo, München
Oeder, Georg, Düsseldorf
Oertel, Richard Edwin, Göttingen
v. Österreich, Franz Ferdinand, Wien
v. Ompteda, Georg, Meran
Oppenheim, Benoit, Berlin
v. Oppenheim, Köln
Osthaus, Karl Ernst, Hagen

P–S

v. Pannwitz, Walther, München/Berlin
v. Pappenheim, Moha/Bujak
v. Passavent-Gontard, Richard, Frankfurt a. M.
Peck, O., London
Petschek, Julius, Prag
Piloty, Robert, Würzburg
v. Pininsky, Leon, Lemberg
Pleschner v. Eichstett, Josef, Prag
Pöttickh v. Pettenegg, Eduard, Wien
Porgès, Jules, Paris
v. Preysing, Christiane, München
v. Pringsheim, Alfred, München
Probst, Karl, München
Pschorr, Georg, München
Raffauf, Artur, Berlin/Koblenz
de Rainville, Colombes
Rathenau, Emil, Berlin
Rauch, Josef, München/Berlin
Rehbock, Wilhelm, Hannover
Reichel, Carl Anton, Salzburg/Frankfurt a. M.
Reichenheim, Georg, Berlin
Reichenheim, Max, Berlin
Richter, Gustav, Berlin
Riedemann, Heinrich A., Hamburg
Riedinger, August, Augsburg
Roden, Oscar, Frankfurt a. M.
Röhrer, Sigmund, Oberschondorf/München
Rosenberg, A(lfred), Berlin
de Rothschild, Edmond, Frankfurt a. M./Paris
v. Saedt, Felix, Köln/Freiburg i. Ü.
Salomon, A., Berlin
Salomon, Gustav, Berlin
Salomonsohn, Arthur, Berlin
v. Schacky, München
Schall, Theodor, Baden Baden
Schienle, Benedikt, Meran
Schiff, Paul, Wien
Schloss, Adolph, Paris
Schlutow, Albert, Stettin
Schmederer, Ludwig, München/Partsch
Schnitzler, Arthur, Berlin/Klink
v. Schnitzler, Richard, Köln
Schnütgen, Alexander, Köln
Schöller, Alexander und Maria, Berlin
v. Schrenck-Notzing, (Albert), München
Schuster, Georg, München
v. Schwabach, Paul, Berlin
Schweitzer, Eugen, Berlin
v. Seckendorff, Götz Burkhard, Berlin
Seidel, Paul, Berlin
Sedlmayr, Anton, München
Sedlmayr, Johann, München
v. Seidl, Gabriel, München
v. Seidl, Emanuel, München
v. Seidl, Anton, München
Seidler, Julius, München
Seitz, Otto, München
Seitz, Wilhelm, München
Seligmann, Gustav, Koblenz

Seligmann, Heinrich, Köln
Sieck, Albert, München
Simon, Eduard, Berlin
Simon, James, Berlin
Singer, J. M., Wien
Speyer, Edgar, London
Stadler, Anton, München
Ströfer, Theodor, München/Nürnberg
de Stuers, A., Paris
v. Stumm, (Ferdinand Eduard), Holzhausen
Sulzbach, Moritz, Paris
v. Szapary, Friedrich, Budapest
T–Z
Thewalt, Karl Ferdinand, Köln
Thiem, Adolf, San Remo/München
Thiem, Paul, Starnberg
Thieme, Ulrich, Leipzig/Berlin
Thill, Franz, Wien
Thomson, James, Paris
Trübner, Wilhelm, München/Karlsruhe
Tschermak, (Gustav), Wien
v. Tschudi, Hugo, Berlin
v. Tucher, Heinrich, Berlin/Paris/Rom/Wien
Tüngler, Richard, München
Uhlmann, Carl, Hamburg
Ullmann, Adolf, München
Ullmann, Albert, Frankfurt a. M.
Volbehr, Theodor, Magdeburg
Wagner, Ferdinand, München
v. Wallis, Josef, Niederleis/Wien
Wassermann, Max, Berlin
v. Wedel, Berlin
v. Weegmann, Carl, Köln
Weidenbusch, Hans, Wiesbaden
v. Weinberg, Carl, Frankfurt a. M.
Weinberger, Emil, Wien
Wenk, Albert, München
Weydt, Maria, München
v. Wilczeck, Johann Nepomuk, Wien
Winthrop, Neilson, Dresden/Nizza
Wolf, Paul, München/Salzburg/Braunschweig
Wollenberg, Adolf, Berlin
Wurts, George W., Rom
Zöllner, Julius, Leipzig
Zorn, Anders, Mora/Stockholm
Zschille, Richard, Großenhain

Tabelle 18: Ausländische Händler-Lieferanten (keine Abnehmer), 1893–1913

Frankreich

Paris	Antercolski, Baron, Barthelemy, Beaulieu, Bernard, Bing, Bligny, Boichard, Bonnet, Boutet, Brauer, Brimo, Brun, Caillot, Calis, Calu, Chateaudine, Civiale, Conduin, Cordonnier, Daniel, Delanois, Delanoy, Delaunay & Lefèvre, Denery, Denis, Detoud, Dollfuss, Drapé, Duseigneur, Fabius, Féral, Forgeron, Friedel, Fulgence, Galli-Dun, Gandouin, Gimpel, Goldberg, Guerin, Hakky-Bey, Helft, De Hond, Jacobson, Jamarin, Keller, Lang, Lecompte, Leroy, Levalois, Level, Levy, Liandier, Lion, Lisé, Löbl, Lowengard, Luciére, Manheim, Marceau, Masson, Meunier, Otto, Pares, Picard, Popper, Porré, Reinhardt, Renard, Revelle, Rotevel, Rouff, Salomon, Samary, Sarluis, Schnell, Schütz, Sewitz, Sichel, Spiridon, Stora, Sutter, Taillard, Trotti & Cie., Touzain, Tulpink, Valero, Volpe, Warneck, Weil, Woernitz				
Amiens	Hequet, Lefèvre	*Lyon*	Martell	*Montpellier*	Golat
Dijon	Levans, Privet	*Lille*	Decroix	*Marseille*	Aubin
Versailles	Leroy, Thibault	*Nizza*	Barret, Sempré	*Vincennes*	Orban

Italien

Florenz	Angeli, Archangioli, Aretini, Baccini, Bardini, Bellini, Bigazzi, Bocchini, Bozzolini, Brauer, Brilli, Campi, Casini, Cecci, Cestierini, Ciampolini, Conti, Constantini, Faldi, Fantoni, Floridi, Galli-Dunn, Giacchetti, Girard, Giternesi, Glisenti, Grandi, Grassi, Grillanti, Guidi, Laschi, Laski, Lepri, Marinelli, Mazzoni, Musati, Pacini, Pallotti, Panerai, Paolini, Pedulli, Piati, Piceller, Riblet, Rocchi, Sachi, Salvadori, Sambon, Sestieri, Silli, Todero, Torrini, Ventoni, Volpi, Walter				
Rom	Alberici, Barsanti, Bernini, Borghi, Castellani, Corvisieri, Fiorentini, Frattini, Innocenti, Jandolo, Labella, Maccochio, Manzoni, Profumo, Rossi, Sangiorgio, Secret, Sestieri, Simonetti, Tavazzi, Terracina				
Bologna	Angiolini, Albitis, Ascoli, Bodio, Galliano, Nicoli, Pagani, Pini, Rambaldi, Ranuzzi				
Mailand	Arrigoni, Bertini, Brianzi, Cantoni, Gagliardi, Grandi, Jago, Menadies, Meneantini, Pachione, Raikyewitsch, Segre				
Venedig	Bellini, Carrer, Doria, Fuchini, Garanini, Grego, Guggenheim, Laurenti, Palluzi, Picolli, Podio, Richetti, Settino, Zuber				
Neapel	Allegro, Barone, Hellwig, Janiello, Pepe, Premoli, Romano, Seonamillio				
Perugia	Guerra, Pallesi, Piceller, Ribaldi, Rochali, Rochedi				
Genua	Advocat, Grillo, Perosini, Villa				
Verona	Napoleone, Tedeschi				
Bergamo	Frigerio, Stefanoni	*Siena*	Mazzoni, Perkins	*Turin*	Grosso, Ovazzi

England

London	Abraham, Agnew, Attenborough, Bendixson, Brown, Carfax, Christie's, Clark, Cohen, Coureau, Cunliffe, Cutter, Davis, Donaldson, Douglas, Dreyfus, Dunthorne, Glen, Govett, v. Grundherr, Harris, Hensé, Hodgkins, Huches, Isaacs, Lane, Larkin, Lesser, Lewis & Simons, Murray, Nicholson, Paterson, Partridge, Permain, Pfungst, Pursey, Ramsden, Renton, Reynolds, Richardson, Robinson & Fisher, Robson, Sabin, Sackville, Sargent & Fisher, Sasson, Sheperd, Smith, Spero, Spink & Son, Stoner & Evans, Tollin, Tooth & Sons, Wallis, Waring, Webster, Wertheimer, Willson, Wright

Österreich

Wien	Adler, Blum, Gebr. Egger, Flatscher, Harimann, Hirzenecker, Kronester, Kurz, Nowak, Sartorius, Sax, Schnabel, Spira, Steiner, Strauß, Töpfer, Treu, Winternitz, Zimmermann		
Salzburg	Haring, Reichel, Sitter, Swatek	*Brünn*	Boskowitz
Meran	Plant, Rohregger, Schenk	*Bozen*	Thorwald

Belgien

Brüssel	Arens, van Bogaert, Beyens, Colls, Coiffeur, Collinet, Fievez, Gambelé, Gerard, Lamotte, de Maan, Moens, Pelle, Vetis, Volant				
Lüttich	Hylgers, Renard	*Brügge*	Speybronck	*Antwerpen*	van Herk

Holland			
Amsterdam	Goudhart, Goudstikker, Delaunoy, Keezer, Mossel		
Den Haag	Alberge, Mouchen, Tennissen		
Utrecht	Brom, van Waegeningh	*Haarlem*	Romein

Schweiz					
Luzern	Bossard, Troxler	*Chur*	Storz	*Zürich*	Kohler
Freiburg	Grumser	*Vevey*	Diek	*Genf*	Renard
Lausanne	Ruffy	*Baden*	v. Acken		
Basel	Scheurer-Goulang, Sattler				

Spanien

Berneti, Blaseo, Boronta, Bosch, Bosk, Dominguez, Escanianos, Garcia, Garcon, Goienas, Gomez, Guida, Guerra, Lafora, Lazaro, Moreno, Olivares, Orontes, Paresse, Pidal, Ruiz, Salzedo, Villegas, Vives (es handelt sich wohl überwiegend um Händler in Madrid).

Quelle: BWA F43, 792–795, 550 (eine absolute Vollständigkeit der enthaltenen Händlernamen ist nicht gewährleistet)
Die in Tabelle 16 genannten ausländischen Abnehmer waren zugleich Lieferanten.

Tabelle 19: Sammler-Abnehmerkunden nach Verkaufsumsatz (U, 1.000 Mark) im Zeitraum 1915–1918

Sammler	U	Sammler	U
Chillingworth, Rudolf, Nürnberg	2.505	v. Herzog, Moritz, Budapest	223
Fähraeus, Klas, Stockholm	1.226	Schoeller, Maria, Berlin	214
Beskow, Axel, Stockholm	878	v. Hatvany, Ferenc, Budapest	207
Onnes van Nyenrode, Michiel, Breukelen	872	Fürstenheim, Richard, Berlin	204
Lanz, Karl, Mannheim	662	Müller, Waldemar, Berlin	193
Anschütz-Kaempfe, Hermann, München	564	Simon, James, Berlin	191
Langaard, Christian, Oslo	492	Bergsten, Carl, Stockholm	187
Krupp von Bohlen und Halbach, Gustav, Essen	450	Neresheimer, August, München	171
Mandelbaum, Jakob, Berlin	358	Strauss, Richard, Garmisch	162
Manz, Philipp Jakob, Stuttgart	331	v. Goldschmidt-Rothschild, Rudolf, Frankfurt a. M.	161
Haniel, Franz, Düsseldorf	319	Philips, Anton F., Eindhoven	159
Hirschler, Hans, Berlin	311	Hartmann, Wilhelm, Berlin	158
Weiler, Julius, Berlin	303	Boveri, Walter, Baden	149
v. Bleichert, Paul, Leipzig	291	v. Pannwitz, Walther, Berlin	148
Salomonsohn, Arthur, Berlin	284	Bum, Alfred, Cottbus	138
Katzenstein, A., Berlin	272	Henschel, Karl, Kassel	123
Auspitz v. Artenegg, Stefan, Wien	292	v. Bissing, Friedrich W., München	119
v. Bleichert, Max, Leipzig	248	v. Hochberg, Steinwänd	116
Back v. Begavar, Bernhard, Szegedin	239	Koch, Günther, München	108
Thyssen, Fritz, Speldorf-Mülheim	223	v. Heyl zu Herrnsheim, Cornelius, Worms	108

Quelle: BWA F43, 597, 606, 594

Interieur-Impressionen: München – New York

„Der Kunstbesitz ist so ziemlich die einzige anständige und vom guten Geschmack erlaubte Art, Reichtum zu präsentieren. Den Anschein plumper Protzigkeit verjagend, verbreitet er einen Hauch ererbter Kultur. Die Schöpfungen der großen Meister geben dem Besitzer von ihrer Würde ab, zuerst nur scheinbar, schließlich aber auch wirklich."

Max Jacob Friedländer: Über das Kunstsammeln.
In: Der Kunstwanderer 1 (1919), S. 1.

München 1905

Am 1. April 1905 öffnete in der Brienner Straße 12 das Palais Böhler mit 24 Ausstellungsräumen seine Pforten für ein internationales Publikum. Die Außenansicht des Gebäudes und die Einrichtung einzelner Räume wurden damals fotografisch festgehalten. Die Aufnahmen vermitteln einen plastischen Eindruck der repräsentativ gestalteten Lokalitäten und der dort ausgestellten Artefakte.

München 1914

Anfang 1914 wurde das Palais Böhler um weitere sechs Ausstellungsräume erweitert. Wohl zur Dokumentation auch dieser baulichen Änderungen entstand eine Serie von fotografischen Innenaufnahmen verschiedener Ausstellungsräume der Kunsthandlung.

New York 1912

Ende 1911 mieteten Otto Alfons Böhler und Friedrich Steinmeyer in New York an der 54th Avenue (34 West) ein schmales vierstöckiges Gebäude als Sitz der neu gegründeten Kunsthandlung Böhler & Steinmeyer. Die wohl unmittelbar nach der Eröffnung Anfang 1912 entstandenen Fotos dokumentieren die Außenansicht des von zwei ebenfalls vierstöckigen Häusern flankierten Gebäudes sowie die Inneneinrichtung der Räumlichkeiten.

Quellen und Literatur

Archivalische Quellen

Bayerisches Hauptstaatsarchiv (BayHStA)
MK 14300

Bayerisches Hauptstaatsarchiv, Abteilung Kriegsarchiv (BayHStA AK)
OP 5002, 5003

Bayerisches Wirtschaftsarchiv (BWA)
K1 (IHK für München und Oberbayern)
3A, 69
K1.1, 3460
K1.5, 1233
F43 (Kunsthandlung Julius Böhler)
65, 102, 127, 232, 543, 550, 591, 592, 594, 596–611, 615–639, 647, 662, 680, 725–774, 792–795, 797–800, 802, 827, 841, 842, 955, 984, 992, 994, 996, 997, 1001–1004, 1008–1012
F143 (Kunsthandlung L. Bernheimer)
464

Staatsarchiv Freiburg (StAF)
L10, 4441–4443

Staatsarchiv Kanton Luzern (StAKL)
4135/1429

Stadtarchiv München (StadtAM)
Personalmeldebogen B 167
Einwohnermeldekarte B 251
Einbürgerungsakt 1887/230

Gedruckte Quellen und Literatur

Adreßbuch von München 1868, 1870, 1883, 1884, 1888, 1892, 1899, 1911, 1918.

Adreß-Buch oder Verzeichniß der Einwohner der Stadt Köln 1835.

Adreßbuch für Köln, Deutz und Mülheim am Rhein 1873, 1874.

Adreßbuch für Cöln und dessen Regierungsbezirk 1875.

Alte Gemälde, Antiquitäten. In: Industrie und Handel 17 (1961), S. 369.

American Art News 5 (1906), Nr. 11; 6 (1907), Nr. 11; 9 (1910), Nr. 12.

Arbs, Laura Sophie: Transatlantischer Kunsthandel Anfang des 20. Jahrhunderts in München am Beispiel Julius Böhler, Bachelorarbeit, Ludwigs-Maximilians-Universität München, 2000.

Auer, Alois (Hg.): Krauss-Maffei. Lebenslauf einer Münchner Fabrik und ihrer Belegschaft, München 1988.

Auktionshaus Stuker (Hg.): Die Sammlung Fischer-Böhler. Herbstauktion Galerie Jürg Stuker, Bern 2013.

Barbe, Françoise: Godefroy Brauer, antiquario e collezionista a Parigi, all'origine della collezione di maioliche arcaiche del Louvre all'inizio del XX secolo. In: Riccetti, Lucio (Hg.): 1909 - tra collezionismo e tutela. connoisseur, antiquari e la ceramica medievale orvietana, Firenze 2010, S. 209–216.

Beissel, Stephan: Gefälschte Kunstwerke, Freiburg i. Br. 1909, Neudruck Paderborn 2013.

Berliner Adreßbuch 1908, 1909, 1910, 1913.

Bernheimer, Ernst: Familien- und Geschäftschronik der Fa. L. Bernheimer K.-G., München 1950.

Bernheimer, Konrad O.: Narwalzahn und Alte Meister: Aus dem Leben einer Kunsthändler-Dynastie, Hamburg 2013.

Bruckner, Edda: Auktionshaus auf Zeit. Die Versteigerungen der Kunsthandlung Julius Böhler in den Jahren 1936 bis 1938, Masterarbeit, Ludwig-Maximilians-Universität München, 2021.

Buerkel, Luigi v.: Vom Rindermarkt zur Leopoldstraße. Jugenderinnerungen aus dem München König Ludwigs II., München 1966.

Catterson, Lynn: Introduction. In: Dies. (Hg.): Dealing Art on Both Sides of the Atlantic, 1860–1940 (Studies in the History of Collecting & Art Markets 2), Leiden/Boston 2017, S. 1–36.

Clemens, Gabriele B.: Städtische Kunstsammler und mäzenatisches Handeln. Französisch-deutscher Kulturtransfer im 19. Jahrhundert. In: Clemens, Gabriele B./El Gammal, Jean/Lüsebrink, Hans-Jürgen (Hg.): Städtischer Raum im Wandel. Modernität – Mobilität – Repräsentationen, Berlin 2011, S. 105–120.

Deutsche Skulptur der Gotik: Julius Böhler. Anläßlich des 100jährigen Bestehens, München 1980.

Deutsches Geschlechterbuch. Genealogisches Handbuch bürgerlicher Familien. Quellen- und Sammelwerk mit Stammfolgen deutscher bürgerlicher Geschlechter, Bd. 120, Limburg 1955.

Dollansky, Cosima: Die Galerie Hugo Helbing im deutschen Kaiserreich. Ein Beitrag zur Firmengeschichte 1885–1914, Masterarbeit Ludwig-Maximilians-Universität München, 2021 (https://doi.org/10.5282/ubm/epub.77143).

Ebert, Anja: „... so wär's schon sehr nett, wenn Sie recht bald wieder kommen könnten". Die Geschäftsbeziehungen von Henri Heilbronner und Julius Böhler in der NS-Zeit. In: Ebert, Anja u.a. (Hg.): Gekauft – Getauscht – Geraubt? Erwerbungen des Germanischen Nationalmuseums zwischen 1933 und 1945. Nürnberg 2017, S. 38–43.

Einfuhr von Kunstwerken in die Vereinigten Staaten von Amerika. In: Die Werkstatt der Kunst. Organ für die Interessen der bildenden Künstler 11 (1911), Heft 5, S. 59f.

Forrer, Robert/Fischer, Hartmann (Hg.): Adressbuch der Museen, Bibliotheken, Sammler und Antiquare. Ein Handbuch für Sammler, Auctionatoren, Museums-Vorstände und Händler, Straßburg 1897.

Friedländer, Max. J.: Versteigerung der Sammlung Chillingworth. In: Der Kunstwanderer 2 (1922), Septemberheft, S. 27–29.

75 Jahre Firma Fischer-Böhler, München. In: Industrie und Handel 14 (1958), S. 517.

75 Jahre Kunsthandlung Julius Böhler, München. In: Industrie und Handel 11 (1955), S. 209.

Fuhrmann, Horst: Vom Reichtum des Alfred Pringsheim. In: Kruft, Hanno-Walter (Hg.): Alfred Pringsheim, Hans Thoma, Thomas Mann. Eine Münchner Konstellation, München 1993, S. 35–48.

Glass, Christian: Von Haus zu Haus. Wanderhändler in Württemberg. In: Beiträge zur Volkskunde in Baden-Württemberg 2 (1987), S. 133–162.

Gramlich, Johannes: Die Thyssens als Kunstsammler. Investition und symbolisches Kapital (1900–1970), Paderborn 2015.

Greven's Adreßbuch für Köln, Deutz, Mülheim, Ehrenfeld 1883.

Greven's Adreßbuch für die Stadtgemeinde Köln 1895.

Greven's Adreßbuch für Köln und Umgegend 1911, 1912, 1913.

Haus der Bayerischen Geschichte (Hg.): Götterdämmerung II. Die letzten Monarchen. Katalog zur Bayerischen Landesausstellung 2021, Regensburg 2021.

Heisig, Ines: Die Unternehmerfamilie von Heyl in Worms: Aspekte privater Kulturförderung im Kaiserreich. In: Clemens, Gabriele B./König, Malte/Meriggi, Marco (Hg.): Hochkultur als Herrschaftselement. Italienischer und deutscher Adel im langen 19. Jahrhundert, Berlin-Boston 2011, S. 233–262.

Hof- und Staatshandbuch des Großherzogthums Baden, Karlsruhe 1838.

Hopp, Meike: Kunsthandel im Nationalsozialismus: Adolf Weinmüller in München und Wien, Köln/Weimar/Wien 2012.

Howard, Jeremy (Hg.): Colnaghi. Established 1760. The History, London 2010.

Huemer, Christian: Charles Sedelmeyer (1837–1925). Kunst und Spekulation am Kunstmarkt in Paris. In: Belvedere. Zeitschrift für bildende Kunst 2 (1999), S. 4–19.

Jahresbericht der Handels- und Gewerbekammer für Oberbayern 1895, 1896, 1899, 1901, 1904, 1908.

Jandolo, Augusto: Bekenntnisse eines Kunsthändlers, Wien 1954

Jooss, Birgit: Kunsthandlung Julius Böhler. Kunsthandelsquellen sind wie Taschenlampen in dunkler Nacht. In: Jahresbericht der Ernst von Siemens Kunststiftung 37 (2020/2021), S. 35–48.

Jooss, Birgit: Was die Karteikarte (nicht) verrät. Zur Zusammenarbeit von Kunsthändlern und Museumsdirektoren am Beispiel einer komplexen „Tauschtransaktion“. In: Furtwängler, Elisabeth/Lammert, Mattes (Hg.): Kunst und Profit. Museen und der französische Kunstmarkt im Zweiten Weltkrieg, Berlin/Boston 2022, S. 202–219.

Kahn, Julius: Münchens Großindustrie und Großhandel, München 1913.

Karl Fischer 70 Jahre. In: Industrie und Handel 15 (1959), S. 425.

Karl Fischer 75 Jahre. In: Industrie und Handel 20 (1964), S. 424.

Kuhrau, Sven: Der Kunstsammler im Kaiserreich. Kunst und Repräsentation in der Berliner Privatsammlerkultur, Kiel 2005.

Kunst zwischen den Grenzen. Happy End für den Isenheimer Altar in Colmar. In: https://www.boehler-art.com/news/kunst-zwischen-den-grenzen/ [Zugriff 7.7.2023].

Leipziger Zeitung, 3.1.1829.

Martin, Rudolf: Jahrbuch des Vermögens und Einkommens der Millionäre in Bayern, Berlin 1914, Neudruck 1992.

Matthes, Olaf: James Simon. Mäzen im Wilhelminischen Zeitalter, Berlin 2000.

Matthes, Olaf (Hg.): James Simon. Briefe an Wilhelm Bode 1885–1927 (Schriften zur Geschichte der Berliner Museen 6), Wien/Köln/Weimar 2000.

Metz, Rudolf: Gewinnung von Bodenrohstoffen im Schwarzwald. In: Historischer Atlas von Baden-Württemberg. Erläuterungen, 11. Lieferung, Beiwort zu Karte XI, 10, Stuttgart 1988.

Möller, Susanne v.: Kunsthandel und Kunstexport. Ein Markt für gehobene Schichten. In: Prinz, Friedrich/Krauss, Marita (Hg.): München – Musenstadt mit Hinterhöfen. Die Prinzregentenzeit 1886 bis 1912, München 1988, S. 248–252.

Müller, Angela: Der Kunsthändler Julius Böhler und das Sammeln alter Kunst im Kaiserreich, Masterarbeit, Fernuniversität Hagen, 2020.

Oeckl, Sophie Katharina: Die Zusammenarbeit der Kunsthandlungen Julius Böhler München und Karl Haberstock Berlin: Eine Analyse gemeinsam gehandelter Gemälde zwischen 1936 und 1945, Masterarbeit, Ludwig-Maximilians-Universität München, 2015 (https://doi.org/10.5282/ubm/epub.29488).

Paul, Barbara: „Das Kollektionieren ist die edelste aller Leidenschaften!“. Wilhelm von Bode und das Verhältnis zwischen Museum, Kunsthandel und Privatsammlertum. In: Kritische Berichte 21 (1993), Heft 3, S. 41–64.

Roland, Margaret: Some Thoughts on van Dyck's Apostle Series. In: Canadian Art Review 10 (1983), S. 23–36.

Salmann, Timo: Langjährige Kontakte. Die Münchener Kunsthandlung Julius Böhler. In: Ebert, Anja u.a. (Hg.): Gekauft – Getauscht – Geraubt? Erwerbungen des Germanischen Nationalmuseums zwischen 1933 und 1945, Nürnberg 2017, S. 24–37.

Schäder, Christian: Münchner Brauindustrie 1871–1945. Die wirtschaftsgeschichtliche Entwicklung eines Industriezweiges, Marburg 1999.

Schickel, Gabriele: Die Münchner Bauten. In: Hofer, Veronika (Hg.): Gabriel von Seidl. Architekt und Naturschützer, München 2002, S. 113–150.

Schober, Gerhard: Frühe Villen und Landhäuser am Starnberger See. Zur Erinnerung an eine Kulturlandschaft, 2. Auflage Waakirchen-Schaftlach 1999.

Schweizerisches Landesmuseum in Zürich. Fünfter Jahresbericht 1896.
Secrest, Meryle: Duveen. A Life in Art, Chicago 2004.
Seligman, Germain: Merchants of Art, 1800–1960. Eighty years of professional collecting, New York 1962.
Segieth, Clelia: Zwischen Historismus, „Secession" und „Jugend". Georg Hirth, ein Kunstagitator der Jahrhundertwende. In: Prinz, Friedrich/Krauss, Marita (Hg.): München – Musenstadt mit Hinterhöfen. Die Prinzregentenzeit 1886 bis 1912, München 1988, S. 253–256.
Smalcerz, Johanna: Smuggling the Renaissance. The illicit Export of Artworks out of Italy 1861–1909 (Studies in the History of Collecting & Art Markets 8), Leiden/Boston 2020.
Töppel, Roman: Louis Richard Zschille. Aufstieg und Fall eines heute fast vergessenen Sammlers aus Großenhain. In: Archaeo 1 (2004), S. 40–43.
Trenkle, Johann Baptist: Geschichte der Schwarzwälder Industrie von ihrer frühesten Zeit bis auf unsere Tage, Karlsruhe 1874.
Vignon, Charlotte: Duveen Brothers and the Market for Decorative Arts, 1880–1940, New York 2019.
Vignon, Charlotte: Londres – New York – Paris. Le commerce international de Duveen Frères entre 1890 et 1910. In: Revue de l'art 206, 4 (2019), S. 35–44.
Wildenstein, Daniel/Stavridès, Yves: Marchands d'art, Paris 1999.
Winkler, Richard: „Händler, die ja nur ihrem Beruf nachgingen". Die Münchner Kunsthandlung Julius Böhler und die Auflösung jüdischer Kunstsammlungen im „Dritten Reich". In: Baresel-Brand, Andrea (Bearb.): Entehrt. Ausgeplündert. Arisiert. Entrechtung und Enteignung der Juden (Veröffentlichungen der Koordinierungsstelle für Kulturgutverluste 3), Magdeburg 2005, S. 207–246.
Winkler, Richard: Jüdische Kunstsammler als Kunden der Kunsthandlung Julius Böhler in München 1890–1938. In: Stäbler, Wolfgang (Red.): Kulturgutverluste, Provenienzforschung, Restitution. Sammlungsgut mit belasteter Herkunft in Museen, Bibliotheken und Archiven (Museumsbausteine 10), München/Berlin 2007, S. 89–101.
Winkler, Richard: Zum Hausbesitz der Münchner Großbrauereien 1870 bis 1945. In: Oberbayerisches Archiv 142 (2018), S. 182–243.
Winkler, Richard: Vom Hausierer zum millionenschweren Kunsthändler. Zur Geschichte der Münchner Kunsthandlung Julius Böhler bis 1914. In: Oberbayerisches Archiv 146 (2022), S. 145–225.
Winkler, Richard: Der Hausierer wird Multimillionär. In: Unser Bayern 5,6 (2023), S. 33–39.
Winkler, Richard: Der Archivbestand Julius Böhler München im Bayerischen Wirtschaftsarchiv. In: Fuhrmeister, Christian/Jooss, Birgit/Klingen, Stephan (Hg.): Die Kunsthandlung Julius Böhler als Akteur auf dem Kunstmarkt. Quelle und Kontext I, München 2024.
Wohn- und Geschäftshaus von Hofantiquar Julius Böhler, München, Briennerstrasse. In: Süddeutsche Bauzeitung 6/22 (1912), S. 41–44.
Zeitschrift des Münchner Alterthums-Vereins, Neue Folge 2 (1888/89), 3 (1890).

Bildnachweis

Frontispitz
S. 2 BWA F43, 997

Kapitel 1
S. 14 BNM 13/1308 *https://www.bayerisches-nationalmuseum.de/sammlung/00055022*
S. 16 l BWA F43, 1010
S. 17 MMA 10.134.8 *https://www.metmuseum.org/art/collection/search/446096*
S. 18 r MMA 42.15.50 *https://www.metmuseum.org/art/collection/search/34275*
S. 18 MMA 29.158.36 *https://www.metmuseum.org/art/collection/search/27960*
S. 20 MMA 10.134.4 *https://www.metmuseum.org/art/collection/search/463394*
S. 21 MMA 12.135.7 *https://www.metmuseum.org/art/collection/search/463561*
S. 23 BWA F143, 464
S. 24 SMB-KB 1992,32/003a.132 *https://id.smb.museum/object/1817832/alfred-pringsheim*
S. 26 SMB-SMBK 1559 *https://id.smb.museum/object/868455/musizierende-und-singende-engel*
S. 27 BWA F43, 1011
S. 29 MMA 12.135.6 *https://www.metmuseum.org/art/collection/search/463560*
S. 30–35 BWA F43, 1002
S. 36 f. BWA F43, 996
S. 37 MMA 1975.25 *https://www.metmuseum.org/art/collection/search/471993*
S. 39 *https://commons.wikimedia.org/wiki/File:Lorenz_Gedon._Radierung_von_Franz_von_Lenbach,_1882.JPG*
S. 40 *https://de.wikipedia.org/wiki/Georg_Hirth#/media/Datei:Georg_Hirth_c1916.jpg*
S. 41 *https://en.wikipedia.org/wiki/Wilhelm_von_Bode#/media/File:Wilhelm_von_Bode_1901.jpg*
S. 42 *https://www.german-architects.com/de/architecture-news/fundstuck/der-kunst-verpflichtet*
S. 43 BWA F43, 792, S. 386f
S. 45 BWA F43, 955

S. 47 *https://picryl.com/media/richard-zschille-german-art-collector-head-and-shoulders-portrait-facing-right*

S. 48 o MMA 17.190.138 *https://www.metmuseum.org/art/collection/search/464019*

S. 48 u MMA 17.190.139 *https://www.metmuseum.org/art/collection/search/464020*

S. 50 SMB-KGM 1917,39 *https://id.smb.museum/object/1660643/deidamia*

S. 51 MMA 49.7.29 *https://www.metmuseum.org/art/collection/search/436659*

Kapitel 2

S. 54 MMA 61.199 *https://www.metmuseum.org/art/collection/search/471903*

S. 55 MMA 10.37.2 *https://www.metmuseum.org/art/collection/search/463419*

S. 56 MMA 12.166.4 h*ttps://www.metmuseum.org/art/collection/search/463573*

S. 57 MMA 12.135.5 *https://www.metmuseum.org/art/collection/search/191948*

S. 59 o MMA 09.136.1 *https://www.metmuseum.org/art/collection/search/435665*

S. 59 u MMA 09.136.2 *https://www.metmuseum.org/art/collection/search/436994*

S. 61 BWA F43, 994

S. 62 BWA F43, 1004

S. 64 BWA F43, 1008

S. 65 MMA 10.185 *https://www.metmuseum.org/art/collection/search/191610*

S. 66 BWA F43, 992

S. 67 RM SK-A-4005 *https://www.rijksmuseum.nl/en/collection/SK-A-4005*

S. 69 SMB-GG 816B *https://id.smb.museum/object/863164/interieur-mit-fr%C3%B6hlicher-tischgesellschaft*

S. 71 SMB-GG 1731 *https://id.smb.museum/object/863975/stillleben-mit-bauchiger-flasche*

S. 73 HK 150 *https://online-sammlung.hamburger-kunsthalle.de/de/objekt/HK-150/die-geburt-christi*

S. 74 MMA 2001.78 *https://www.metmuseum.org/art/collection/search/473331*

S. 75 MMA 06.1046 *https://www.metmuseum.org/art/collection/search/436512*

S. 77 MMA 13.212 https://www.metmuseum.org/art/collection/search/436908

S. 78 SMB-GG 1700 *https://id.smb.museum/object/863993/profilbildnis-einer-jungen-frau*

S. 80 MMA 12.6 *https://www.metmuseum.org/art/collection/search/435574*

S. 82 MMA 10.180 *https://www.metmuseum.org/art/collection/search/191609*

Kapitel 3

S. 84 GNM BA941 *https://www.gnm.de/objekte/spielzeugpferd-auf-raedern/*

S. 86 MMA 2000.283 *https://www.metmuseum.org/art/collection/search/210255*

S. 88 AP 8709 *https://www.sammlung.pinakothek.de/de/artwork/ZMLJYBqxJv*

S. 91 ol AIC 1933.1073 *https://www.artic.edu/artworks/20692/el-maragato-threatens-friar-pedro-de-zaldivia-with-his-gun*

S. 91 or AIC 1933.1071 *https://www.artic.edu/artworks/16362/friar-pedro-shoots-el-maragato-as-his-horse-runs-off*

S. 91 ml AIC 1933.1072 *https://www.artic.edu/artworks/16365/friar-pedro-binds-el-maragato-with-a-rope*

S. 91 mr AIC 1933.1074 *https://www.artic.edu/artworks/16354/friar-pedro-offers-shoes-to-el-maragato-and-prepares-to-push-aside-his-gun*

S. 91 ul AIC 1933.1075 *https://www.artic.edu/artworks/16359/friar-pedro-clubs-el-maragato-with-the-butt-of-the-gun*

S. 91 ur AIC 1933.1076 *https://www.artic.edu/artworks/16355/friar-pedro-wrests-the-gun-from-el-maragato*

S. 92 l KHM-GG 6809 *www.khm.at/de/object/635/*

S. 92 r KHM-GG 9703 *www.khm.at/de/object/636/*

S. 95 RM SK-A-4000 *https://www.rijksmuseum.nl/en/collection/SK-A-4000,1*

S. 96 f. BWA F43, 550

S. 99 *https://de.wikipedia.org/wiki/Sonnenhof_(Starnberg)#/media/Datei:Palais_Sonnenhof.jpg*

S. 100 *https://www.muller-ury.com/product/duveen-sir-joseph*

S. 101 RM SK-A-4007,9 *https://www.rijksmuseum.nl/en/collection/SK-A-4007*

S. 103 GM 1898.125 *https://sammlung.grassimak.de/detail/collection/4feee577-4296-4547-a992-6c4ed7e-b94a7*

S. 105 l *https://khanenko.museum/en/about/history/bohdan-and-varvara-khanenko*

S. 105 r *http://www.oslobilder.no/OMU/OB.RP11805b*

S. 106 l *https://de.findagrave.com/memorial/226154257/pauline-von_stumm*

S. 106 r *https://de.wikipedia.org/wiki/Alfred_Beit#/media/Datei:Alfred_Beit_1905.jpg*

S. 107 l *https://de.wikipedia.org/wiki/Datei:Ernst_St%C3%BCckelberg_-_Portrait_of_Luise_Bachofen-Burckhardt.jpg*

S. 107 r *https://de.wikipedia.org/wiki/Marcell_Nemes#/media/Datei:Rippl_R%C3%B3nai_J%C3%B3zsef_Nemes_Marcell_(1912).jpg*

S. 108 MMA 23.141 *https://www.metmuseum.org/art/collection/search/22860*

S. 109 SMB-GG 1696 *https://id.smb.museum/object/862413/selbstbildnis*

S. 110 SMB-SMBK 2977 *https://id.smb.museum/object/1624098/pyxis-dose-mit-rankengeflecht*

S. 111 RM SK-A-3381 *https://www.rijksmuseum.nl/en/collection/SK-A-3381,4*

Kapitel 4

S. 114 MMA 49.7.22 *https://www.metmuseum.org/art/collection/search/437062*

S. 117 BF BF88 *https://collection.barnesfoundation.org/objects/5835/Virgin-and-Child/*

S. 118 HAM 1917.211 *https://harvardartmuseums.org/collections/object/231995*

S. 119 *https://en.wikipedia.org/wiki/James_Stillman#/media/File:Portrait_of_James_Stillman.jpg*

S. 121 l *https://de.m.wikipedia.org/wiki/Datei:John_North_Willys_in_1917.jpg*

S. 121 r *https://de.wikipedia.org/wiki/William_Randolph_Hearst#/media/Datei:William_Randolph_Hearst_cph_3a49373.jpg*

S. 122 ol PMA Cat. 83 *https://philamuseum.org/collection/object/102656*

S. 122 or PMA Cat. 1171 *https://philamuseum.org/collection/object/101830*

S. 122 u PMA Inv. 1275, 1276 *https://philamuseum.org/collection/object/341942*

S. 123 PMA Inv. 1321 *https://philamuseum.org/collection/object/103592*

S. 124 l *https://de.m.wikipedia.org/wiki/Datei:Otto_H._Kahn_cph.3a36594.jpg*

S. 124 r *https://de.wikipedia.org/wiki/James_Speyer#/media/Datei:James_Speyer.jpg*

S. 125 MMA 14.40.636 *https://www.metmuseum.org/art/collection/search/436097*

S. 126 l *https://www.researchgate.net/figure/Portraits-of-Louis-Ehrich-deposited-in-his-Century-Chest-Colorado-Springs-1901_fig6_259708956*

S. 126 r *https://storage.lib.uchicago.edu/ucpa/series1/derivatives_series1/apf1-07365r.jpg*

S. 127 AIC 1922.4467 *https://www.artic.edu/artworks/95998/old-man-with-a-gold-chain*

S. 128 *www.digiporta.net/index.php?id=574131141*

S. 130 MMA 10.134.7 *https://www.metmuseum.org/art/collection/search/463397*

S. 131 KHZ 1999/0020 *https://collection.kunsthaus.ch/de/collection/item/1302/*

S. 133 HAM 1917.213 *https://harvardartmuseums.org/collections/object/232061*

Kapitel 5

S. 136 BNM 61/46 *https://www.bayerisches-nationalmuseum.de/sammlung/00154049*

S. 138 *www.philips.com/a-w/about/news/media-library/20190101-Anton-Philips-1874-1951.html*

S. 139 BWA F43, 1009

S. 141 HK 604 *https://online-sammlung.hamburger-kunsthalle.de/de/objekt/HK-604/theresia-graefin-fries*

S. 142 BWA F43, 597, S. 203.

S. 144 o *https://en.wikipedia.org/wiki/Gustav_Krupp_von_Bohlen_und_Halbach#/media/File:Gustav_Krupp_von_Bohlen_und_Halbach_in_1915.jpg*

S. 144 u Manoli Sammlung Rainer Immensack, Hofheim am Taunus

S. 145 *https://de.wikipedia.org/wiki/Otto_Lanz#/media/Datei:Otto_Lanz.jpg*

S. 147 MMA 21.84 *https://www.metmuseum.org/art/collection/search/436835*

S. 148 BWA F43, 1012

Interieur-Impressionen: München – New York

S. 183 – 185 BWA F43, 992
S. 186 – 192 BWA F43, 1001
S. 193 – 196 BWA F43, 1003

Abkürzungen

AIC	Art Institute Chicago
AP	Alte Pinakothek, München
BayHStA	Bayerisches Hauptstaatsarchiv
BayHStA AK	Bayerisches Hauptstaatsarchiv, Abteilung Kriegsarchiv
BF	Barnes Foundation, Philadelphia
BNM	Bayerisches Nationalmuseum, München
BWA	Bayerisches Wirtschaftsarchiv
GG	Gemäldegalerie
GM	Grassi Museum, Leipzig
GNM	Germanisches Nationalmuseum, Nürnberg
HAM	Harvard Art Museums
HK	Hamburger Kunsthalle
KB	Kunstbibliothek
KGM	Kunstgewerbemuseum
KHM	Kunsthistorisches Museum, Wien
KHZ	Kunsthaus Zürich
MMA	Metropolitan Museum of Art, New York
PMA	Philadelphia Museum of Art
RM	Rijksmuseum, Amsterdam
SMB	Staatliche Museen zu Berlin
SMBK	Skulpturensammlung und Museum für Byzantinische Kunst
StAF	Staatsarchiv Freiburg
StAL	Staatsarchiv Kanton Luzern
StadtAM	Stadtarchiv München
StB UD	Standesbuch Urberg, Dachsberg

Namensregister

Kunsthändler/Kunsthandlungen

Künstler

Sammler und andere Akteure

Nicht erfasst sind die Namen in den Tabellen 16, 17 und 18.

Dank

Zu danken habe ich meinem Kollegen Dr. Harald Müller, der mit größter Sorgfalt für die Anfertigung zahlreicher Scans verantwortlich zeichnete. Mein Dank gilt dem Verleger Michael Volk und seinem Team für die stets sehr angenehme Zusammenarbeit. Großer Dank gebührt dem Förderkreis Bayerisches Wirtschaftsarchiv e. V. für die Finanzierung der Drucklegung. Florian Eitle-Böhler und dem Team der Kunsthandlung Böhler danke ich für aufschlussreiche Gespräche und die Bereitstellung von Bildmaterial. Einen besonderen Dank schulde ich meiner Frau Ina. Sie hat meine Forschungsaktivität an nicht wenigen Wochenenden mit Nachsicht begleitet und das Gelingen mit ihrem stets zielführenden Rat unterstützt. Ihr widme ich dieses Buch.

Der Autor

Richard Winkler, Dr. phil. M.A., Jahrgang 1959, leitet das Bayerische Wirtschaftsarchiv. Er ist Autor mehrerer Monografien und zahlreicher Beiträge zu Themen der Landes-, Wirtschafts-, Unternehmens- und Kartographiegeschichte.